अण्डमान तथा निकोबार
द्वीप समूह में
हिन्दी भाषा और साहित्य

अण्डमान तथा निकोबार द्वीप समूह में हिन्दी भाषा और साहित्य

व्यास मणि त्रिपाठी

वाणी प्रकाशन

प्रकाशन के उत्कृष्टतम 63 वर्ष

vaniprakashan.com

सजिल्द पहला संस्करण : 2026

वाणी प्रकाशन

4695, 21-ए, दरियागंज, नयी दिल्ली-110 002

फ़ोन : + 91 11 23273167, 23275710

शाखाएँ

अशोक राजपथ, पटना-800 004, बिहार

कॉफ़ी हाउस कैम्पस, महात्मा गांधी मार्ग, प्रयागराज-211 001, उत्तर प्रदेश

महात्मा गांधी अन्तरराष्ट्रीय हिन्दी विश्वविद्यालय, वर्धा-442 001, महाराष्ट्र

sales@vaniprakashan.in
vaniprakashan@gmail.com

Andman Ttha Nicobar Dweep Samooh Mein Hindi Bhasha Aur Sahitya
by Vyas Mani Tripathi

ISBN : 978-93-7348-614-7
Criticism

मूल्य : ₹ 495

जी.एस. ऑफ़सेट, दिल्ली-110 095 में मुद्रित

वाणी प्रकाशन का लोगो मक़बूल फ़िदा हुसैन की कूची से

दो शब्द

अण्डमान तथा निकोबार द्वीप समूह 'कालापानी' के रूप में अंग्रेजों के काले कारनामों का साक्षी रहा है। स्वतन्त्रता संग्राम सेनानियों के अदम्य साहस, वीरता, त्याग, बलिदान तथा संघर्ष-गाथा की यह धरती आज 'मुक्ति तीर्थ' के रूप में समादृत है। स्वाधीनता-संघर्ष-काल में स्वतन्त्रता के महानायकों तथा देशभक्तों के साथ अनेक अहिन्दीभाषी प्रान्तों की सीमाओं को लाँघती हुई हिन्दी का इन द्वीपों में पहुँचना तथा विभिन्न भाषा-भाषी सेल्युलर जेल के बन्दियों के बीच आपसी व्यवहार के रूप में अपनाया जाना यहाँ के हिन्दी भाषा के इतिहास की एक बड़ी घटना है। इसी के परिणामस्वरूप यहाँ हिन्दी आज डिगलीपुर से कैम्पबेल बे तक बोली और समझी जाती है। यहाँ के घने जंगलों में अनादिकाल से रहने वाली आदिम जनजातियों की भाषा/बोली भिन्न-भिन्न होने के बावजूद उनका हिन्दी के प्रति लगाव किसी को भी आश्चर्यचकित करने के लिए काफी है। इस तरह इन द्वीपों में हिन्दी के पहुँचने, विकसित होने तथा उसमें रचित साहित्य को व्यापक फलक पर उपस्थित करने का दायित्व हम सभी का है। यहाँ के भाषिक, साहित्यिक एवं सांस्कृतिक परिवेश को उजागर करने के उद्‌देश्य से ही इस पुस्तक का प्रणयन किया गया है।

साहित्य अपने समय और समाज को प्रतिबिम्बित करने का सर्वाधिक सशक्त माध्यम है। हिन्दी साहित्य में अण्डमान तथा निकोबार द्वीप समूह जिस रूप में दिखाई देता है उससे यहाँ का प्रामाणिक दस्तावेज निर्मित करने में काफी मदद मिल सकती है। यद्यपि अंग्रेजों द्वारा इसे यातना-शिविर बनाने से पहले भी आदिम जीवन अपने सांस्कृतिक वैभव के साथ उपस्थित था लेकिन हिन्दी साहित्य में उस ओर उतना आकर्षण नहीं दिखाई देता है जितना कि 'कालापानी' की त्रासदियों से जुड़े विभिन्न सन्दर्भों की ओर। यहाँ यह ध्यातव्य है कि यातना, भय, पीड़ा, अमानवीयता, क्रूरता, नृशंसता और प्राणान्तक दण्ड का नाम था 'कालापानी'। अंग्रेजों ने प्रथम स्वतन्त्रता संग्राम के महानायकों का मनोबल तोड़ने के लिए उन्हें 'कालापानी' भेजने

का निर्णय लिया था। दो सौ बन्दियों का पहला जत्था 10 मार्च 1858 को अण्डमान पहुँचा था। उनके भीतर विद्रोह की ज्वाला थी और निर्भयता का मन्त्र था। इसी बल पर वे 'कालापानी' की यातना से भयभीत नहीं थे। स्वाधीनता की जिद छोड़ने के लिए उन्हें जो यातनाएँ दी गयीं, तन-मन से उनको भयभीत करने के लिए जो घातक प्रहार किया गया वह स्वाधीनता के मार्ग से विचलित होने और माफी माँगने के लिए काफी था लेकिन वे न झुके और न टूटे बल्कि 'वन्दे मातरम' का नारा बुलन्द करते रहे। फाँसी पर चढ़े तो भी 'वन्दे मातरम' का जयघोष करते हुए। इसीलिए अण्डमान के हिन्दी साहित्य में 'कालापानी' की त्रासदी और स्वतन्त्रता संग्राम के नायकों के त्यागों और बलिदानों को पर्याप्त स्थान मिला है।

अण्डमान के हिन्दी साहित्य में उन महनीय मानवीय मूल्यों का उल्लेख अनेकशः मिलता है जो बन्दी जीवन की कठोरताओं और यातनाओं से मुक्त हुए लोगों ने यहाँ इन द्वीपों में अपना ठौर-ठिकाना बनाने के समय स्थापित और विकसित किया था। रीति-रिवाज, परम्पराओं और मान्यताओं के अलग होने के बावजूद यहाँ न तो सामाजिक संघर्ष है और न ही किसी प्रकार की संकीर्णता बल्कि सामाजिक समरसता का उत्कृष्ट रूप विद्यमान है। समरसता एक सांस्कृतिक भाव है जो आध्यात्मिकता के उच्च धरातल में प्रवाहित होकर द्वीप समूह के समाज की अन्तरात्मा का सिंचन करता है। नानात्व में एकत्व की प्रतिष्ठा करता है।

यहाँ का जनजातीय जीवन और संस्कृति का उल्लेख साहित्य में होना अस्वाभाविक नहीं माना जा सकता क्योंकि अंग्रेजों द्वारा दण्डी बस्ती बसाये जाने से हजारों वर्ष पूर्व से ही छह प्रकार की आदिम जातियाँ निवास करती आयी हैं। उनका सांस्कृतिक वैशिष्ट्य अगर हिन्दी साहित्य में उजागर हो सका है तो यह भी साहित्य की एक बड़ी उपलब्धि है।

अण्डमान-निकोबार द्वीप समूह अपनी प्राकृतिक सुषमाओं, घनाच्छादित वनों, स्वागत की मुद्रा में खड़े नारियल-सुपारी के वृक्षों, ऊँची-नीची पहाड़ियों, सुरम्य सागर तटों, मूँगा-प्रवाल के मनोहारी रत्नों के कारण सौन्दर्य का साक्षात् विग्रह है। इसीलिए इसके सौन्दर्य-निरुपण में अण्डमान का हिन्दी साहित्य अधिक मुखरित है। अण्डमान-निकोबार की विभिन्न छवियों को उभारने की दृष्टि से यहाँ रचित हिन्दी साहित्य को व्यापक फलक की अपेक्षा है। यह पुस्तक उसी अभिलाषा को मूर्तित करने का एक प्रयास है जिसे वाणी प्रकाशन के श्री अरुण माहेश्वरी जी के सौजन्य से पूर्णता प्राप्त हो रही है।

श्रीकृष्ण जन्मष्टमी 2024

–व्यास मणि त्रिपाठी

अनुक्रम

अण्डमान तथा निकोबार द्वीप समूह
ऐतिहासिक पृष्ठभूमि

कभी 'कालापानी' के रूप में कुख्यात अण्डमान अब 'मुक्तितीर्थ' के रूप में समादृत है। स्वतन्त्रता सेनानियों के चरण-रज से पावन यह धरती आज 'पुण्यभूमि' है। अंग्रेजों की दुर्दमनीयता के विरुद्ध 'वन्देमातरम्' का जयघोष करने वाले स्वाधीनता-संघर्ष के महानायकों के अदम्य साहस और निर्भयता की भूमि है। इसके अलावा यह पाषाण युगीन आदिम संस्कृति, प्राकृतिक मनोहरता, सामाजिक समरसता की भी भूमि है। भूवैज्ञानिकों का मानना है कि अण्डमान-निकोबार द्वीप समूह कभी दक्षिण पूर्व एशिया के ही भू-भाग थे। इन द्वीपों के बीच एक लम्बी पर्वत श्रृंखला थी जिसका एक छोर बर्मा के अराकान पर्वतों से तथा दूसरा छोर सुमात्रा द्वीप के अचिन हेड से जुड़ा हुआ था लेकिन करोड़ों वर्ष पहले हुई भूगर्भीय प्रक्रिया में इस पर्वत माला के शिखरों तथा उन्नत भागों को छोड़कर शेष भाग पानी में डूब गये। बचे हुए भाग ही ये द्वीप हैं। बंगाल की खाड़ी के दक्षिण पूर्व भाग में 6^0 से 14^0 उत्तरी अक्षांश तथा 92^0 से 94^0 पूर्वी देशान्तर रेखाओं के बीच स्थित ये द्वीप उत्तर से दक्षिण में अर्द्ध चन्द्राकार लम्बी तंग और टूटी श्रृंखला में बिखरे लगभग आठ सौ कि.मी. की लम्बाई में फैले हैं। नील नीरधि में ये शस्य श्यामल द्वीप ऐसे लगते हैं जैसे मानो नीली चादर फैलाकर उसमें हरे रत्न जड़े गये हों। अपनी प्राकृतिक सुन्दरता और मनोहरता में ये द्वीप सागर मध्य पुष्पवाटिका का आभास कराते हैं–"इन द्वीपों की शोभा, सुषमा/त्रिभुवन अनुपम प्यारी है। मानो ब्रह्मा ने सागर बिच/सृजी कोई फुलवारी है।" (कालापानी संज्ञा मुझको खलती है–व्यास मणि त्रिपाठी, पृष्ठ 111) किन्तु अंग्रेजों ने इसे 'कालापानी' नाम देकर इस तरह कलंकित कर दिया कि उत्ताल तरंगों से भी वह कालुष्य आजतक धुल नहीं सका है–

"काले मन के गोरों ने
इसका नाम खराब किया,

यह अनुपम सुन्दर था पर
कालापानी नाम दिया।
जानबूझ उनने इस पर
ऐसा दाग लगाया है,
उत्ताल तरंगों से भी
कहाँ अभी धुल पाया है।

(वही, पृष्ठ 109)

अण्डमान का सर्वप्रथम उल्लेख वाल्मीकि रामायण में 'अमामिना सनाश: तत्र किरात: द्वीपवासिन:' के रूप में हुआ है। इसी आधार पर यहाँ के आदिवासियों को रामायणकालीन सन्दर्भों से जोड़ते हुए कुछ विद्वानों ने यह राय प्रकट की है कि 'अण्डमान' शब्द 'हनुमान' का विकृत रूप है। ऐसा माना जाता है कि राम ने श्रीलंका पर चढ़ाई करने के लिए पहले इन्हीं द्वीपों को चुना था बाद में अपना विचार बदलकर उन्होंने धनुष्कोटि से चढ़ाई की। मैक्सवेल की राय में मलयवासी यहाँ के आदिवासियों को 'हनुमान' नाम से पुकारते थे। इसका अभिप्रेत रामायणकालीन सन्दर्भ से था। यहाँ यह ध्यातव्य है कि बंगाल की खाड़ी में स्थित यह द्वीप समूह मलय जलदस्युओं की दस्युवृत्ति का सन्धान-क्षेत्र होने के नाते उनका यह काफी नजदीक से देखा और जाना-पहचाना हुआ था। उन्हें रामायण और उसके पात्रों के बारे में भी जानकारी थी। अत: उनके द्वारा दिये गये नाम 'हनुमान' से 'हण्डुमान' और फिर 'अण्डमान' शब्द की व्युत्पत्ति हुई होगी। अण्डमान के आत्मकथ्य के रूप में विरचित व्यास मणि त्रिपाठी की कविता 'कालापानी संज्ञा मुझको खलती है' में इसकी अभिव्यक्ति इस रूप में हुई है–

पा हनुमान की पगधूलि
मैं हण्डुमान कहलाया
इससे विकसित शब्द जिसे
जग अण्डमान बतलाया। (पृष्ठ 109)

निकोबार 'नक्कवरम' शब्द से बना है। अरब यात्रियों के विवरणों में इस द्वीप को 'लेंजाबालुस' कहकर सम्बोधित किया गया है। इसका अभिप्राय नंगे रहने वाले लोगों से है (पिंकर्टन्स वायजेज एंड ट्रेवलर्स, भाग–7, पृष्ठ 183)। मार्कोपोलो ने इन द्वीपों को 'नेकूवरम्' तथा कर्नल यूले ने चीनी नाम–'नालो-कियो-चेन' नारिकेल द्वीप नाम दिया है। सर एस. कृष्ण स्वामी आयंगर ने अपने एक लेख में इस बात

की पुष्टि की है कि चोलाधिपति राजेन्द्र चोल के समय की ताम्र-लिपियों में कार निकोबार द्वीप का नाम 'कार द्वीप' और ग्रेट निकोबार द्वीप का नाम 'नाप द्वीप' था। पूरा निकोबार 'नक्कवरम्' के नाम से जाना जाता था।

अण्डमान का सर्वप्रथम उल्लेख इतिहास वेत्ता टॉलेमी ने किया था। एक रोमन नक्शानवीश अगाथागोमिन ने एक नक्शा तैयार किया था जिसमें इन द्वीपों के लिए 'अंगामाती' नाम दर्ज है। एक अन्य यात्रा-विवरण में अण्डमान के लिए 'आगमाते' नाम का उल्लेख मिलता है। बौद्ध चीनी यात्री इत्सिंग ने पर्सिया के जलयान से निकोबार होते हुए सुमात्रा तक की यात्रा की थी। उसने अपने यात्रा-विवरण में अण्डमान को 'अण्डबान्स' नाम से सम्बोधित किया है। सन् 851 ई. से पूर्व सुलेमान सौदागर ने जलयान द्वारा बसरा से भारत और चीन की व्यापारिक यात्रा की थी। उसके यात्रा-विवरण–'सिल सिल तुत्त तवारीख' में प्रकाशित हैं। इस अरबी ग्रन्थ का हिन्दी अनुवाद नागरी प्रचारिणी सभा काशी द्वारा 'यात्रा-विवरण-फाहियान, संगयुन और सुलेमान सौदागर' नाम से हुआ है। इसमें अण्डमान और निकोबार के निवासियों के बारे में जानकारी दी गयी है। 'जनरल कलेक्शन ऑफ वायजेज एंड ट्रवेल्स' के सातवें खण्ड के 'दो मुसलमानों की भारत और चीन की यात्रा' शीर्षक लेख में यहाँ के विषय में यत्किंचित जानकारी दी गयी है जो पर्याप्त तो नहीं है किन्तु कई महत्त्वपूर्ण तथ्यों का उद्घाटन करती है।

सन् 1290 ई. में मार्कोपोलो ने इन द्वीपों से गुजरते हुए अण्डमान को बड़ा लम्बा द्वीप कहा था। कर्नल यूलो की पुस्तक 'मार्कोपोलो' में यहाँ के आदिवासियों के बारे में थोड़ी-बहुत जानकारी उपलब्ध है। इसी में यह उल्लेख है कि 'नारकोण्डम' द्वीप के प्रज्वलित ज्वालामुखी को देखकर समीप से गुजरने वाले जलयान के कप्तान ने इसे 'नरक कुण्ड' की संज्ञा दी थी। तभी से यह द्वीप 'नारकोण्डम' के नाम से जाना जाता है। फ्रियर ओडोरिक सन् 1322 ई. में इन द्वीपों के पास से गुजरा था। उसने यहाँ के निवासियों को नाटा, काला और मानुषभक्षी कहा था। सन् 1569 ई. में एक और यात्री 'सीजर फेडरिसी' ने यहाँ के बारे में कुछ ऐसी ही टिप्पणी की थी। निकोलो कोण्टी आदि के यात्रा-विवरणों में भी अण्डमान तथा निकोबार द्वीपसमूह के विषय में कुछ सूचनाएँ प्राप्त होती हैं।

'सर्वे ऑफ इंडियन हिस्ट्री' के लेखक के.एम. पण्णिकर का मानना है कि ईसा से कई शताब्दी पूर्व कम्बोज (कम्बोडिया), चम्पा (वियतनाम), यव द्वीप (जावा), सुवर्णद्वीप (सुमात्रा), वरुणद्वीप (बोर्नियो), ताम्रपाणी द्वीप (लंका), इन्द्रद्वीप (बर्मा), कसेरुद्वीप (मलाया) आदि में भारतीय संस्कृति और सभ्यता का प्रसार हो चुका था। नागापट्टनम् आदि बन्दरगाहों से उपर्युक्त द्वीपों को जाने वाले जहाज अण्डमान तथा

निकोबार द्वीप से होकर गुजरते थे किन्तु इन यात्रियों से कोई विशेष जानकारी उपलब्ध नहीं होती। दक्षिण में चोलवंश काफी शक्तिशाली था। बंगाल की खाड़ी में इनके जलयान घूमते रहते थे। बर्मा के समुद्र तटीय आराकान और पेगु, मलाया, सुमात्रा और जावा तक उनकी पहुँच थी। निकोबार के चौरा द्वीप के निवासी मिट्टी के बर्तन बनाने की कला चोल साम्राज्य के वहाँ तक पहुँचने के बाद ही सीखे थे। चोल वंश के इतिहास में निकोबार का वर्णन मिलता है किन्तु अण्डमान के बारे में वहाँ कोई जानकारी उपलब्ध नहीं है। उपर्युक्त यात्रा वृत्तान्तों, अभिलेखों, ताम्र पत्रों आदि में इन द्वीपों के उल्लेख के बावजूद अण्डमान तथा निकोबार द्वीप समूह की पूर्ण छवि उजागर नहीं होती। उन तथ्यों एवं सूचनाओं के आधार पर कोई व्यवस्थित, विश्वसनीय एवं क्रमिक इतिहास का ढाँचा खड़ा नहीं किया जा सकता। इन द्वीपों पर अंग्रेजों की नजर पड़ने से पहले का इतिहास तिमिराच्छन्न है। विभिन्न विवरणों में जिन मानवों की चर्चा मिलती है वस्तुतः वे यहाँ के आदिवासी हैं।

ईस्ट इंडिया कम्पनी के साम्राज्य और शक्ति में वृद्धि के साथ-ही-साथ उसकी समस्याओं में भी वृद्धि हो रही थी। उन्हीं में से एक समस्या उसके मालवाहक जहाजों को लेकर थी जो अण्डमान तथा निकोबार द्वीप समूह के पास से होकर गुजरते थे। उन्हें कभी भीषण चक्रवात और अशान्त समुद्र की कठिनाइयों से जूझना पड़ता था तो कभी मलय जलदस्युओं की दस्युवृत्ति का शिकार होना पड़ता था। इस क्षेत्र में मलय जलदस्युओं की घुसपैठ काफी थी। वे अक्सर जहाजों को लूट लिया करते थे। उनके छिपने-छिपाने में द्वीप समूह के घने जंगल काफी मददगार साबित होते थे। इनके अलावा जहाज के क्षतिग्रस्त होने अथवा भारी वर्षा और उत्ताल तरंगों से बचाव की कामना में उनके नाविक और कर्मचारी जब द्वीपों में प्रवेश करते तब उन्हें यहाँ के आदिवासियों का सामना करना पड़ता था। उन्हें अपने सामान की क्षति तथा हिंसा का शिकार होने की आशंका बनी रहती थी। इन्हीं आसन्न संकटों और कठिनाइयों से निपटने के उद्‌देश्य से ईस्ट इंडिया कम्पनी को एक सुरक्षित बन्दरगाह की आवश्यकता महसूस हो रही थी। इसके अलावा एक समस्या यह भी थी कि जैसे-जैसे कम्पनी का साम्राज्य बढ़ रहा था वैसे-वैसे उसके विरोधियों और विद्रोहियों की संख्या भी बढ़ रही थी। ऐसे अपराधों और षड्यन्त्रों में लिप्त लोगों को समुद्र पार किसी निर्जन जगह में ले जाकर बसा देने का विचार भी अंग्रेजों के मन में उत्पन्न हो रहा था। इन्हीं बातों ने कम्पनी का ध्यान द्वीपों की ओर खींचा था। एक सुरक्षित बन्दरगाह और उपनिवेश की उसकी कल्पना साकार हो सकती थी। यहाँ उपनिवेश की स्थापना के पीछे एक तर्क यह भी था कि ये द्वीप भारत की पूर्वी तटीय रेखा की अपेक्षा बर्मा के अधिक निकट पड़ते थे। बर्मा पर अंग्रेजों का नियन्त्रण था। अतः

वहाँ से इस उपनिवेश के संचालन और निगरानी में आसानी थी। इन्हीं तथ्यों और तर्कों के आधार पर ईस्ट इंडिया कम्पनी ने सन् 1788 ई. में रॉयल नेवी के कप्तान आर्चीबाल्ड ब्लेयर और कर्नल कालब्रुक को द्वीप समूह के सर्वेक्षण की जिम्मेदारी सौंपी। उन्हें बन्दरगाह के लिए सुरक्षित स्थान के साथ ही यहाँ की जलवायु, मिट्टी, पानी की उपलब्धता, जीव-जन्तुओं की उपस्थिति आदि मानवों की प्रवृत्ति के बारे में भी पता लगाने का दायित्व सौंपा गया।

20 दिसम्बर 1788 को ब्लेयर के नेतृत्व में दो जहाजों 'वाइपर' और 'एलिजाबेथ' में सवार होकर सर्वेक्षण दल डायमंड हार्बर, कलकत्ता से इन द्वीपों के लिए रवाना हुआ था। यात्रा आरम्भ होने के चौथे दिन इस दल को बड़ा अण्डमान के दर्शन हुए। वहाँ थोड़ा विश्राम कर यह दल आगे बढ़ा और वर्तमान पोर्टब्लेयर बन्दरगाह के पास स्थित चाथम द्वीप पहुँचा। सर्वेक्षण का कार्य शुरू हुआ। लगभग छह महीने की कालावधि में सर्वेक्षण-कार्य पूरा कर आर्चीबाल्ड ब्लेयर अपने दल के साथ जून 1789 के पहले सप्ताह में कलकत्ता लौट गया। उसने 9 जून को उच्चाधिकारियों के समक्ष सर्वेक्षण-रिपोर्ट प्रस्तुत की जो एक तरह से द्वीप समूह में केन्द्र खोले जाने की सिफारिश थी। अधिकार प्राप्त समिति ने उस रिपोर्ट पर विचार-विमर्श के पश्चात अण्डमान में बन्दरगाह सहित उपनिवेश की स्थापना का निर्णय तो लिया ही उसकी शुरुआत की जिम्मेदारी भी कप्तान ब्लेयर को ही सौंप दी।

आर्चीबाल्ड ब्लेयर ने कुछ सैन्यकर्मियों, सुरक्षा कर्मचारियों, राजगीरों, मजदूरों और मालियों के साथ 17 सितम्बर 1789 को अण्डमान के लिए प्रस्थान किया। चक्रवाती मौसम के कारण उसे चाथम पहुँचने में डेढ़ सप्ताह का समय लगा। वहाँ पहुँचकर एक सादे समारोह में ब्रिटिश ध्वज फहराया गया। तत्कालीन गवर्नर जनरल के नाम पर इस जगह का नाम 'पोर्ट कार्नावालिस' रखा गया। बैरक, कार्यालय, अस्पताल आदि के निर्माण के लिए जंगल की कटाई और सफाई का कार्य शुरू हुआ। लकड़ी के एक वार्फ के निर्माण का कार्य भी हाथ में लिया गया जो 1790 ई. में बनकर तैयार हुआ। यहाँ के आदिवासी यह सब देखकर दुःखी और क्रुद्ध थे। उन्होंने एक बार संगठित होकर इस केन्द्र पर आक्रमण भी किया था।

इसी वर्ष 19 दिसम्बर को लार्ड कार्नावालिस के भाई एडमिरल कार्नावालिस ने इस केन्द्र का दौरा किया तथा बन्दरगाह की दृष्टि से उस जगह को उपयुक्त माना तथा कार्य की प्रगति के लिए कलकत्ता से और मजदूरों को लाने का निर्देश दिया। योजनानुसार इस केन्द्र का विकास होने लगा। दूसरी ओर आदिवासियों के विरोध का सिलसिला भी जारी रहा। फलतः कार्नावालिस बन्दरगाह की सुरक्षा की जिम्मेदारी लेफ्टिनेंट वेल्स को सौंपकर कप्तान ब्लेयर ने पूर्वी तट के सर्वेक्षण का कार्य शुरू

किया। उसे उत्तरी अण्डमान के उत्तरी छोर पर स्थित एक जगह बन्दरगाह और उपनिवेश के लिए अधिक उपयुक्त लगी। इस जगह की ओर ध्यान देने का अनुरोध करते हुए उसने 13 अप्रैल 1790 को एक पत्र गवर्नर जनरल को लिखा। जिस पर विचार के बाद अक्टूबर 1792 में एक आदेश जारी किया गया जिसमें कहा गया था कि नयी जगह में नौसेना के लिए गोला-बारूद जमा करने का एक गोदाम तैयार किया जाये। नये बन्दरगाह का नाम पुराने वाले बन्दरगाह के नाम पर ही रखा जाये। शिलान्यास का कार्य कप्तॉन ब्लेयर के हाथों सम्पन्न हो।

4 दिसम्बर 1792 ई. को 'यूनियन', 'जूनो', 'कार्नावालिस' और 'सी हार्स' नामक जलयान में छह महीने का रसद-पानी भर तथा 360 लोगों को लेकर कप्तान ब्लेयर कलकत्ता से उत्तरी अण्डमान स्थित प्रस्तावित जगह पर बन्दरगाह निर्माण हेतु प्रस्थान किया। मार्ग में इन जलयानों को भयंकर चक्रवाती समुद्री तूफानों का सामना करना पड़ा जिसमें फँसकर 'जूना' नामक जलयान अपने 90 यात्रियों और सामान के साथ डूब गया। 'यूनियन' जहाज, जिस पर ब्लेयर सवार था, लहरों का थपेड़ा खाते हुए 26 दिन बाद पहुँचा था। बाकी दोनों जहाज भी अपने गंतव्य तक पहुँचे लेकिन उनमें सवार नाविकों, मजदूरों, कैदियों की हालत खराब हो गयी थी। वहाँ पहुँचने के बाद भूमि की सफाई, पीने के पानी के लिए कुओं की खुदाई, आवास-निर्माण तथा बन्दरगाह बनाने का कार्य आरम्भ हुआ। कोको द्वीप से लाकर नारियल के पौधे लगाये गये! डायमंड हार्बर से लाये गये कछुए बन्दरगाह के जल में छोड़े गये। बर्मा और सुमात्रा से फलों के पौधे मँगवाकर लगाये गये। इस तरह बस्ती बसाने की वह हर कोशिश की गयी जिससे वहाँ का जीवन सुचारु ढंग से संचालित हो सके। अपराधों में लिप्त कैदियों का मनोबल तोड़ने के लिए उन्हें यहाँ भेजा जाने लगा। 22 नवम्बर 1794 ई. को बंगाल से पचास कैदियों को अण्डमान लाया गया जिससे यहाँ इस उपनिवेश की कुल आबादी 820 हो गयी थी। इसमें 270 कैदी और शेष सैन्य अधिकारी, सुरक्षा कर्मचारी तथा नौकर-चाकर थे। यहाँ उपनिवेश स्थापना का कार्य प्रगति पकड़ ही रहा था कि तभी सन् 1795 की वर्षा ऋतु यहाँ के जीवन के लिए काल बनकर आयी। लगातार वर्षा, चक्रवाती हवा तथा मलेरिया के भीषण प्रकोप से पचास व्यक्तियों की अचानक मृत्य ने ईस्ट इंडिया कम्पनी के बोर्ड को 8 जनवरी 1796 ई. को यहाँ के उपनिवेश की बन्दी के निर्णय के लिए विवश कर दिया। इस प्रकार अण्डमान में उपनिवेश स्थापना का अंग्रेजों का प्रथम प्रयास असफल हो गया। सन् 1796 के बाद लगभग इकसठ वर्षों तक ब्रिटिश सरकार की ओर से उपनिवेश स्थापना का यहाँ और कोई प्रयास नहीं हुआ लेकिन उसके बाद जो हुआ वह मानवता को कलंकित करने वाला साबित हुआ।

प्रथम स्वतन्त्रता संग्राम भारतीय इतिहास का वह अध्याय है जिसमें प्राकृतिक सुषमा सम्पन्न अण्डमान को अंग्रेजों द्वारा 'कालापानी' नाम दिया गया। यातना, भय, पीड़ा, अमानवीयता, क्रूरता, नृशंसता और प्राणान्तक दण्ड का नाम था–'कालापानी'। जहाँ पहुँचकर वतन वापसी की सम्भावनाएँ अत्यन्त क्षीण हो जाती थीं। प्रथम स्वतन्त्रता संग्राम के महानायकों का मनोबल तोड़ने के लिए अंग्रेजों ने उन्हें आजीवन कारावास के रूप में 'कालापानी' की सजा देकर अण्डमान भेजने का काम शरू किया। इसके पीछे उनका उद्देश्य भारत माता की मुक्ति की भीष्म प्रतिज्ञा करने वालों को इतना प्रताड़ित करना था कि उनकी आत्मा काँप उठे तथा उन्हें देखकर दूसरे लोग उनका पथगामी बनने का किंचित भी साहस न जुटा सकें। दरअसल क्रान्ति की विप्लव-ज्वाला शान्त करने तथा विद्रोहियों को फाँसी चढ़ाने के बावजूद अंग्रेज अपने को सुरक्षित नहीं महसूस कर रहे थे। उनके मन में भय और अविश्वास की भावना प्रकट हो गयी थी। स्वतन्त्रता संग्राम के योद्धाओं को जेलों में कैद करने के बाद भी उन्हें चैन नहीं था। पुन: आन्दोलन छिड़ जाने की आशंका उन्हें डरा रही थी। इसलिए वे क्रान्ति की बची-खुची चिनगारी को समाप्त कर देना चाहते थे। उन्हें लगता था कि जेलों में बन्द कैदियों के परिजन-पुरजन और समर्थक फिर से विद्रोह कर सकते हैं। अत: वे इन कैदियों को भारत की जेलों में रखना उचित नहीं समझ रहे थे। यही कारण है कि उन्हें एक ऐसी जगह की तलाश थी जहाँ ये कैदी फिर से विद्रोह न कर सकें तथा उनकी वतन वापसी की सम्भावना भी अत्यन्त क्षीण हो। इसी मुद्दे पर विचार करते हुए अंग्रेज सरकार का ध्यान एक बार फिर बंगाल की खाड़ी में स्थित अण्डमान द्वीप की ओर गया, जहाँ लगभग अड़सठ वर्ष पूर्व यानी सन् 1789 में उपनिवेश तथा बन्दरगाह बनाने की योजना शुरू की गयी थी किन्तु प्रतिकूल परिस्थितियों तथा महामारी के कारण कुछ ही वर्षों यानी सन् 1796 में बन्द कर दिया गया था। अब फिर अंग्रेजों को उन्हीं टापुओं पर कैदियों को ले जाकर बसाने की याद हो आयी।

अण्डमान में क्रान्तिकारियों के लिए कैदी बस्ती बसाने की दृष्टि से ईस्ट इंडिया कम्पनी के तत्कालीन गवर्नर जनरल लार्ड कैनिंग ने 20 नवम्बर 1857 को डॉ. एफ.जे. माउट की अध्यक्षता में तीन सदस्यीय एक समिति का गठन किया जिसे 'अण्डमान समिति' नाम दिया गया। यह समिति कलकत्ता से मौलमीन (बर्मा) होते हुए 11 दिसम्बर 1857 को अण्डमान के पोर्टकार्नावालिस पहुँची, जहाँ से इकसठ वर्ष पूर्व प्रतिकूल परिस्थितियों, मलेरिया, महामारी आदि के कारण शुरू किये गये उपनिवेश स्थापना से सम्बन्धित कार्य को बन्द कर देना पड़ा था। द्वीपों का सर्वेक्षण करते हुए 'अण्डमान समिति' के सदस्य 19 दिसम्बर 1857 को चाथम द्वीप पहुँचे।

उन्होंने रटलैंड, सिंक द्वीप तथा मिडिल स्टेट का भी सर्वेक्षण किया। उनका उद्देश्य उपनिवेश के लिए बेहतर जगह की तलाश थी किन्तु चाथम से अधिक बेहतर कोई जगह उन्हें नहीं मिली (सन्दर्भ–भारतीय स्वाधीनता संग्राम और अण्डमान–व्यास मणि त्रिपाठी, पृष्ठ–14)। समिति ने दिसम्बर की अन्तिम तिथि तक अपना कार्य सम्पन्न कर 1 जनवरी 1858 को कलकत्ता के लिए प्रस्थान किया। समिति द्वारा प्रस्तुत रिपोर्ट के अनुसार ही निर्णय हुआ। पोर्ट कार्नावालिस का नाम बदलकर इसके सर्व प्रथम खोजकर्ता रॉयल नेवी के तत्कालीन कप्तान आर्चीबाल्ड ब्लेयर के नाम पर 'पोर्टब्लेयर' नामकरण की सिफारिश थी जिसे स्वीकार कर लिया गया था। स्वतन्त्रता संग्राम के बन्दियों को जल्दी-से-जल्दी अण्डमान भेजा जाना था इसलिए उपनिवेश स्थापना की भी जल्दी थी। यही कारण है कि आदेश मिलते ही कैप्टन एच. मान अण्डमान के लिए चल पड़ा। वह 20 जनवरी को पोर्टब्लेयर पहुँचा। एक बार फिर 22 जनवरी 1858 को ब्रिटिश साम्राज्य का राष्ट्रीय ध्वज 'यूनियन जैक' फहरा उठा। इन द्वीपों में कैप्टन मान का कार्यकाल अधिक दिन का नहीं रहा। उसकी जगह पर जेम्स पेटीशन वाकर यहाँ का स्थायी अधीक्षक होकर आया। बन्दी उपनिवेश की दिशा में वास्तविक कार्य उसी ने किया। यहाँ आने से पहले वह आगरा जेल का अधीक्षक था। वह वहाँ अपनी कठोरता, अनुशासन तथा यन्त्रणा देने के लिए कुख्यात था। डॉ. जेम्स पेटीशन वॉकर 200 बन्दियों के साथ 'सेमिरामिस' जहाज से 4 मार्च 1858 को कलकत्ता से पोर्टब्लेयर के लिए प्रस्थान किया। उसके साथ दो भारतीय डॉक्टर, एक भारतीय ओवरसियर और पचास नौसैनिक भी थे। आजादी के दीवानों का यह पहला दल 10 मार्च 1858 को पोर्टब्लेयर पहुँचा था।

अण्डमान लाये गये पहले दल में स्वतन्त्रता-संग्राम में शामिल अधिकांशतः बौद्धिक, विचारक, कवि, साहित्यकार, राजपरिवारीजन, नवाब आदि थे। बाद में भी इसी तरह के लोग अथवा गम्भीर अपराध में लिप्त कैदी 'रोमन एम्परर', 'डलहौजी', 'एडवर्ड' आदि जहाजों से यहाँ लाये गये। कैदियों से पेड़ काटने, जंगल साफ करने, पत्थर कूटकर रास्ता बनाने, बाँस बल्लियों से आवास निर्माण आदि के कार्य लिये जाते थे। निर्धारित कार्य पूरा नहीं होने पर उनके साथ अमानवीय व्यवहार तथा दण्ड का विधान था। उन्हें रात में हथकड़ी-बेड़ी डालकर लोहे की चेन से बाँधकर एक घेरे के भीतर सुला दिया जाता था। चूँकि पहला जत्था चॉथम द्वीप पर उतरा था इसलिए पहले इसी की सफाई और जंगल की कटाई करके बस्ती बसाने का काम शुरू हुआ लेकिन वहाँ पानी का अभाव होने के कारण डॉ. जे.पी. वाकर ने कार्यालय रॉस द्वीप पर ले जाने की सिफारिश की, जिसे ईस्ट इंडिया कम्पनी की स्वीकृति मिल गयी। रॉस द्वीप इस उपनिवेश का मुख्यालय बना। कैदियों के अथक परिश्रम, हाड़-

तोड़ मेहनत और यातना की भूमि पर उन्होंने अपने लिए ऐशो-आराम, विलासिता और ऐश्वर्य के साधन जुटाये तथा स्वतन्त्रता सेनानियों और कैदियों के मनोबल तोड़ने के लिए हर तरह की पीड़ाएँ दीं जिसके फलस्वरूप कुछ कैदियों की अकाल मृत्य हुई, कुछ समुद्र में डूबे तथा कुछ जो जंगल में भागे वे आदिवासियों के क्रोध के शिकार हुए। जो बच गये उनसे तरह-तरह के कार्य करवाये गये। कार्य पूरा नहीं होने पर उन्हें दण्डित किया गया। विरोध करने पर मारा-पीटा गया। फाँसी दी गयी। स्वाधीनता की जिद छोड़ने के लिए उन्हें जो यातनाएँ दी गयीं, उनका स्वाभिमान रौंदने के लिए अपमान का जो चाबुक चलाया गया, तन-मन से उनको भयभीत और कमजोर करने के लिए जो घातक प्रहार किया गया, वह स्वाधीनता संघर्ष के मार्ग से विचलित होने और माफी माँगने के लिए काफी था किन्तु वे न झुके और न टूटे बल्कि 'वन्देमातरम' का नारा बुलन्द करते रहे।

डॉ. जेम्स पेटीशन वाकर ने चॉथम तथा रॉस द्वीप के अतिरिक्त दक्षिण अण्डमान के फिनिक्स बे नामक भूभाग पर कैदी बस्ती बसाने की कार्रवाई और तेज कर दी। पोर्टब्लेयर से पोर्ट मोट के मध्य की भूमि में 1684 कैदियों को बसाने और उनसे खेती कराने की योजना भी बनायी। जाहिर है, यह सभी क्रियाएँ आदिवासियों की भूमि में घुसपैठ और अतिक्रमण जैसी थीं। अण्डमानी आदिवासी अपनी धरती पर दूसरों का अधिकार सहन नहीं कर सके। अंग्रेजों के साथ उनकी कई मुठभेड़ें हुईं। इनमें सबसे भीषण संघर्ष 'अबरडीन की लड़ाई' के रूप में सामने आया। निश्चित योजना के अनुसार 17 मई 1859 को अण्डमानियों ने अबरडीन तथा अरलांटा प्वाइंट नामक दो स्थानों पर जोरदार हमला कर दिया! वे जी-जान से लड़े किन्तु अंग्रेजों के पास आधुनिकतम हथियार थे। उन्होंने शस्त्र बल और बुद्धि-कौशल से आदिवासियों का जमकर संहार किया। अपनी मातृभूमि की रक्षा में कितने आदिवासी कालकवलित और घायल हुए, इसका कोई उल्लेख नहीं मिलता। इस नरसंहार का अनुमान सिर्फ इस बात से लगाया जा सकता है कि एक ओर परम्परागत तीर-धनुष और कुल्हाड़ी जैसे हथियार थे तो दूसरी ओर गोला-बारूद जैसे आधुनिक हथियार। जाहिर है हताहतों में तीर-धनुष वालों की संख्या अधिक रही होगी।

सेल्यूलर जेल के निर्माण से पहले वाइपर द्वीप की जेल ही एक पक्की और पुख्ता जेल थी। उधर भारतीय स्वाधीनता संग्राम की गति और तीव्र होती जा रही थी। नये-नये आन्दोलनों का अभ्युदय होने लगा था। स्वतन्त्रता प्राप्ति की बढ़ती जनाकांक्षा से ब्रिटिश सरकार घबराहट महसूस कर रही थी। इसीलिए वह अण्डमान की दण्डी बस्ती को और अधिक कठोर अनुशासन तथा सन्त्रास में रखने के साथ ही एक बड़ी जेल के निर्माण पर विचार करने को बाध्य हुई। दैत्याकार विशाल काय सेल्यूलर

जेल की स्थापना के लिए पोर्टब्लेयर का अटलांटा प्वाइंट का स्थान चुनकर सन् 1896 से कार्यारम्भ हुआ जो 1906 में जाकर पूर्ण हुआ। इस यातना गृह में 698 कोठरियाँ राजनैतिक बन्दियों के एकान्तवास के लिए बनायी गयी थीं। अंग्रेजी में एकान्त कोठरी को सेल कहते हैं। इसीलिए इस कारागृह का नाम सेल्यूलर जेल पड़ा। कोठरी में एकान्तवास की अमानुषिक व्यवस्था स्वतन्त्रता सेनानियों को मानसिक यातना देने का एक भीषण षड्यन्त्र था। उस यातनामयी क्रूर व्यवस्था के अवशेषों को देखकर जब आज हृदय दहल उठता है तब राजनैतिक बन्दियों के मन-मस्तिष्क में किस तरह का उद्वेलन होता होगा इसका अनुमान लगाना कठिन है–

काल कोठरी सेलुलर की
जो आज देखते, रोते हैं,
अनुमान लगा उस पीड़ा की
धीरज, आपा सब खोते हैं।
फिर सोचो मेरे सखा, बन्धु
किस जीवट के सेनानी थे
यौवन, जीवन देने वाले
कितने महान बलिदानी थे।

(कालापानी संज्ञा मुझको खलती है, व्यास मणि त्रिपाठी, पृष्ठ 10)

बन्दियों को जेल में नारियल के छिलके कूटने एवं कोल्हू चलाने के काम दिये जाते थे। यह काम सुबह से शाम तक चलता था। इसमें समय का नहीं तेल की मात्रा का ध्यान अधिक रखा जाता था। देशभक्त बन्दियों को प्रतिदिन 30 पौंड नारियल अथवा 20 पौंड सरसों का तेल निकालने के लिए बाध्य किया जाता था। पैरों में बेड़ी डालकर ये काम कराये जाते थे। इन कष्ट साध्य कार्यों से उनके हाथों-पैरों में छाले पड़ जाते थे फिर भी वे 'वन्देमातरम्' कहना नहीं छोड़ते थे–

बैलों की जगह कोल्हू में
वे क्रान्तिवीर सब जुतते थे,
थकने अथवा रुक जाने पर
हंटर कोड़ों से पिटते थे।
छाले पैरों में हाथों से
टप-टप-टप लहू टपकता था
कमनीय तन चट्टान हृदय
बस वन्देमातरम् कहता था।

(कालापानी संज्ञा मुझको खलती है, व्यास मणि त्रिपाठी, पृष्ठ 10)

द्वितीय विश्व युद्ध के दौरान जापान ने 23 मार्च 1942 को अण्डमान तथा निकोबार द्वीप समूह पर अपना अधिकार कर लिया। अपने लगभग साढ़े तीन वर्ष के शासन में जापानियों ने यहाँ जो अत्याचार किया, उसकी गवाह सेल्यूलर जेल की मूक दीवारें हैं। भारतीय स्वाधीनता संग्राम के इतिहास में 30 दिसम्बर 1943 का दिन इस दृष्टि से खास है कि आजाद हिन्द फौज के सर्वोच्च कमांडर नेता जी सुभाषचन्द्र बोस ने यहाँ के ऐतिहासिक जिमखाना मैदान में तिरंगा झण्डा फहराया था। अंग्रेजों के आधिपत्य से मुक्त भारतीय धरती पर फहराया गया यह पहला तिरंगा झण्डा था। यहाँ यह उल्लेख्य है कि 6-7 अगस्त 1945 को हिरोशिमा-नागासाकी पर बम वर्षा के बाद जापान मित्र राष्ट्रों के समक्ष आत्मसमर्पण के लिए विवश हो गया। अण्डमान निकोबार की सत्ता 7 अक्टूबर 1945 को पुन: ब्रिटिश सरकार के अधीन हो गयी। 15 अगस्त 1947 तक इस द्वीप समूह पर अंग्रेजों ने फिर से शासन किया। उसके बाद देश की आजादी के साथ ही अण्डमान तथा निकोबार द्वीप समूह भी आजाद होकर अखण्ड भारत का हिस्सा बन गया।

समाज और भाषा

सम्पूर्ण भारतवर्ष की जीवन-शैलियों, रीति-रिवाजों, आस्था-विश्वासों, भाषा और बोलियों को अपने लघु कलेवर में सँजोये अण्डमान तथा निकोबार द्वीप समूह सही अर्थों में 'लघु भारत' है। यहाँ के मूल निवासी आदिवासी हैं जिनकी छह प्रजातियाँ हैं। स्वतन्त्रता संग्राम के नायकों का मनोबल तोड़ने के लिए 'कालापानी' की सजा देकर दण्डी बस्ती बसाने की योजना के चलते जो लोग यहाँ लाये गये थे उनमें भारत वर्ष के विभिन्न भागों के लोग थे। भाँतु और मोपला भी आये। श्रम का पर्याय राँची समुदाय भी यहाँ आया। आजादी के बाद भारत के विभिन्न भागों से सरकार की पुनर्वास योजना के अन्तर्गत तथा रोजगार की तलाश में कुछ लोग आये और यहीं के होकर रह गये। इस तरह इन द्वीपों में दो प्रकार के निवासी हैं–यहाँ के मूल निवासी यानी आदिवासी और दूसरे वे लोग जो भारत के विभिन्न भागों से आकर यहाँ बसे हुए हैं। यही कारण है कि यहाँ विभिन्न प्रकार की भाषाएँ/बोलियाँ, रीति-रिवाज तथा परम्पराएँ हैं फिर भी यहाँ के निवासी स्नेह, बन्धुत्व और सौहार्द का जो वातावरण रचे हुए हैं, वह अनेकता में एकता का अनुपम उदाहरण है। 10 मार्च 1858 से 15 अगस्त 1947 तक अंग्रेजों और कुछ वर्षों तक जापानियों के अत्याचारों, अमानवीय कृत्यों, नृशंसताओं की गवाह यह धरती आज अपने नागर एवं आदिम सांस्कृतिक, वैभव, समरस, जीवन तथा स्नेह-सौख्य की जो छवि धारण किये हुए है उसके निर्माण में स्वतन्त्रता सेनानियों और कैदियों तथा उस समय लाये गये लोगों की महत्त्वपूर्ण भूमिका रही है।

बन्दी जीवन की कठोरताओं और यातनाओं से मुक्त हुए लोगों ने यहाँ इन द्वीपों में जब अपना ठौर-ठिकाना बनाना शुरू किया तब परस्पर सौहार्द एवं एकता के बन्धन में बाँधने वाले जिन महनीय मानव-मूल्यों का विकास हुआ, वे परम्परा के रूप में आज भी विद्यमान हैं। इसी परिप्रेक्ष्य में बेघर लोगों के घर का संघर्ष ही नहीं बल्कि सही अर्थों में घर की तलाश शुरू हुई होगी। सेल्यूलर जेल के निर्माण यानी

सन् 1906 से पहले और उसके बाद भी बस्ती बसाने की योजना को मूर्त रूप देने में कैदियों की ही भूमिका थी। पेड़ काटने, जंगल साफ करने, सड़कें बनाने, आवास निर्माण आदि के सभी कार्य उन हाथों को करने पड़ते थे जिन्होंने कभी हँसिया, हथौड़ा, कुदाल आदि का स्पर्श तक नहीं किया था। कलम पकड़ने वाले कोमल करों ने वह सब किया जो बन्दी उपनिवेश की कल्पना को साकार करने के लिए जरूरी थे। इसी आधार पर उनके आचरण-व्यवहार की समीक्षा होती थी। अच्छे आचरण की सिद्धता पर दण्ड में छूट देने की व्यवस्था थी। पुरुष कैदियों को दस वर्ष तथा महिला कैदियों को पाँच वर्ष के बाद अवकाश टिकट (लीव टिकट) प्रदान किया जाता था जिसके आधार पर उन्हें मकान बनाने, जमीन खरीदने तथा सार्वजनिक जीवन में भाग लेने की अनुमति मिल जाती थी। वे अपनी इच्छानुसार अपने गृह प्रदेश से अपना परिवार बुला सकते थे। कुछ लोगों ने अपने परिवार बुलाये थे लेकिन कुछ के परिवार वालों ने अण्डमान आकर बसने के प्रस्ताव पर अपनी असहमति प्रकट की। चूँकि दण्डमुक्ति अण्डमान में बसने के लिए थी इसलिए यहाँ विवाह करना और घर बसाना जरूरी था। गुरुतर अपराध में दण्डित महिलाओं को भी बन्दी बनाकर लाया गया था। अवकाश टिकट प्राप्त महिलाओं को भी यहाँ बसने के लिए विशेष सुविधाएँ उपलब्ध थीं। वैवाहिक जीवन की शुरुआत के द्वारा बस्ती बसाने की योजना सफल हो सकती थी। विवाह के पूर्व पुरुष और महिला कैदियों में जान-पहचान का होना जरूरी समझा जाता था। इसके लिए महिला जेल में एक निश्चित तिथि पर परेड का आयोजन होता था जिसमें पुरुष अपनी मनपसन्द महिला कैदी से विवाह सम्बन्धी चर्चा करता था। दोनों की आपसी सहमति पर विवाह की अनुमति मिल जाती थी। विवाह के लिए जाति, धर्म और प्रान्तीयता का कोई बन्धन नहीं था। नवदम्पति अपनी इच्छा के अनुसार जीवन जीने के लिए स्वतन्त्र थी। उनके द्वारा निर्मित घरों में अपराजित मनुष्यत्व के मणिदीपों का जलना प्रारम्भ हुआ। यहाँ यह ध्यातव्य है कि औपनिवेशिक योजना के कार्यान्वयन से जुड़े मजदूर तथा शासकीय कार्य से सम्बद्ध कर्मचारी और अधिकारी भी यहाँ अपने परिवार के साथ आते और इच्छानुसार बसते रहे। इस तरह यहाँ के समाज में भारतवर्ष के लगभग सभी प्रान्तों का प्रतिनिधित्व देखा जा सकता है।

यहाँ भातुं लोगों को भी बन्दी के रूप में लाया गया था। उनके प्रति अंग्रेजों का दृष्टिकोण सहानुभूतिपूर्ण और उदार नहीं था। वे उनसे कठोर शारीरिक श्रम कराते थे। उन्हें दण्डित और प्रताड़ित करते थे। भातुं लोगों को जिस बस्ती में बसाया गया था आज वह काफी विकसित है। भातुंबस्ती आज एक मुख्य बाजार बन गया है।

मालाबार में वर्ष 1921 में हुए मोपला विद्रोह के कैदियों को भी अण्डमान लाया गया था। इन्होंने यहाँ के पर्यावरण के साथ अनुकूलन कर लिया। सेल्यूलर जेल में बन्दी जीवन बिताने के बाद उन्हें 'एग्रीकल्चर टिकट' दे दिया गया। ये लोग कृषि, पशुपालन, मत्स्यपालन आदि धन्धों, नौकरी आदि से जुड़कर आज काफी सुखमय जीवन व्यतीत कर रहे हैं।

इन द्वीपों में बर्मा से भी लोग लाये गये थे जिन्हें यहाँ बर्मन और करेन कहा जाता है। आजादी के बाद कुछ बर्मन वापस चले गये तथा कुछ मेमियो, हर्बटाबाद आदि गाँवों में बस गये। मध्य अण्डमान के उत्तरी भाग में करेन बस्ती है। बेबी, बेसकैंप, लेटाओ आदि गाँवों में रहते हुए करेन लोग काफी अनुशासित जीवन जीते हैं। उनका हस्त-कौशल देखते ही बनता है। इस दीप समूह में नेपाली मूल के लोग भी रहते हैं। कुछ लोग तो अंग्रेजों के समय में लाये गये थे और कुछ आजादी के बाद जीविकोपार्जन के लिए यहाँ आये। अण्डमान तथा निकोबार द्वीप समूह में बांग्लादेश के शरणार्थियों को भी बसाया गया है। जिनकी संख्या में काफी वृद्धि हुई है। भूतपूर्व सैनिकों को भी भूमि और अन्य सुविधाएँ देकर ग्रेट निकोबार के कैम्पबेल बे में बसाया गया है। पुनर्वास योजनाओं के अलावा कुछ लोग रोजगार की तलाश में यहाँ आये और यहीं के होकर रह गये। इस तरह यहाँ का समाज विविधता में एकता का समाज है।

जैसा कि ऊपर संकेतित है कि अण्डमान तथा निकोबार के मूल निवासी आदिवासी हैं जिनकी छह प्रजातियाँ हैं। अण्डमान वर्ग में निग्रेटो प्रजाति से सम्बन्धित चार आदिवासी समुदाय हैं–ओंगी, अण्डमानी, जारवा और सेंटिनली। निकोबार वर्ग में मंगोलियन प्रजाति से सम्बन्धित दो प्रकार के आदिवासी हैं–निकोबारी और शोम्पेन।

ओंगी जनजाति का बहुत दिनों तक बाहरी लोगों से कोई सम्पर्क नहीं रहा, लेकिन अंग्रेजों ने उनसे सम्पर्क साधने का प्रयत्न किया। इसमें एम.वी. पोर्टमैन की भूमिका प्रमुख थी। सम्पर्क दल के प्रति इस जनजाति का रुख प्रारम्भ में काफी उत्साहहीन रहा किन्तु बाद में इनके व्यवहार में परिवर्तन आया और पोर्टमैन द्वारा दिये गये उपहारों को उन्होंने स्वीकारना शुरू कर दिया। कालान्तर में इनके साथ पूरी तरह सम्पर्क स्थापित हो गया। पहले यह जनजाति तीन समुदायों में विभक्त थी–लिटिल अण्डमान के पूर्वी तटों पर रहने वाला गिरेमेका गोष्पुले समुदाय, मध्यभाग में रहने वाला इंगकवले समुदाय तथा दक्षिणी और पश्चिमी भागों में गिरेराटा गोष्पुले समुदाय। इनका कोई स्थायी निवास या ग्राम नहीं होता था। ये दो प्रकार की झोंपड़ियों में निवास करते थे–बेरा नामक स्थायी झोंपड़ी तथा कोराढे नामक अस्थायी

झोंपड़ी। इनकी झोंपड़ियों के समीप पाये गये घुरों से विद्वानों ने यह निष्कर्ष निकाला है कि यह जनजाति हजारों वर्ष पुरानी है तथा मिट्टी के बर्तन बनाने की कला से परिचित है (अण्डमान तथा निकोबार के आदिवासी और उनकी बोली–डॉ. व्यास मणि त्रिपाठी, पृष्ठ संख्या–23)। आज ओंगी समुदाय की स्थिति में काफी परिवर्तन हुआ है। प्रशासन की ओर से इन्हें 'डुगांग क्रीक' और 'साउथ बे' में आवासीय सुविधाएँ प्रदान कर विधिवत बसा दिया गया है। सन् 2004 में आयी सुनामी के बाद ओंगी लोगों की पसन्द पर उन्हें 'डुगांग कीक' में रहने की सारी व्यवस्था की गयी है। इनके लिए मुफ्त राशन, कपड़े आदि का प्रबन्ध प्रशासन द्वारा किया जाता है। निःशुल्क शिक्षा तथा चिकित्सकीय सुविधा भी उपलब्ध करायी जाती है। इनकी बस्ती के पास नारियल का बगीचा लगाया गया है ताकि इनकी आर्थिक दशा सुदृढ़ हो सके। इन्हें बागवानी और कृषि कार्यों के लिए प्रेरित किया जा रहा है। जब अण्डमान तथा निकोबार में प्रदेश परिषद का अस्तित्व था, तब एक ओंगी प्रतिनिधि प्रदेश परिषद के सदस्य थे। इन्हें आधुनिकता और भौतिकता से जोड़ने के प्रयत्न किये जा रहे हैं। इनकी समुचित शिक्षा के प्रबन्ध किये गये हैं।

19वीं शताब्दी के मध्य तक अण्डमानी जनजाति टोलियों या समुदायों में विभक्त होकर रहती थी। इनके 10 समुदाय थे–आका-कारी, आका-कोरा, आका-बो, आका-जेरू, आका-केड़े, आका-कौल, ओकु जुवोई, आका-पुकिक्वार, आका-बेले और आका-बीअ। शिकार और संग्रह पर आधृत यह जनजाति अपनी भूमि का अंग्रेजों द्वारा अतिक्रमण किया जाना सहन नहीं कर सकी थी और जिसके परिणामस्वरूप 'अबरडीन की लड़ाई' हुई थी। इस युद्ध में अनेक अण्डमानी मारे गये थे। काफी दिनों तक बाहरी लोगों के साथ इनका सम्बन्ध मैत्रीपूर्ण नहीं रहा था। ये अंग्रेजों को घृणा और तिरस्कार की दृष्टि से देखते थे। बाद में धीरे-धीरे अंग्रेजों ने इनकी ओर मैत्री स्थापना का प्रयास किया। उनके लिए सन् 1863 में 'अण्डमानी गृह' की स्थापना की गयी। जून 1875 में ई.एच. मान को 'अण्डमानी गृह' का संचालक नियुक्त किया गया। उन्होंने इनकी भाषा, रीति-रिवाज का अध्ययन किया तथा उनकी बोली पर एक किताब लिखी। आजादी के बाद जनजातियों की सुरक्षा, संरक्षा और अभ्युत्थान के लिए जो प्रयत्न हो रहे हैं, उनका प्रभाव यहाँ के आदिवासियों पर भी दिखाई देता है। स्ट्रेट आइलैंड में बसाये गये अण्डमानी आदिवासियों को मुफ्त राशन उपलब्ध कराया जाता है। निःशुल्क पेयजल, स्वास्थ्य, शिक्षा, बिजली आदि का प्रबन्ध किया जाता है। इनके लाभ के लिए नारियल बगीचा लगाया गया है। इनकी आर्थिक दशा सुधारने के लिए मुर्गी और बकरी पालन को प्रोत्साहित किया जा रहा है। इनके बच्चे पढ़ाई-लिखाई की ओर अग्रसर हैं। कुछ लोग

सरकारी रोजगार पाये हुए हैं। इस तरह अण्डमानी जनजाति के आचरण-व्यवहार में पहले की अपेक्षा काफी परिवर्तन देखा जा सकता है। आधुनिकता और भौतिकता की ओर ग्रहणशीलता का भाव निरन्तर बढ़ रहा है।

निग्रेटो प्रजाति की जारवा जनजाति दक्षिण और मध्य अण्डमान के पश्चिमी तटों पर निवास करती है। इनकी अनुमानित जनसंख्या 406 है–(सन्दर्भ–'दी डेली टेलीग्राम्स', 'रिपब्लिक डे स्पेशल सप्लीमेंट', 26 जनवरी 2013, पृष्ठ 3)। सन् 1790 के दौरान अंग्रेजों द्वारा प्रथम बस्ती की स्थापना के समय जारवा समुदाय को पहली बार देखा गया था। चूँकि इनका स्वभाव हिंसक था इसलिए उनसे सम्पर्क साधना अत्यन्त जोखिम भरा था। आजादी के बाद इनसे पहला सम्पर्क 1974 में हुआ जब इन्होंने समुद्र के किनारे रखे गये उपहारों को स्वीकारना शुरू किया। धीरे-धीरे उनसे सम्पर्क साधने की कोशिशें तेज हुईं लेकिन उनका बहुत असर नहीं दिखा। बीसवीं सदी के अन्तिम दशक के अन्तिम कुछ वर्षों में इन्होंने अपनी हिंसक भावना को मैत्री भावना में बदलना शुरू किया। इसमें उस युवक की भूमिका प्रमुख रही जिसके टूटे पैर का इलाज महीनों तक जी.बी. पन्त अस्पताल में हुआ। तत्कालीन उपराज्यपाल माननीय ईश्वरी प्रसाद गुप्त के निर्देश पर उस युवक का उपचार और सेवा-शुश्रूषा इस तरह की गयी कि वही जारवा जनजाति से मैत्री की सदृढ़ आधारशिला बनी। आज इनमें काफी बदलाव आ गया है। जारवा जनजाति क्षेत्र में घुसपैठ रोकने तथा पर्यटकों की आवाजाही पर रोक लगाने सम्बन्धी दिशा-निर्देश जारी किये गये हैं। भारत सरकार ने दिसम्बर 2004 में जारवा कल्याण नीति अधिसूचित की है जिसका क्रियान्वयन हो रहा है। वन तथा जल सम्पदा पर आधृत भोज्य पदार्थों की उपलब्धता हेतु जारवा आरक्षित क्षेत्र का दायरा बढ़ाया गया है। अनुभवी डॉक्टरों से सम्बद्ध स्वास्थ्य दल द्वारा समय-समय पर इनके परीक्षण और चिकित्सा की व्यवस्था की गयी है। इनकी सुरक्षा और संरक्षा के अनेक प्रयत्न किये गये हैं।

दक्षिणी अण्डमान जिले के नार्थ सेंटिनल द्वीप पर निग्रेटो प्रजाति की सेंटिनली जनजाति का निवास है। इनकी अनुमानित जनसंख्या 50 है (सन्दर्भ–'दी डेली टेलीग्राम्स', रिपब्लिक डे स्पेशल सप्लीमेंट, 26 जनवरी 2013, पृष्ठ 6)। अण्डमान तथा निकोबार द्वीप समूह में यही एक प्रजाति ऐसी है जिससे सम्पर्क नहीं किया जा सका है। कुछ लोगों की मान्यता है कि नार्थ सेंटिनल द्वीप के आदिवासी जारवा उपजाति से सम्बन्धित हैं। इसका आधार दोनों की हिंसा प्रवृत्ति का समान होना है। बाहरी लोगों के साथ हिंसात्मक व्यवहार के कारण सम्भवत: सेंटिनली ही संसार में एक ऐसी जनजाति है जो अलग-थलग पड़ी हुई है, क्योंकि अब जारवा जनजाति से भी सम्पर्क साधा जा जुका है। प्रशासन सेंटिनली समुदाय से मैत्री-सम्बन्ध स्थापित

करने के लिए निरन्तर प्रयत्नशील है, किन्तु इसमें अभी वांछित सफलता प्राप्त नहीं हो सकी है। सेंटिनली बाह्य संसार से अप्रभावित अपनी ही दुनिया में मगन रहते हुए अपने रीति-रिवाजों का अनुपालन करते हैं।

निकोबार जिले का सबसे महत्त्वपूर्ण द्वीप कार निकोबार है। निकोबारी जनजाति की लगभग दो तिहाई आबादी यहाँ रहती है। इस जिले के अन्य द्वीपों जैसे कचाल, कमोर्टा, नानकौरी, चौरा, तेरेसा यहाँ तक कि ग्रेट निकोबार में भी निकोबारी आदिवासियों का निवास है। आज यह जनजाति काफी समुन्नत अवस्था में है। इस समुदाय के कई लोग सरकारी विभागों में उच्च पद पर आसीन हैं। राजनीतिक एवं सामाजिक गतिविधियों में इनकी सक्रिय भागीदारी है। अण्डमान-निकोबार के प्रथम मनोनीत संसद सदस्य बिशप रिचर्डसन इसी समुदाय के थे जिनके प्रयासों से इस प्रजाति ने काफी प्रगति की है। इनका पहले का जीवन भी अन्य समुदायों की तरह वन और समुद्री सम्पदा पर आधारित था। शिकार और संग्रह से जीवन-यापन होता था। इनके अधिकांश मकान झोंपड़ीनुमा होते थे। एक गाँव में कम-से-कम तीन और अधिक-से-अधिक पन्द्रह घर होते थे। आज बहुत कुछ बदला हुआ है। शिक्षा के प्रभाव ने इनकी जीवनचर्या बदल दी है। प्रशासन की ओर से विद्यालय, चिकित्सालय आदि की समुचित व्यवस्था की गयी है। खेलकूद, मनोरंजन और कला-कौशल के विकास के लिए उचित संसाधनों को उपलब्ध कराया गया है। निकोबारी युवाओं ने खेलकूद में द्वीपों का नाम रोशन किया है। राष्ट्रीयस्तर की प्रतियोगिताओं में पदक पाकर इन्होंने द्वीपों का गौरव बढ़ाया है। फुटबॉल, तैराकी आदि में इनकी प्रतिभा देखते ही बनती है। निकोबारी हृष्ट-पुष्ट और सुडौल शरीर वाले होते हैं। ये सीधे-सादे एवं सरल हृदय के व्यक्ति हैं। इनमें किसी प्रकार का छल-प्रपंच नहीं है। भौतिकवादी लोगों की तरह इनमें धनलोलुपता भी नहीं है। निकोबारी अपने बागानों, वनोपजों और पशुधनों पर काफी निर्भर रहते हैं। नारियल इनके जीवन का अभिन्न अंग है। केवड़ी, केला, सुपारी, रबर और काजू की खेती भी ये लोग बड़े चाव से करते हैं। मत्स्य, सुअर, मुर्गीपालन आदि से इनकी आर्थिक स्थिति में सुदृढ़ता आयी है। गीत-संगीत और लोक कलाओं के गायन-वादन तथा प्रतिष्ठापन में इनकी विशेष रुचि और दक्षता है।

शोम्पेन जनजाति निकोबार जिले के दक्षिणतम द्वीप ग्रेट निकोबार में निवास करती है। डेनिश मिशनरी के फास्टर रोशन ने सर्वप्रथम सन् 1837 में इनसे सम्पर्क करने का प्रयास किया था। ग्रेट निकोबार के अनेक भागों में शोम्पेन बस्तियाँ हैं। एक बस्ती में कम-से-कम दो और अधिक-से-अधिक छह परिवार होते हैं। सात से बारह सदस्यों का एक परिवार होता है। वर्तमान में शोम्पेनों की कुल संख्या 219 है

(सन्दर्भ–'दी डेली टेलीग्राम्स', 'रिपब्लिक डे स्पेशल सप्लीमेंट', 26 जनवरी 2013, पृष्ठ 6)। प्रशासन की ओर से इनके लिए मुफ्त राशन, कपड़ा आदि का प्रबन्ध किया जाता है। शिक्षा की समुचित व्यवस्था की गयी है। स्वास्थ्य और सुरक्षा पर ध्यान दिया जाता है।

अण्डमान वर्ग की आदिम बोलियों को डॉ. भोलानाथ तिवारी ने भारतीय आर्यभाषा के 'निग्रेटो' वर्ग में रखा है। उनका विचार है कि निग्रेटो मूलत: अफ्रीका के निवासी थे और दक्षिण अरब, ईरान होते हुए भारत आये थे। इनमें से कुछ असम, बर्मा के रास्ते अण्डमान जा पहुँचे (सन्दर्भ–'अण्डमान तथा निकोबार के आदिवासी और उनकी बोली', व्यास मणि त्रिपाठी पृष्ठ 39) अण्डमान वर्ग के द्वीपों में चूँकि चार प्रकार की जनजातियाँ निवास करती हैं इसलिए इस वर्ग की बोलियों के नामकरण भी उन्हीं जनजातियों के नामकरण के आधार पर हुआ है–अण्डमानी, ओंगी, जारवा और सेंटिनली। इन बोलियों में आपसी वैभिन्य है। इस प्रकार की विभिन्नता के लिए इनका परिवेश और रहन-सहन तथा पर्यावरण उत्तरदायी है। अण्डमानी बोली पर आज हिन्दी तथा अन्य भाषाओं का थोड़ा-बहुत प्रभाव दिखाई देता है। कई भाषावैज्ञानिकों, शोधकर्ताओं तथा विद्वानों ने इस बोली की प्रकृति और प्रभाव का अध्ययन, अनुसन्धान और विवेचन किया है। इस बोली पर अन्य भाषाओं का प्रभाव पड़ने का कारण इस जनजाति का अन्य लोगों के साथ सम्पर्क भी हो सकता है। ओंगी बोली के कुछ शब्दों का संग्रह 'ओंगी-हिन्दी बोली' नाम से जनार्दन शुक्ल ने काफी पहले किया था। इसी में जारवा बोली के कुछ शब्द भी संगृहीत हैं। सेंटिनली और जारवा बोली पर शोध-कार्य इनके हिंसक स्वभाव के कारण कठिनाई भरा है। चूँकि अब जारवा जनजाति से सम्पर्क स्थापित हो चुका है इसलिए मानव वैज्ञानिकों तथा भाषा वैज्ञानिकों ने उनकी बोली की प्रकृति और विशेषताओं को जानने-समझने की दिशा में सक्रिय प्रयत्न किया है किन्तु सेंटिनली जनजाति की बोली पर वैसा कोई कार्य देखने में नहीं आया है। यहाँ यह उल्लेखनीय है कि अण्डमानी, ओंगी तथा जारवा जनजाति के लोगों में हिन्दी के प्रति गहरी रुचि है और वे हिन्दी का अवसरानुकूल प्रयोग करते हैं।

भारतीय आर्य भाषाओं के वर्गीकरण के समय डॉ. सुनीति कुमार चाटुर्ज्या ने आदिवासी बोलियों से सम्बन्धित जो प्रारूप तैयार किया था उसमें निकोबारी को आस्ट्रिक भाषा परिवार की ऑस्ट्रेलियायी शाखा की बोलियों के अन्तर्गत स्थान दिया है। स्मिथ महोदय का विचार भी इसी से मिलता-जुलता है। डॉ. भोलानाथ तिवारी ने 'निकोबारी' को आस्ट्रिक भाषा परिवार के अन्तर्गत रखा है। विद्वानों का एक वर्ग ऐसा है जो इन्हें मानख्मेर के अन्तर्गत रखना चाहता है। ई.एच. मान के अनुसार

निकोबार वर्ग की छह बोलियाँ हैं–कार निकोबारी, चौरा बोली, नानकौरी, लिटिल निकोबारी, कण्डूली तथा ग्रेट निकोबारी। कार निकोबार में रहने वालों की बोली कार निकोबारी है। चौरा, तेरेसा, बम्बोका के आदिवासी चौरा बोली बोलते हैं। चौरा और तरेसा की बोलियों में थोड़ा-सा अन्तर दिखाई देता है। 'नानकौरी बोली' के अन्तर्गत नानकौरी, कमोर्टा, ट्रिंकेट तथा कचाल द्वीप की जनजातीय बोलियाँ आती हैं। पिलोमिलो एवं लिटिल निकोबार के आदिवासी लिटिल निकोबारी बोली बोलते हैं। कण्डूली कण्डूल द्वीप के आदिवासियों द्वारा बोली जाती है। इन सभी बोलियों में पर्याप्त अन्तर नहीं मिलता। इनका उद्‌गम एक ही है। जो थोड़ी-बहुत भिन्नता है–वह अलग-अलग द्वीपों में बसने के कारण। यहाँ सम्भव है 'चार कोस पर पानी बदले आठ कोस पर बानी' युक्ति की चरितार्थता एक बड़ा कारण हो। ग्रेट निकोबारी ग्रेट निकोबार द्वीप में रह रही निकोबारी प्रजाति की बोली की सूचक है। यहाँ यह उल्लेखनीय है कि ग्रेट निकोबार में दो प्रजातियाँ निवास करती हैं–शोम्पेन और निकोबारी। ई.एच. मान ने अपने वर्गीकरण में ग्रेट निकोबारी का उल्लेख किया है किन्तु शोम्पेनी बोली का नामोल्लेख तक नहीं किया है। डॉ. रामकृपाल तिवारी ने अपने शोध-प्रबन्ध 'अण्डमान-निकोबार की जनजातीय बोलियों का भाषिक अध्ययन' में इसे शोम्पेनी नाम दिया हैं। उन्होंने 'शोम्पेनी हिन्दी-बोली' नाम से इसके शब्दों का संग्रह भी किया है जो अण्डमान तथा निकोबार प्रशासन के राजभाषा विभाग से प्रकाशित है। उन्होंने शोम्पेनी बोली पर हिन्दी का प्रभाव भी लक्षित किया है। जाहिर है, यह प्रभाव इन आदिवासियों का हिन्दी भाषी लोगों के सम्पर्क का परिणाम है।

यहाँ यह उल्लेख्य है कि निकोबारी को छोड़कर अण्डमान तथा निकोबार द्वीप समूह में व्यवहृत अन्य आदिवासी बोलियों की अपनी कोई लिपि नहीं है। सदियों तक कार निकोबारी की अपनी कोई लिपि नहीं रही। इसे सन् 1912 ई. में ह्वाइट हेड ने बिशप रिचर्डसन की सहायता से रोमन लिपि में प्रस्तुत किया। इसकी सभी विशिष्ट ध्वनियों को ठीक-ठीक अंकित करने के लिए कुछ चिह्नों की सहायता ली गयी तथा कुछ व्यंजन और अतिरिक्त स्वर भी गढ़े गये। अण्डमान तथा निकोबार के शिक्षा विभाग ने दो निकोबारी प्राइमर तैयार किया जिसे राष्ट्रीय शैक्षिक अनुसन्धान एवं प्रशिक्षण परिषद ने क्रमश: 1971 और 72 में प्रकाशित किया। इसमें कार निकोबारी को देवनागरी लिपि में लिखने की महत्त्वपूर्ण कोशिश की गयी है। ध्वनियों को ठीक-ठीक लिखने के लिए कुछ, अतिरिक्त चिह्न, निर्मित किये गये हैं। शिक्षा के माध्यम के रूप में मातृभाषा के महत्त्व को अंगीकार करते हुए निकोबार में निकोबारी में पठन-पाठन की व्यवस्था की गयी है। यहाँ यह उल्लेख्य है कि निकोबारी लोक साहित्य काफी समृद्ध है।

स्वतन्त्रता सेनानी, कालापानी की सजा पाये अपराधी अथवा सरकारी सेवक, जो इन द्वीपों में आये, वे अपने साथ अपनी भाषा-बोली, रीति-रिवाज, संस्कृति और सभ्यता भी लाये। यही कारण है कि इन द्वीपों में हिन्दी, बंगला, उड़िया, मराठी, गुजराती, पंजाबी, तमिल, तेलुगु, मलयालम, कन्नड़ आदि सभी भारतीय भाषाओं का प्रतिनिधित्व होता है। जाहिर है भाषा संस्कृति की संवाहिका है इसीलिए इन भाषाओं को बोलने वालों के साथ उनकी संस्कृति का भी द्वीप समूह में आगमन हुआ। यही कारण है कि यहाँ हर तरह के लोग, हर तरह की जातियाँ, हर तरह की रीति-नीति और हर तरह की परम्पराएँ देखने को मिलती हैं। धर्म अथवा प्रान्त विशेष को केन्द्रित कर यहाँ कई संस्थाओं का निर्माण हुआ है जैसे बंगाली क्लब, महाराष्ट्र मण्डल, आन्ध्रा एसोसिएशन, केरला समाजम्, तमिल संगम, उत्तर प्रदेश समाज, उड़िया समाज, बिहार एसोसिएशन, भोजपुरी समाज आदि, किन्तु उल्लेखनीय बात यह है कि सभी द्वीपवासी चाहे वे किसी भी धर्म या प्रान्त से जुड़े क्यों न हों इन संस्थाओं को आदर की दृष्टि से देखते हैं और इनके आयोजनों में श्रद्धा और मनोयोग के साथ शामिल होते हैं (सन्दर्भ–'अण्डमान तथा निकोबार के आदिवासी और उनकी बोली'–डॉ. व्यास मणि त्रिपाठी, पृष्ठ 12)। होली, दीवाली, क्रिसमस, ईद, दुर्गा पूजा, दशहरा आदि पर्वों, त्योहारों के अवसर पर सभी लोग एक दूसरे को गले लगाते हैं और 'हार्दिक बधाइयाँ' तथा शुभकामनाएँ देते हैं। अनेकता में एकता, भिन्नता में अभिन्नता, भेद में अभेद का दर्शन कराते यहाँ के निवासी इन्द्रधनुषी छटा का आभास देते हैं जिसे लक्षित करते हुए व्यास मणि त्रिपाठी ने लिखा है–

वर्ण-वर्ण के खिले फूल सम
आदिम नागर अधिवास यहाँ
जन-मन की डाली पर हरदम
छाया रहता मधुमास जहाँ।

(कालापानी संज्ञा मुझको खलती है, पृष्ठ 111)

जिस सामाजिक पर्यावरण को लेकर आज अनेक तरह की दुश्चिन्ताएँ प्रकट की जा रही हैं। समाज के विखण्डित होने, परिवार के टूटने, भय, द्वेष, ईर्ष्या आदि के फलने-फूलने, सांस्कृतिक प्रदूषण के बढ़ने को लेकर आज का चिन्तक जिस तरह दु:खी हो रहा है उसको निर्मूल करने की दृष्टि से अण्डमान तथा निकोबार की धरती स्मरणीय है। रीति-नीति, परम्पराओं और मान्यताओं के अलग होने के बावजूद यहाँ न तो सामाजिक संघर्ष है और न ही किसी प्रकार की संकीर्णता, बल्कि

सामाजिक समरसता का उत्कृष्ट रूप विद्यमान है। यह महाभाव ही सारी भ्रान्तियों, भूलों, भेदों का निवारण कर मानवता के श्रेष्ठ अधिष्ठान के अनुकूल समाज रचना करता रहता है। समरसता एक सांस्कृतिक भाव है जो आध्यात्मिकता के उच्च धरातल से प्रवाहित होकर द्वीप समूह के समाज की अन्तरात्मा का सिंचन करता है। नानात्व में एकत्व की प्रतिष्ठा करता है। यहाँ के सामाजिक जीवन में किसी प्रकार का ऊँच-नीच, भेद-भाव, बड़े-छोटे की भावना का सन्निवेश नहीं है तो उसके मूल में सामाजिक समरसता ही है। यह द्वीप समूह समरसता का मूर्तिमान छन्द है तो इसलिए कि यहाँ सामाजिक, धार्मिक, सांस्कृतिक और भाषिक विरसता नहीं है। विरसता सामाजिकता की शत्रु है, जबकि समरसता सामाजिकता के उन्नयन में सहयोगिनी है। मानवीय सम्बन्धों में सौहार्दपूर्ण सम्मानजनक विश्वास जगाती मानवीयता का रस समरसता है जिसे इन द्वीपों में मूर्तित हुआ देखा जा सकता है। समरसता तभी आ सकती है, जब समता का भाव उत्पन्न होगा। समता का आधार अभेद है। चाहे वह धर्म में हो, जाति में हो अथवा भाषा में। वर्ग तथा वर्ग-भेद, धार्मिक असहिष्णुता, भाषिक द्वन्द्व हिंसा, अपमान तथा अलगाववाद से मुक्त परस्पर स्नेह, सहयोग, सौहार्द और एकात्म भाव की यह धरती अपने चुम्बकत्व में अगर सबको आकर्षित करती है तो उसके मूल में समरसता है। सहिष्णुता, सहभाव और शान्ति जो आज विश्व-पटल से गायब होने की प्रक्रिया में हैं, वे इस द्वीप समूह की शोभा हैं। इसी सन्दर्भ में ये जीवनी और संजीवनी के द्वीप हैं–मदन मोहन सिन्हा 'मनुज' की ये काव्य पंक्तियाँ इसी ओर संकेत करती हैं–

शान्त रहना जानते हैं नियति निज पहचानते हैं
शान्ति प्रिय ये शान्ति के हैं द्वीप से
जिन्दगी पर डाल पर्दा मौत का
साया लिये आये थे जो
मौत को फुसला दिया, झुठला दिया
जिन्दगी जीना हमें सिखला गये हैं वो
धन्य थे वे लोग जो लाये गये थे,
जीवनी संजीवनी हैं द्वीप ये।

(हिन्दी कविता में अण्डमान, पृष्ठ 146)

जिस प्रकार यहाँ के सामाजिक परिवेश में कोई मलिनता नहीं है, उसी प्रकार यहाँ की प्रकृति भी म्लानता से रहित है। सागर की गोद में बसा अण्डमान कवियों के लिए सौन्दर्य का साक्षात् विग्रह है–

हरी कुसुम्भी साड़ी पहने
घाटी प्रफुल्ल चहकती है,
माथे पर सूरज की लाली,
बिन्दी नववधू दमकती है।
कदली लवंग संग नारियल
झूमते-नाचते-गाते हैं,
बाँहें फैलाकर मानो वे
स्वागत का फर्ज निभाते हैं।

(कालापानी संज्ञा मुझको खलती है, पृष्ठ -112)

अण्डमान तथा निकोबार द्वीप समूह में न भाषा की दीवार है, न भाषा की तकरार। विभिन्न भाषा-भाषियों के बीच हिन्दी कण्ठहार है। डिगलीपुर से कैम्पबेल बे तक वह व्यवहृत होती है। सभी का समादर पाती है।

हिन्दी की दशा और दिशा

अण्डमान तथा निकोबार द्वीप समूह में अनेक अहिन्दी भाषी प्रान्तों की सीमाओं को लाँघती हुई हिन्दी का पहुँचना, विकसित होना और विभिन्न भाषा-भाषियों के बीच सम्पर्क भाषा के रूप में समादृत होना अपने आपमें एक महत्त्वपूर्ण उपलब्धि है। द्वीपों में हिन्दी का इतिहास उतना ही पुराना है जितना यहाँ बस्तियों का बसाया जाना। ब्रिटिश सरकार द्वारा स्वतन्त्रता संग्राम सेनानी या अपराधी दण्डित करने के उद्देश्य से इन द्वीपों में लाये गये। 'कालापानी' की सजा पाये लोगों का पहला जत्था बन्दी के रूप में यहाँ 10 मार्च 1858 को पहुँचा था। तभी हिन्दी भी यहाँ पहुँची थी। घने जंगलों में अनादिकाल से रहने वाले आदिवासी समुदायों की अपनी अलग-अलग बोलियाँ हैं। उनकी बोली पर हिन्दी का यत्किंचित प्रभाव पड़ा तो वह भी इन द्वीपों में दण्डी बस्ती बसाये जाने के बाद ही। इन आदिवासियों में अब हिन्दी सीखने के प्रति काफी उत्साह देखा जा सकता है।

जाहिर है भारत के विभिन्न भागों से जो लोग यहाँ लाये गये थे, उनमें तमिल, तेलुगु, मलयालम, कन्नड़, असमी, बंगला, हिन्दी, उड़िया, पंजाबी, सिन्धी, मराठी, गुजराती आदि बोलने वाले लोग थे। कुछ नेपाली और बर्मी भी थे। शुरू-शुरू में इन लोगों को अपनी मातृभाषाओं के बावजूद विभिन्न प्रान्तवासियों के बीच विचार-विनिमय के लिए एक सम्पर्क भाषा की आवश्यकता महसूस हुई होगी। जैसा कि कानपुर के तेरहवें साहित्य सम्मेलन की स्वागतकारिणी समिति के सभापति की हैसियत से आचार्य पं. महावीर प्रसाद द्विवेदी ने अपने भाषण में कहा था–"एक ऐसी भाषा की आवश्यकता है और बहुत बड़ी आवश्यकता है जिसकी सहायता से सभी प्रान्तों के वासी अपने विचार अन्य प्रान्तवासियों पर प्रकट कर सकें।" इसका मूर्त रूप दिखाई दिया यहाँ अण्डमान तथा निकोबार द्वीप समूह में जहाँ विभिन्न भाषा-भाषियों के बीच सम्पर्क भाषा का रूप अपनाया 'हिन्दुस्तानी' ने। यहाँ जब उपनिवेश की स्थापना हो रही थी, तब भारतीयों के अतिरिक्त अंग्रेज अधिकारी भी थे, जो

अंग्रेजी के साथ-साथ या तो उर्दू अथवा उर्दू-अंग्रेजी मिली हिन्दी यानी हिन्दुस्तानी बोलते थे। फलतः सभी लोग आपसी सम्पर्क के लिए 'हिन्दुस्तानी' का प्रयोग करने लगे। सन् 1875 तक इस हिन्दुस्तानी का कोई विशेष रूप नहीं बन सका होगा, क्योंकि उक्त अवधि तक प्रकाशित दस्तावेजों में इसका कोई उल्लेख नहीं है। सन् 1908 के लोकल गजेटियर में इसकी चर्चा हुई है। इससे अनुमान लगाया जा सकता है कि तब तक हिन्दुस्तानी ने अपना स्वरूप सम्पर्क भाषा के रूप में बना लिया था। समय-समय पर इसके शब्द-संग्रह तैयार हुए जो 'इंडियन एंटीक्वेरी' में प्रकाशित हैं (सन्दर्भ–'अण्डमान तथा निकोबार के आदिवासी और उनकी बोली'–डॉ. व्यास मणि त्रिपाठी, पृष्ठ 14)। यहाँ सम्पर्क भाषा के रूप में हिन्दी का जो स्वरूप निर्मित हुआ, वह कई विचित्रताओं से भरा है।

स्वतन्त्रता-संघर्ष-काल में हिन्दी ने जिस प्रकार सम्पूर्ण देश को जोड़ने का कार्य किया उसी प्रकार इन द्वीपों में भी आगत भिन्न भाषा-भाषियों के बीच वह एकता की कड़ी बनी। पराधीनता की जंजीरों में जकड़े लोगों के भीतर वह आशा और उल्लास की संवाहिका बनी। लोकरंग और लोक संस्कृति के माध्यम के रूप में वह लोगों को अंग्रेजों के विरुद्ध एक मंच पर लाने वाली प्रमुख किरदार बनी। उसने लोगों को न केवल जोड़ा बल्कि आत्म-सम्मान और आत्म-गौरव का पाठ भी पढ़ाया। इतिहास प्रसिद्ध सेल्यूलर जेल सम्पर्क भाषा हिन्दी की प्रयोगशाला के रूप में अगर स्मरणीय है तो इसीलिए कि यही वह स्थान है जहाँ स्वतन्त्रता सेनानियों और कैदियों के बीच विचार-विनिमय का माध्यम हिन्दी थी। यहाँ यह उल्लेखनीय है कि दण्डित करने के उद्‌देश्य से जिन लोगों को लाया गया था उनमें कई कवि, लेखक, सम्पादक और पत्रकार भी थे। उन्होंने यहाँ हिन्दी को सम्पर्क भाषा बनाने में महत्त्वपूर्ण भूमिका निभायी थी। कई क्रान्तिवीरों ने सेल्यूलर जेल की दीवारों पर अपनी भावनाओं को अभिव्यक्त किया। वीर सावरकर ने लेखनी के अभाव में दीवारों पर कीलों और काँटों से कविताएँ लिखीं। उन्होंने विभिन्न प्रान्तवासियों को सम्पर्क भाषा के रूप में हिन्दी सीखने के लिए प्रेरित किया। जेल के कैदियों को पढ़ना-लिखना भी सिखाया। कहा जाता है कि उन्होंने एक वाचनालय की भी शुरुआत की। इस तरह 'वन्देमातरम' के जयघोष के साथ-ही-साथ हिन्दी की जयगाथा का स्वर भी सेल्यूलर जेल में मुखरित हुआ था। इलाहाबाद से प्रकाशित 'स्वराज्य' पत्र के सम्पादक होतीलाल वर्मा और सम्पादक लद्‌दाराम समेत कुल नौ सम्पादकों को 'कालापानी' की सजा देकर अण्डमान भेजा गया था। उन लोगों ने भी यहाँ हिन्दी की प्रगति में अपना योगदान दिया था।

जेल से रिहाई पाये लोग जब बस्ती बसाकर रहने लगे, तब उनके बीच जोड़ भाषा हिन्दी थी। यह हिन्दी का ही महत्त्व था कि स्वतन्त्रता-संघर्ष-काल में यहाँ की जनता ने हिन्दी शिक्षक की माँग की थी और जब उनकी माँग पूरी नहीं हुई तब उन्होंने चन्दा इकट्ठा कर हिन्दी शिक्षक का वेतन जुटाया था। हिन्दी के प्रति गहन अनुराग के साथ-साथ नौटंकी, फाग, आल्हा के माध्यम से उन लोगों ने भारतीय संस्कृति को भी प्रचारित-प्रसारित करने का कार्य किया। द्वीपों में हिन्दी की भूमिका को याद करते हुए प्रदेश परिषद (विधान परिषद किन्तु विधायी शक्तियाँ प्राप्त नहीं, जिसे आजादी के बाद गठित किया गया था लेकिन अब इसका अस्तित्व समाप्त हो गया है) के तत्कालीन राजभाषा पार्षद नागेन हालदार ने नवपरिमल द्वारा आयोजित संसदीय राजभाषा समिति के स्वागत-समारोह में ठीक ही कहा था–"हिन्दी न होती तो हम अपने मद्रासी, बंगाली भाइयों के साथ बात कैसे कर पाते?" (सन्दर्भ–'अण्डमान तथा निकोबार के आदिवासी और उनकी बोली", पृष्ठ 16)। इससे इन द्वीपों में हिन्दी की उपयोगिता और अनिवार्यता का पता चलता है।

जापानी आधिपत्य के समय जापानियों की क्रूरताओं और अत्याचारों की परवाह न करते हुए द्वीपवासियों ने हिन्दी की मशाल को प्रज्वलित रखा। विभिन्न सत्संग और गायन मण्डलियों के द्वारा हिन्दी का प्रचार-प्रसार जारी रहा। नेता जी सुभाषचन्द्र बोस के पोर्टब्लेयर आगमन के अवसर पर उनके स्वागत-सम्मान में मास्टर केसरदास ने जो गीत गाया था, उसकी अनुगूँज हिन्दी के विकास की सहयात्री बनी। इसी अवसर पर टुस्नाबाद गाँव के निवासी भगवान प्रसाद ने अपनी भावनाओं को इन काव्य-पंक्तियों के माध्यम से नेता जी के समक्ष प्रस्तुत किया था–

वाणी नहीं जो समझ लो इतनी
करें बखान खुशी का आज,
जैसे गूँगा फल को खाकर
नहीं बता सकता कुछ राज।
जननी जन्मभूमि के तारे
आए हो तुम बीच हमारे,
टूटे-फूटे वचन सुनाकर
स्वागत करते हैं हम सारे।

(ज़िन्दगी अख़बार होकर रह गयी, अंक–16, पृष्ठ 4)

आजादी के बाद अण्डमान तथा निकोबार द्वीप समूह में हिन्दी का व्यापक प्रचार-प्रसार हुआ। डिगलीपुर से कैम्पबेल बे तक आज हिन्दी अगर बोली और

समझी जाती है तो इसका श्रेय उन सामाजिक और सांस्कृतिक संगठनों, स्वैच्छिक संस्थाओं तथा व्यक्तियों को जाता है जिन्होंने निःस्वार्थ भाव से हिन्दी की मशाल को प्रज्वलित रखा। गुरुद्वारा डॉ. दीवान सिंह में हिन्दी की कक्षाओं का चलाया जाना, प्रेम देवी, समाजसेविका इच्छावती नाग आदि का घर-घर, गाँव-गाँव जाकर महिलाओं को हिन्दी सिखाने का प्रयत्न करना आदि कार्य द्वीपों में हिन्दी के इतिहास की महत्त्वपूर्ण घटनाएँ हैं। राष्ट्र भाषा प्रचार समिति, वर्धा की शाखा की स्थापना से हिन्दी के प्रचार-प्रसार में तीव्रता आयी। लोकल बॉर्न एसोसिएशन, हिन्दी साहित्य कला परिषद, नव परिमल आदि के आविर्भाव और उनके योगदान ने हिन्दी की चेतना को प्राणवान बनाने में सक्रिय भूमिका निभायी। नव परिमल का अस्तित्व अब नहीं है किन्तु एक समय इस संस्था ने हिन्दी को समादृत करने का जो कार्य यहाँ इन द्वीपों में किया उसकी कोई तुलना नहीं है। आज अनेक संस्थाएँ सक्रियता के साथ हिन्दी के महायज्ञ में अपना नैवेद्य अर्पित कर रही हैं।

हिन्दी के प्रचार-प्रसार में द्वीपों के प्रचारकों एवं हिन्दी अध्यापकों के योगदान को विस्मृत नहीं किया जा सकता। इस दृष्टि से पण्डित गोरखनाथ पाण्डेय, पण्डित जगतराम कटारा, प्रेमचन्द्र श्रीवास्तव, रामउग्रह सिंह, लक्ष्मी शंकर भटनागर, प्रसिद्ध नारायण तिवारी, सावित्री देवी, वीरभद्र सिंह, एन. चन्द्रा नवीन, कमला प्रसाद, ईश्वरी प्रसाद गौड़, सुरेश नन्दन प्रसाद सिन्हा, महातम सिंह, ओमप्रकाश वर्मा, महावीर प्रसाद गुप्त, शान्ति पाण्डेय, राज देवी, उमे सलमा, उमेश प्रसाद, मल्लिका घोष, बालकृष्ण गुप्त, लक्ष्मण सिंह, भगवान सिंह, उमाशंकर सिंह, डॉ. लालचन्द्र, मास्टर केसर दास आदि के नाम विशेष उल्लेखनीय हैं। इन समाजसेवियों तथा शिक्षक-शिक्षिकाओं ने द्वीपों में हिन्दी के विकास को गति देने में महत्त्वपूर्ण भूमिका निभायी थी। हिन्दी माध्यम के विद्यालयों में आज भी हिन्दी शिक्षक किसी-न-किसी रूप में हिन्दी को बढ़ावा दे रहे हैं। महाविद्यालय स्तर पर भी हिन्दी पठन-पाठन का कार्य हो रहा है।

अण्डमान-निकोबार में भाषा की तकरार व भाषा की दीवार नहीं है बल्कि भारत के विभिन्न भागों से आकर बसे यहाँ के निवासी अपनी समन्वयात्मिका दृष्टि के कारण इन्द्रधनुषी छटा का आभास देते हैं। राष्ट्रीय एकता का आदर्श प्रस्तुत करते हैं तथा हिन्दी को हर तरह समादृत करने के लिए सचेष्ट रहते हैं। यहाँ द्रविड़ मुन्नेत्र कड़गम हिन्दी का समर्थन ही नहीं करती, बल्कि उसके विकास के लिए प्रयत्नशील भी रहती है। प्रदेश परिषद् (अब इसका अस्तित्व नहीं है) के अधिवेशन में एक बार सरकार की ओर से अंग्रेजी में वक्तव्य आने पर कोट्या नरुला शेट्टी ने कहा–"क्या कहा साहब! बिल्कुल समझ नहीं आया। मेहरबानी करके हिन्दी में बतायें।" काश!

हिन्दी को यही स्नेह अगर अहिन्दी भाषी क्षेत्रों में हर जगह प्राप्त होता तो आज हिन्दी की स्थिति कुछ और ही होती। समय-समय पर दक्षिण के राज्यों में हिन्दी को लेकर उठने वाले विरोधों/वितण्डावादों के लिए कोई जगह ही नहीं होती। हिन्दी सर्व ग्राह्य और सर्व स्वीकार्य भाषा के रूप में सभी के स्नेह और समादर का भाजन होती।

द्वीप समूह में अहिन्दी भाषियों की हिन्दी सीखने की ललक कम महत्त्वपूर्ण नहीं है। यहाँ कई लोग ऐसे हैं जो चार-चार, पाँच-पाँच भाषाएँ बोलते और समझते हैं। इसीलिए बोलचाल की हिन्दी में मानकता का अभाव दिखाई देता है किन्तु हमें यह ध्यान रखना चाहिए कि किसी भाषा की जीवन्तता उसके सतत प्रवहमान होने में है। इसके साथ ही अगर वह विभिन्न छोटी-बड़ी नदियों (बोली-भाषा) को अपने में समाहित कर प्रवाहित हो तो यह उसकी समृद्धि का प्रतीक है। अण्डमान-निकोबार में हिन्दी का स्वरूप ऐसा ही है। इसने विभिन्न भाषा के शब्दों को पचाया है–चाहे वह दक्षिण भारत की भाषा के शब्द हों अथवा आदिवासी बोली के। ये इस बोली में इस तरह घुल-मिल गये हैं जैसे दूध और पानी। इन्हें सहजतया विलगाना एक दुष्कर कार्य होगा। हमें यह भी याद रखना होगा कि इस बोली में कितने ही शब्द ऐसे हैं जिनको स्थानीय आवश्यकताओं की पूर्ति के लिए यहाँ की परिस्थितियों ने निर्मित किया है। काम का अर्थ देने वाला 'कमान' शब्द अंग्रेजी 'कमांड' का विकृत रूप है जिसके विकास का अपना इतिहास है। यहाँ कैदियों की टोली जब काम पर जाती थी, तब उसका सम्बन्ध किसी-न-किसी कमान अर्थात कमांड से होता था। जैसे सफाई कमान (कमांड)। अत: लोग आज भी 'कमान' को 'काम' के अर्थ में प्रयुक्त करते हैं। जैसे–"वह कमान में आयेगा करके बोलता है।" जाहिर है, जिस भाषा के अधिग्रहण में अपनापन और प्रेमभाव होता है वह भाषा निश्चित ही सहज, सरल और आत्मीय होती है। यहाँ के लोगों ने जिस हिन्दी को बड़ी ही आत्मीयता के साथ पाला-पोसा है वह साहित्यिक हिन्दी से थोड़ी भिन्न जरूर है किन्तु वह है–विशिष्ट किस्म की टकसाली भाषा। निवर्तमान हिन्दी अधिकारी पुरुषोत्तम लाल वशिष्ठ ने 'इन द्वीपों को भाषा विज्ञान की सजीव प्रयोगशाला' कहा है। उनका यह भी मानना है कि "इन द्वीपों में भाषा वैज्ञानिक सर्वेक्षण द्वारा उन तत्त्वों का विकास किया जा सकता है, जो सम्पूर्ण देश की सम्पर्क भाषा का आवश्यक अंग बनेंगे।" (सन्दर्भ–'कादम्बिनी', फरवरी 1991 के अंक में प्रकाशित व्यास मणि त्रिपाठी का लेख, पृष्ठ 87)।

विशिष्ट रूप में पली-बढ़ी यहाँ की सम्पर्क भाषा हिन्दी की प्रकृति सामासिकता की है। परिवेश के आधार पर शब्दों के अर्थ-परिवर्तन इसमें भी द्रष्टव्य हैं। कहीं-कहीं शब्द अपने विशिष्ट अर्थ को ही व्यंजित करते हैं। शब्दों की प्रकृति के अनुसार

उनकी अपनी वाक्य-रचना है। यहाँ यह ध्यातव्य है कि लिखी जाने वाली हिन्दी वह नहीं है, जो बोली जाती है। लिखी जाने वाली हिन्दी परिष्कृत खड़ी बोली ही है। वही पठन-पाठन और शिक्षा का माध्यम भी है।

द्वीप समूह की सम्पर्क भाषा हिन्दी के कई शब्दों ने अपना अर्थ-विस्तार किया है और कुछ ने अर्थ-संकोच। हिन्दी में 'पलटने' शब्द का सामान्य अर्थ किसी चीज के उलटने-पलटने से लिया जाता है किन्तु यहाँ इन दीपों में 'पलटने' से विकसित 'पल्टी करना' शब्द विशेषत: 'बदलने' के अर्थ में प्रयुक्त होता है। उदाहरणार्थ–'घर पल्टी करो' अर्थात् 'घर बदल दो' 'खाना' शब्द का अर्थ संकोच हुआ है। किसी होटल में जाकर 'खाना' माँगने पर दाल-भात ही मिलेगा–रोटी नहीं। यह बात अलग है कि अत्याधुनिक ढंग से सज्जित होटलों में 'मीनू' के अनुसार भोजन की व्यवस्था की जाती है। यहाँ की बोल-चाल वाली हिन्दी में पानी 'भरा' नहीं जाता है बल्कि पानी 'पकड़ा' जाता है। यहाँ के लोग अथवा विद्यार्थी बिल अथवा फीस जमा नहीं करते बल्कि 'बाँधते' हैं। गाय का बच्चा 'बछड़ा' अथवा 'बछिया' नहीं कहलाता बल्कि वह गाय का 'लड़का बच्चा' अथवा गाय की 'लड़की बच्चा' सम्बोधित होता है। यही स्थिति भैंस अथवा अन्य जानवरों के बच्चे को लेकर भी है। सम्पर्क भाषा में प्रयुक्त अटपटेपन के कारण कुछ लोग इसे 'अशुद्ध', 'बेढंगी' अथवा 'खिचड़ी' कहने में संकोच नहीं करते किन्तु इसके साथ ऐसा व्यवहार न्यायसंगत नहीं है क्योंकि भाषा की विकसनशीलता में इस तरह की अशुद्धता का आ जाना स्वाभाविक है। मलयालम भाषा में लिखित 'कन्निमण्ण' जिसका हिन्दी अनुवाद 'जाग्रत अण्डमान' हुआ है। पुस्तक के लेखक आर. नरेन्द्रनाथ ने द्वीपों की हिन्दी को 'भाव प्रकाशन की सहज भाषा' कहा है। उनके द्वारा दी गयी बानगी का एक अंश यहाँ प्रस्तुत है–"हमको तुमको नहीं जानता। कल आने सकता है या नहीं सकता है। करके बोलने नहीं सकता। गाई लोग पूरा बगीचा नुकसान करता है। तुम बड़ा औरत है।" (सन्दर्भ–'अण्डमान तथा निकोबार के आदिवासी और उनकी बोली', पृष्ठ 16)। यहाँ कोई लड़की अथवा महिला अपने सहज प्रवाह में स्थानीय हिन्दी बोलते समय 'हम आता है।' 'हम जाता है' का प्रयोग करती है जिसमें लिंग और वचन सम्बन्धी दोष हैं। व्याकरण की दृष्टि से उपर्युक्त उद्धरणों में अशुद्धियों की भरमार है किन्तु व्याकरण तो भाषा की वृद्धि का अवरोधक है, सजीवता का नाशक है, इसलिए भाषा विज्ञान की प्रयोगशाला में खरी उतरी इस बोली के प्रति दोषारोपण अन्याय के सिवाय कुछ नहीं कहा जा सकता। यह 'भाषा बहता नीर' है।

साहित्यिक हिन्दी से भिन्न यहाँ की स्थानीय हिन्दी में ब्रज, अवधी, मैथिली, और भोजपुरी की सरसता तथा मिठास है और यह हो भी क्यों नहीं जब उत्तर भारत

के लोग बड़ी संख्या में यहाँ लाये गये थे, तब वे अपनी भाषा और संस्कृति भी अपने साथ लाये थे। यहाँ यह स्मरणीय है कि स्वतन्त्रता आन्दोलन के समय बंगाल क्रान्तिभूमि के रूप में प्रसिद्ध रहा। विभिन्न आन्दोलनों से जुड़े क्रान्तिकारी जब यहाँ आये थे, तब उनके साथ उनकी भाषा और संस्कृति भी आयी थी। इन सबका असर यहाँ विकसित हो रही हिन्दी पर पड़ा था। भाषा में मधुरता का समावेश हुआ था। माधुर्य भाव को द्विगणित करने के लिए यहाँ के लोग शब्दों में 'ई' प्रत्यय जोड़ना नहीं भूलते। जैसे–गाय को 'गाई', भैंस को 'भैंसी' कहने से एक खास किस्म का माधुर्य व्यंजित होता है। मुहावरेदार प्रयोगों में भी 'ई' प्रत्यय जोड़कर सरसता का संचार करना यहाँ के लोगों की प्रमुख विशेषता है। जैसे–'आँखीं निकालना' बोलते हैं–'आँखें निकालना नहीं।' भोजपुरी का 'रे' कई सन्दर्भों में लघुत्व और हीनत्वबोधक है किन्तु यहाँ की बोली में प्रयुक्त 'रे' स्नेह और माधुर्य की वर्षा करता प्रतीत होता है। जैसे–"रे बच्चा! तुम यह करने नहीं सकता।"

सम्पर्क भाषा के रूप में यहाँ जिस हिन्दी का विकास हुआ है, उस पर उच्चारण से लेकर शब्द-ग्रहण तक की प्रक्रिया में भारतीय भाषाओं के अलावा अंग्रेजी, अरबी-फारसी, बर्मी आदि का प्रभाव सहज रूप में दिखाई देता है। बीस तक की गिनती उर्दू और हिन्दी की प्रकृति के अनुसार गिनी जाती है किन्तु उसके बाद की गिनती गिनने का तरीका अंग्रेजी प्रभाव को व्यंजित करता है–जैसे–यहाँ के निवासी छत्तीस रुपये पैंतालीस पैसे को तीस छै रुपया चालीस पाँच पैसा बोलते हैं। यहाँ के कई द्वीपों का नामकरण अंग्रेजी नामों के आधार पर हुआ है किन्तु स्थानीय जनता ने मुख-सुख सिद्धान्तों का उपयोग करते हुए उन्हें हिन्दी की प्रकृति का बना लिया है। जैसे–माउंट हेरियट–मोहनरेट, नेवी बे–बन्नी बे, रानी खेत–अनीकेट, एलिफेंट प्वाइंट–हाथी टापू, डंडस प्वाइंट–चूना भट्ठा। जब इन द्वीपों में सर्वप्रथम ट्रैक्टर आया था, तब यहाँ के ग्रामवासियों ने उसे 'केकड़ा गाड़ी' नाम दिया था। इसी तरह की विचित्रताओं के दर्शन यहाँ की स्थानीय हिन्दी में होते हैं।

द्वीप समूह में विकसित हो रही सम्पर्क भाषा हिन्दी की यह विशेषता ही है कि हिन्दी से नितान्त अनभिज्ञ कोई हिन्दीतर भाषी जब यहाँ आता है, तब वह कुछ ही दिनों में कामचलाऊ हिन्दी का ज्ञान अर्जित कर लेता है। सरकारी अथवा गैर-सरकारी प्रतिष्ठानों अथवा दुकानों/मकानों में काम करता हुआ वह व्यक्ति अपनी अभिव्यंजना में असहज महसूस नहीं करता। बाजारों और दुकानों तथा सार्वजनिक स्थानों में ऐसे लोगों द्वारा हिन्दी का जो प्रचार हो रहा है, वह अत्यन्त महत्त्वपूर्ण है।

यहाँ के आदिवासी समुदायों में भी हिन्दी के प्रति काफी अनुराग तथा समादर है। इसका आधार यह है कि उनकी बोलियों में हिन्दी के बहुत सारे शब्द अनायास

घुल-मिल गये हैं। चूँकि बाहरी लोगों के सम्पर्क से जनजातीय जीवन, सामाजिक आचरण और अर्थव्यवस्था में अनेक परिवर्तन हुए हैं इसलिए इन परिवर्तनों को अभिव्यक्ति देने के लिए कुछ नये शब्द गढ़े गये हैं तथा दूसरी भाषाओं से कुछ शब्द अपना लिये गये हैं। कुछ शब्द यहाँ प्रस्तुत हैं, जो मूलरूप में हिन्दुस्तानी के हैं किन्तु अब वे निकोबारी के हो गये हैं। जैसे–गुलाम > कुलाम, फायदा > फायता, फूल > पूल, घोड़ा > कोरा, बाल्टी > पाल्टी, चाभी > चापी, ऊँट > ऊत, दीवाली > तिवाली, दुर्गापूजा > तुरका पूचा आदि। इसी तरह ओंगी आदिवासी हिन्दुस्तानी का प्रयोग इस रूप में करते हैं–पपीता > कपीता, चावल > चावा, नारियल > नरयर, डालडा > डागलो, तेल > तेले आदि। जारवा आदिवासी भी आज धड़ल्ले के साथ हिन्दी शब्दों का प्रयोग करते हैं।

अण्डमान तथा निकोबार द्वीप समूह को राजभाषा हिन्दी की दृष्टि से 'क' क्षेत्र में रखा गया है किन्तु अभी इसकी कार्य-प्रणाली 'ख' क्षेत्रों के राज्य के समान ही है। प्रशासन का राजभाषा विभाग सरकारी काम-काज में हिन्दी की प्रगति बढ़ाने के लिए सतत प्रयत्नशील है। इसके द्वारा समय-समय पर गहन अनुवाद प्रशिक्षण कार्यक्रम और कम्प्यूटर पर हिन्दी में काम करने के प्रशिक्षण की व्यवस्था की जाती है। हिन्दी दिवस और हिन्दी पखवाड़े के दौरान अधिकाधिक काम-काज राजभाषा में निपटाने हेतु प्रेरित/प्रोत्साहित किया जाता है। अनेक योजनाओं द्वारा कर्मचारियों/विद्यार्थियों/रचनाकारों को हिन्दी के महायज्ञ में जोड़ने तथा समिधाएँ देने के लिए वातावरण बनाया जाता है। पुरस्कार/सम्मान देकर मनोबल बढ़ाया जाता है। इस तरह राजभाषा विभाग लोगों में हिन्दी के प्रति ललक और उत्साह जगाता है। इसी क्रम में दिनांक 8 और 9 जुलाई 2002 को 'हिन्दी का सरलीकरण' विषय पर एक राष्ट्रीय संगोष्ठी आयोजित की गयी थी जिसका उद्देश्य उन अधिकारियों और कर्मचारियों की इस शंका का समाधान करना था कि कार्यालय में प्रयोग किये जाने वाले हिन्दी के शब्द अधिकतर कठिन होते हैं। बाद में वैज्ञानिक तथा तकनीकी शब्दावली आयोग, नयी दिल्ली के सहयोग से एक दो दिवसीय राष्ट्रीय संगोष्ठी वैज्ञानिक तथा तकनीकी शब्दों की समस्याओं को लेकर आयोजित की गयी थी। इन संगोष्ठियों ने कार्यालयी कर्मचारियों के साथ-साथ हिन्दी प्रेमियों को भी काफी प्रेरित/प्रोत्साहित किया था।

साहित्य की भाषा के रूप में भी हिन्दी इन द्वीपों में काफी फल-फूल रही है। यह उल्लेख किया जा चुका है कि बोल-चाल अथवा सम्पर्क भाषा के रूप में यहाँ हिन्दी का प्रयोग जिस तरह होता है उससे भिन्न साहित्यिक हिन्दी का स्वरूप है। परिष्कृत-परिमार्जित खड़ी बोली ही साहित्य की भाषा है। हालाँकि रचनाकार

आंचलिक शब्दों का प्रयोग कर आंचलिकता का उन्मेष करते तो द्वीप समूह के सामाजिक-सांस्कृतिक परिदृश्य को व्यापकता दिलाने में मददगार बनते किन्तु ऐसा अभी तक हुआ नहीं है। जैसा कि इस बात का उल्लेख हो चुका है कि इन द्वीपों में हिन्दी के आगमन का समय वही है, जब स्वतन्त्रता सेनानी या कैदी द्वीपों में लाये गये थे। 10 मार्च 1858 से 1947 तक की द्वीपों में हिन्दी साहित्य-सृजन यात्रा का कोई लिखित विवरण या साक्ष्य उपलब्ध नहीं होता किन्तु इसका आशय यह नहीं है कि इस काल खण्ड में साहित्य-सृजन की दिशा में प्रयास नहीं हुए होंगे। यहाँ आने वालों में सम्पादक, पत्रकार, शायर तथा कवि प्रतिभा सम्पन्न लोग थे। उन्होंने हिन्दी में कुछ-न-कुछ अवश्य लिखा होगा किन्तु उसका प्रकाशन नहीं हो सका होगा तभी इस काल खण्ड का लिखित साहित्य हमें उपलब्ध नहीं होता। आजादी के बाद जब प्रेस तक रचनाएँ पहुँचने लगीं तब से ही यहाँ के हिन्दी का आरम्भ काल माना जा सकता है क्योंकि रचनाएँ जब तक पाठकों तक नहीं पहुँचतीं, तब तक उनकी सार्थकता सिद्ध नहीं होती। रचना के सरोकारों के मूल में जन सामान्य है। अत: उसकी पहुँच वहाँ तक होनी ही चाहिए। स्वतन्त्रता के बाद सरकारी कर्मचारी के रूप में अथवा जीविका की तलाश में आये लोगों ने इन द्वीपों में हिन्दी साहित्य सृजन की चेतना को गति प्रदान की। नये आयाम दिये। इस दृष्टि से राजेन्द्र प्रताप सिंह, मदन मोहन सिन्हा 'मनुज', देवता प्रसाद त्रिपाठी, सुरेश नन्दन प्रसाद सिन्हा, ईश्वरी प्रसाद गौड़, पुरुषोत्तम लाल वाशिष्ठ, आनन्द वल्लभ शर्मा सरोज, ब्रह्म स्वरूप शर्मा, व्यास मणि त्रिपाठी, ओम प्रकाश वर्मा, श्रीकान्त उपाध्याय, रामकृपाल तिवारी, दुर्ग विजय सिंह 'दीप', जगदीश नारायण राय, जय बहादुर शर्मा, उमेश प्रसाद, राजेन्द्र पाल शर्मा, शशि कुमार सिंह, लीलामणी, एन. लक्ष्मी, रत्ना कुशवाह, शिबानी राजभूषण, कृष्ण कुमार 'विश्वेन्द्र', मन्जू नायर, डी. एम. सावित्री, रमेश कुमार, श्रीधरन, दीपाली कुजूर, जत्रु बड़ाइक आदि के नाम काफी उल्लेखनीय हैं। आज व्यापक स्तर पर हिन्दी साहित्य-सृजन हो रहा है। इससे हिन्दी भाषा के विकास को तीव्र गति तथा ऊर्जा प्राप्त हो रही है।

अण्डमान तथा निकोबार में हिन्दी ने सम्पर्क भाषा, राजभाषा और साहित्य की भाषा के रूप में जो यात्रा की है उससे उसका भविष्य उज्ज्वल है।

हिन्दी साहित्य-सृजन : स्वरूप और सम्भावनाएँ

अण्डमान तथा निकोबार द्वीप समूह में हिन्दी भाषा और साहित्य-सृजन का प्रारम्भ यहाँ बस्ती बसाये जाने के बाद ही हुआ। यहाँ आने वाले भारत के विभिन्न प्रान्तों के लोग थे, जिनकी अपनी अलग-अलग भाषाएँ और बोलियाँ थीं। चूँकि इन द्वीपों की अपनी कोई भाषा नहीं थी (आदिवासी बोलियों के अतिरिक्त) इसलिए विभिन्न प्रान्तवासियों के बीच सम्पर्क भाषा का होना एक ऐतिहासिक आवश्यकता थी जिसे मूर्त किया यहाँ स्थापित दण्डी बस्ती और सेल्यूलर जेल ने। जहाँ अपनी सरलता, सुगमता, सहजता तथा व्यापकता के कारण हिन्दी विभिन्न भाषा-भाषियों के बीच सम्पर्क-भाषा के रूप में समादृत हो सकी। विशिष्ट रूप में पली-बढ़ी यहाँ की स्थानीय हिन्दी को अहिन्दी तथा हिन्दी भाषियों ने समान रूप से स्नेह दिया है। यही कारण है कि यहाँ हिन्दी को लेकर कोई विवाद नहीं है। हिन्दी बोलने वालों की संख्या सर्वाधिक है।

इन द्वीपों में जहाँ तक साहित्य-सृजन का प्रश्न है तो इतना निर्विवाद है कि यहाँ हिन्दी भाषा में महत्त्वपूर्ण लेखन स्वतन्त्रता के बाद ही सम्भव हो सका है लेकिन इसका अर्थ यह नहीं है कि स्वतन्त्रता के पूर्व महत्त्वपूर्ण लेखन के लिए प्रयास नहीं हुआ, बल्कि सीमित साधनों के बावजूद विषम परिस्थितियों को झेलती हुई सृजनशीलता गतिशील रही। हाँ, यह अवश्य स्वीकार्य है कि उनका व्यापक प्रचार-प्रसार नहीं हुआ। वह अपने को जन-सामान्य तक नहीं पहुँचा सकी। स्वतन्त्रता के बाद सरकारी कर्मचारी के रूप में या जीविका की तलाश में आये लोगों ने उसकी गतिशीलता को तीव्र किया।

द्वीप समूह में रचित हिन्दी की पहली रचना कौन सी है? उसका रचनाकार कौन है? उसका प्रकाशन वर्ष क्या है? आदि प्रश्न किसी भी साहित्यान्वेषी की जिज्ञासा के प्रश्न हो सकते हैं। मैंने जब यहाँ के हिन्दी साहित्येतिहास को टटोलना शुरू किया तब मुझे भी इन प्रश्नों का साक्षात्कार करना पड़ा था। मेरी जिज्ञासा को शमन करने के लिए कोई इतिहास-ग्रन्थ तो नहीं उपलब्ध हुआ किन्तु नवपरिमल द्वारा सन् 1979

में प्रकाशित 'कृति' पुस्तक जरूर मिली जिसके मुख-पृष्ठ पर 'अण्डमान-निकोबार द्वीप पुंज का पहला हिन्दी काव्य-संग्रह' मुद्रित है। मैंने इसे ही अण्डमान के हिन्दी साहित्य का प्रस्थान-बिन्दु मान लिया होता यदि 1976-77 ई. में प्रकाशित 'देश, गीतांजलि' मुझे नहीं मिली होती। अन्य गीतकारों के साथ-साथ द्वीपों के कुछ गीतकारों के गीत भी 'देश गीतांजलि' में संकलित हैं। सुरेश नन्दन प्रसाद सिंह, केसरदास, डॉ. ओ.पी. मल्होत्रा, एस.के. उपाध्याय, नरेन्द्र नागर 'पागल', शारदा राम आदि के गीतों में अण्डमान की नैसर्गिक सुषमा की झाँकी तो है ही इस बलिदानी धरती की पावनता का भी उल्लेख है। विनोद तिवारी का प्रसिद्ध गीत–"*ऐसा मुझे लगता है, तारे आसमान के/धरती पर आये बने द्वीप अण्डमान के*" तथा राजनारायण बिसारिया का गीत–"*काले-काले बादल, नीला है जलधि जल खड़े-खड़े नाचते हैं नारियल के जंगल*"–इसी 'देश गीतांजलि' में संकलित हैं। इससे पहले का प्रकाशित साहित्य काफी प्रयत्नों के बावजूद मुझे जब नहीं मिला, तब मैंने इसे ही द्वीपीय हिन्दी रचना-धर्मिता का प्रथम प्रकाशन मान लिया था किन्तु मेरा यह भ्रम तब टूटा जब देवता प्रसाद त्रिपाठी का काव्य 'शिशु' प्राप्त हुआ। इसका प्रकाशन वर्ष 1960 ई. है। रचनाकार का पता–डिप्टी कमिश्नर ऑफिस, पोर्टब्लेयर, अण्डमान द्वीप मुद्रित है (सन्दर्भ–'द्वीप लहरी', अंक 34, पृष्ठ 7, जनवरी 2006)। जब तक 'शिशु' से पूर्व प्रकाशित कोई हिन्दी रचना उपलब्ध नहीं होती है, तब तक इसे ही द्वीपों का प्रथम प्रकाशित काव्य मान लेने में कोई आपत्ति नहीं होनी चाहिए। जहाँ तक इसके कथ्य और कलागत वैशिष्ट्य की बात है तो उसमें भी प्रौढ़ता दिखाई देती है, यद्यपि यह कवि की प्रथम रचना है।

साहित्यिक-सांस्कृतिक चेतना को उद्बुद्ध करने के उद्देश्य से 12 मार्च 1962 को 'हिन्दी साहित्य कला परिषद' की स्थापना यहाँ की एक महत्त्वपूर्ण घटना है। हिन्दी भाषा और साहित्य के प्रचार-प्रसार में इसके योगदान को कभी विस्मृत नहीं किया जा सकता। इसके माध्यम से यहाँ की सृजनशीलता को गति मिली है। कालान्तर में जब इसमें मंथरता और शिथिलता आने लगी तब विशुद्ध प्रतिस्पर्द्धात्मक भाव से 'नव परिमल' नामक साहित्यिक-सांस्कृतिक संस्था का सन् 1977 में अभ्युदय एक सुखद संयोग कहा जा सकता है। इसने यहाँ के हिन्दी साहित्य सृजन और प्रकाशन की दिशा में जो पहल की वह न केवल प्रशंसनीय है बल्कि अन्य संस्थाओं के लिए एक उदाहरण भी है। यद्यपि इसका अस्तित्व अब नहीं के बराबर है फिर भी इसकी देन अविस्मरणीय है। इसके द्वारा प्रकाशित पुस्तकें यहाँ की सृजन-यात्रा में मील का पत्थर हैं। प्रकाश स्तम्भ हैं। द्वीपों में हिन्दी भाषा और साहित्य के फलने-फूलने, सजने-सँवरने में यहाँ की 'लोकल बॉर्न एसोसिएशन' नामक संस्था

की देन को भुलाया नहीं जा सकता। इसके अतिरिक्त अन्य छोटी-बड़ी संस्थाओं और मंचों ने भी हिन्दी साहित्य को समृद्ध करने का महत्त्वपूर्ण प्रयास किया है।

पोर्टब्लेयर में आकाशवाणी केन्द्र की स्थापना सन् 1962 में हुई थी। विभिन्न साहित्यिक कार्यक्रमों के प्रसारण द्वारा आकाशवाणी ने हिन्दी की जो सेवा की है, वह अतुलनीय है। कविता, रूपक, लघु नाटक, एकांकी आदि के प्रसारण द्वारा इसने यहाँ के रचनाकारों को रचनात्मकता के लिए प्रेरित-प्रोत्साहित किया है। 'रामचरितमानस' का प्रसारण भी काफी प्रेरणादायी है। पहले यहाँ संस्कृत भाषा-पाठ का प्रसारण होता था, किन्तु अब उसकी जगह हिन्दी भाषा-पाठ का प्रसारण होने लगा है जिसे इन द्वीपों के ही लेखकों और विद्वानों ने तैयार किया है। इससे हिन्दी के प्रचार-प्रसार में तो मदद मिली ही है भाषा की प्रांजलता के लिए भी यथेष्ट अवसर मिला है, जिसका लाभ यहाँ के रचनाकारों ने भी उठाया है। यहाँ के दूरदर्शन केन्द्र ने भी साहित्यिक वातावरण के निर्माण में अपना अमूल्य योगदान दिया है।

अण्डमान-निकोबार से हिन्दी का पहला अखबार 'द्वीप समाचार' 15 अगस्त 1979 को निकलना शुरू हुआ। तब से इसके कई विशेषांक हिन्दी की विकास यात्रा के सहयोगी बने हैं। इसमें प्रकाशित साहित्यिक रचनाओं ने द्वीपीय रचनाधर्मिता को उजागर किया है। प्रशासन के राजभाषा विभाग की ओर से 'द्वीप प्रभा' का प्रकाशन शुरू हुआ था किन्तु कुछ अंकों के प्रकाशन के बाद ही इसकी यात्रा में विराम लग गया। हिन्दी साहित्य कला परिषद से डॉ. व्यास मणि त्रिपाठी के सम्पादकत्व में 'द्वीप लहरी' नामक साहित्यिक पत्रिका का प्रकाशन होता है। इसके स्वाधीनता विशेषांक, लघुकथा विशेषांकों ने काफी ख्याति अर्जित की है। 'द्वीप मंथन', 'अण्डमान की लहर', 'सागर', 'अण्डमान की आवाज', 'साहिल की ओर' जैसे पत्रों का अण्डमान से प्रकाशित होना एक बड़ी उपलब्धि है। यहाँ यह कहना आवश्यक नहीं है कि पत्र-पत्रिकाएँ साहित्य-भण्डार को विपुल बनाने में अपनी अहम् भूमिका निभाती हैं। द्वीपों से प्रकाशित पत्र-पत्रिकाओं का भी यही योगदान है।

सृजनात्मकता की दृष्टि से कहानी और कविता यहाँ की केन्द्रवर्ती विधाएँ हैं। जाहिर है कभी 'कालापानी' के नाम से कुख्यात अण्डमान तथा निकोबार अब 'मुक्ति तीर्थ' के रूप में समादृत है। स्वतन्त्रता सेनानियों के चरणरज से पावन यह धरती 'पुण्य भूमि' है। यह शहीदों के त्याग और बलिदानों की महागाथा की भूमि है। यह अंग्रेजों की दुर्दमनीयता के विरुद्ध 'वन्देमातरम्' का जयघोष करने वाले स्वाधीनता-संग्राम के महानायकों के अदम्य साहस और निर्भयता की भूमि है। अमानवीयता, क्रूरता और प्राण लेवा प्रहारों के बावजूद न झुकने और न टूटने की

प्राणवत्ता और संकल्पों की भूमि है। यही कारण है कि यहाँ की रचनाधर्मिता में ये पक्ष प्रबलता के साथ उभरे हैं–

अण्डमान की पावन धरती
वीरों की अमर कहानी है,
भारत माँ की आजादी को
शत अर्पित हुई जवानी है।
त्यागों और बलिदानों की
जो रेखा यहाँ खिंची गयी
पूरे ही संघर्ष-काल में
उससे बढ़कर कहीं नहीं।

('कालापानी संज्ञा मुझको खलती है' पृष्ठ...)

कविता अपने समय और समाज को प्रतिबिम्बित करने की सर्वाधिक सशक्त विधा है। हिन्दी कविता में अण्डमान जिस रूप में दिखाई देता है उससे द्वीप समूह का प्रामाणिक दस्तावेज निर्मित करने में काफी मदद मिल सकती है। यद्यपि अंग्रेजों द्वारा इसे यातना-शिविर बनाने से पहले भी आदिम जीवन अपने सांस्कृतिक वैशिष्ट्य के साथ उपस्थित था लेकिन हिन्दी कविता में उस ओर उतना आकर्षण नहीं दिखाई देता है जितना कि 'कालापानी' की त्रासदियों से जुड़े विभिन्न सन्दर्भों की ओर। 'कालापानी' की सजा पाये स्वतन्त्रता संग्राम सेनानियों के अण्डमान पहुँचने की करुण कथा को डॉ. रशीदा इकबाल ने इस प्रकार याद किया है–

सत्तावन की जंग में फिरंगी खिलाफ
बुलन्द जब किया था सभी ने आवाज
आजादी गुनाह है बताया गया था
हजारों को फाँसी चढ़ाया गया था
सजा कुछ ने पायी समन्दर के पार
सेमिरामिज में फिर होके सवार
वतन के लिए चल पड़ा था दीवाना
कहाँ से शुरू हम करें ये फसाना
शहीदों की बातें वो गुजरा जमाना॥

अथाह समन्दर पहुँचा जो जहाज
सुनाई पड़ी होगी बच्चों की आवाज़

नवाजा था माँ-बाप ने भी दुआ से
कह कुछ न पाया वो बच्चों की माँ से
रवाना हुआ बेड़ियों में बँधा था
जाने क्या मुकद्दर में उसके लिखा था
बसाने चला अण्डमाँ का वीराना
कहाँ से शुरू हम करें ये फसाना
शहीदों की बातें वो गुजरा जमाना॥

('हिन्दी कविता में अण्डमान', पृष्ठ 7)

अण्डमान की हिन्दी कविता में 'रॉस द्वीप' का वर्णन भी कई रूपों में हुआ है। इस लघु द्वीप की ओर अंग्रेजों का ध्यान उपनिवेश बसाने के समय गया था। स्वतन्त्रता सेनानियों का पहला जत्था 10 मार्च 1858 को चाथम द्वीप पर उतरा था लेकिन वहाँ पानी का अभाव होने के कारण बस्ती बसाने की योजना रॉस द्वीप में स्थानान्तरित कर दी गयी। इसकी साफ-सफाई कराकर अंग्रेजों ने यहीं से शासन-व्यवस्था का संचालन किया। प्रशासनिक दृष्टि से इसे अपना मुख्यालय बनाया। ऐशो-आराम, विलासिता आदि के साधन जुटाये। लेकिन अंग्रेजों के अहंकार, दम्भ, भोग-विलास और ऐश्वर्य का प्रतीक रॉस द्वीप' एक दिन खँडहर में परिवर्तित हो गया। जितेन्द्र प्रताप सिंह ने फकीराना अन्दाज़ में दर्शन की भूमि पर उतरकर 'रॉस द्वीप' के माध्यम से एक बड़ा सन्देश देने की कोशिश की है–

समय-शिला पर
निर्जन और चुपचाप पड़े
इस रॉस द्वीप पर भी
रौनक थी।
अंग्रेजों की सुख विलासिता
दिव्य चर्च भी
खँडहर बन दे रहा गवाही।
जिनका सूरज अस्त न होता
वे भी डूबे, नहीं रह गये
क्यों करता अभिमान
रे साधो! समय बड़ा बलवान॥

(हिन्दी कविता में अण्डमान, पृष्ठ 110)

यहाँ की कविता में 'रॉस द्वीप' को नेताजी सुभाषचन्द्र बोस के सन्दर्भ में भी याद किया गया है। द्वितीय विश्व युद्ध के दौरान जापानियों ने अण्डमान पर अपना आधिपत्य कर लिया था। कुछ दिनों तक तो उनका व्यवहार द्वीपवासियों के प्रति नरम और उदारतापूर्ण रहा लेकिन बाद में अंग्रेजों के अचानक हवाई हमलों से वे बौखला उठे। उन्हें लगा कि उनके विरुद्ध जासूसी की जा रही है और गुप्त सूचनाएँ अंग्रेजों तक पहुँचायी जा रही हैं। फिर क्या? उन्होंने जो नृशंसता, आतंक और हत्या का ताण्डव मचाया, वह अंग्रेजों की क्रूरता, कठोरता और अमानवीयता से भी कहीं अधिक भयावह तथा त्रासद था। अत्याचारों के इन्हीं समाचारों को सुनकर नेता जी सुभाषचन्द्र बोस तीन दिन के दौरे पर 29 दिसम्बर 1943 को अण्डमान पहुँचे थे। जापानियों ने अपनी कड़ी निगरानी में 'रास द्वीप' में ही उनके ठहरने का प्रबन्ध किया था। 30 दिसम्बर 1943 को नेता जी ने जिमखाना मैदान में तिरंगा फहराया और अण्डमान तथा निकोबार का नामकरण क्रमश: 'शहीद' और 'स्वराज' द्वीप किया। इस प्रसंग को लगभग सभी भारतीय भाषाओं के साहित्य में स्थान दिया गया है। डॉ. प्रताप सहगल ने 'नेता जी सुभाषचन्द्र बोस आइलैंड' नामक अपनी कविता में इसकी अभिव्यक्ति इस रूप में की है–*यह छोटा-सा द्वीप, अण्डमान को एक पहचान देता है/कभी हुआ करता था यह रॉस आइलैंड/यहाँ पहुँचकर/जापानी फौजियों के बूटों की धमक सुनाई देती है/यहाँ पहुँचकर नेता जी का फहराया हुआ तिरंगा दिखाई देता है।* ('हिन्दी कविता में अण्डमान', पृष्ठ 129)

कोई घटना इतिहास में भले ही महत्त्वपूर्ण स्थान न प्राप्त करे लेकिन साहित्य में उसकी अनुगूँज बहुत दूर तक सुनाई देती है। पठान कैदी शेर अली द्वारा 8 फरवरी 1872 को भारत के तत्कालीन वायसराय लॉर्ड मेयो की हत्या को माधव कौशिक की संवेदना जिस रूप में महसूस करती है वह एक साहित्यकार की ही दृष्टि से सम्भव है–*आज भी उस शेर खाँ की/आवाज सुनता हूँ गरजते/जिसने खाली हाथ से/सिंहासनों को तोड़ डाला।* (वही, पृष्ठ 154) सम्भवत: इसी घटना ने ब्रिटिश साम्राज्यवादियों को पोर्टब्लेयर में जेल निर्माण के लिए बाध्य किया हो। अटलंटा प्वाइष्ट की पहाड़ी पर बन्दियों के अथक परिश्रम से सन् 1896 से 1906 के बीच सात भुजाओं वाले तीन मंजिले जिस दैत्याकार जेल का निर्माण हुआ। वह 698 सेल्स (एकान्त कोठरियों) के कारण सेल्यूलर जेल के नाम से कुख्यात हुआ। अपने को 'जेल का खुदा' कहने वाले डेविड बैरी ने देश के कोने-कोने से इस जेल में लाये गये क्रान्तिकारियों और देशभक्तों को जो यातनाएँ दीं, जो अन्याय और अत्याचार किया, अमानवीयता और क्रूरता का जो खेल खेला उसको हिन्दी कविता में बहुत मार्मिकता और करुणा के साथ अभिव्यक्त किया गया। आजादी के दीवानों

पर हुए अत्याचारों को डॉ. योगेन्द्रनाथ शर्मा 'अरुण' ने अपनी 'कालापानी की सेल्यूलर जेल' शीर्षक कविता में इस प्रकार उभारा है– *मैं बोल रही हूँ वो जेल/जिसने देखी है क्रूरता/साम्राज्यवादियों की/उनकी नृशंसता देखी हैं मैंने/जो तन से थे गोरे/पर मन के थे काले/आजादी के मतवालों को/बैल बनाकर जो/कोल्हू में जोत कर/पीटते थे हंटरो से/और पानी तक से तरसाते थे/आजादी के दीवानों को।* (वही, 'हिन्दी कविता में अण्डमान', पृष्ठ 161) प्राणेन्द्रनाथ मिश्र ने अपनी कविता– "*मैं सेल्यूलर कह रहा कुछ*" में इसी यातना और पीड़ा को इस रूप में प्रकट किया है– *कोई बैल बना, कोल्हू थामे, कोई पीस रहा चक्की दिन भर/कोई पत्थर तोड़ रहा, भूखा/कोई खाये बिना है हफ्ते भर/ कोई कड़ी धूप में क्रॉस बना/ न भोजन मिला न पानी है/ हथकड़ियों में भूखे रहना/कइयों की आम कहानी है।*" ('हिन्दी कविता में अण्डमान', पृष्ठ 135)। केवल बैल बनकर कोल्हू में जुतना काफी नहीं था। नारियल अथवा सरसों से तेल निकालने की मात्रा निर्धारित थी। अगर उससे कम तेल निकला तो कैदियों को सजा दी जाती थी। हंटर अथवा कोड़ों से पीटा जाता था। भोजन-पानी बन्द कर एकान्तवास दिया जाता था। व्यास मणि त्रिपाठी की कविता में यह यातना, पीड़ा और भयावहता इस रूप में उभरी है–

बैलों की जगह कोल्हू में
वे क्रान्तिवीर सब जुतते थे,
थकने अथवा रुक जाने पर
हंटर कोड़ों से पिटते थे।
छाले पैरों में हाथों से
टप टप टप लहू टपकता था
कमनीय तन चट्टान हृदय
बस वन्देमातरम् कहता था।

('कालापानी संज्ञा मुझको खलती है', पृष्ठ 10)

इस कविता में कैदियों के भोजन और पहनावे का जो दृश्य है, उससे यह अन्दाजा लगाना आसान होगा कि स्वतन्त्रता सेनानी कितने साहसी, निर्भय और स्वतन्त्रता-अनुरागी थे। उनके भीतर की सहनशीलता कितनी गहरी थी। उनका धैर्य कितना अडिग था और आजादी के प्रति आशा तथा विश्वास कितना प्रबल था–

टाट ओढ़ना टाट बिछाना
पहनावा टाट हुआ करता,
बात-बात में गाली डंडा

पिन से नाखून छिदा करता
दाल-भात में कंकड़ कीड़े
पानी मग एक मिला करता,
बहुत यातना कष्ट बहुत पर
मन थोड़ा भी न डिगा करता।
हथकड़ी बेड़ियों में जकड़े
शेरों की भाँति गरजते थे,
आजादी है अब दूर नहीं
जेलर बैरी से कहते थे।

(वही, पृष्ठ 11)

अण्डमान की हिन्दी कविता में अण्डमान के महत्त्व का गायन विविध रूपों में हुआ है लेकिन पावन 'तीर्थ धाम' के रूप में इसको सबसे अधिक सम्मान प्राप्त है। इसका कारण वे स्वतन्त्रता सेनानी, देशभक्त और शहीद हैं जिन्होंने अपना यौवन, अपने प्राण, घर-द्वार सब कुछ देश के नाम समर्पित कर दिया। 'कालापानी' की सजा भोगने अण्डमान आये। जहाँ जीवन के सामने केवल और केवल कठिनाइयाँ थीं। घोर यातनाएँ और पीड़ाएँ थीं। फिर भी वे 'वन्देमातरम' गाते रहे। देश की आजादी के लिए तड़फड़ाते रहे। मिटते रहे, मरते रहे लेकिन कठोरताओं के सम्मुख कभी झुके नहीं, कभी टूटे नहीं। उनके त्यागों और बलिदानों ने ही आज सेल्यूलर जेल को 'तीर्थ धाम' बना दिया है। गिरीश पंकज ने 'जेल नहीं यह तीर्थ धाम है' शीर्षक गीत में 'कालापानी' को गंगाजल कहकर उसका स्तवन किया है–

जेल नहीं यह नया तीर्थ है
इसको कोटि प्रणाम,
आजादी के परवानों का
यह तो पावन धाम।
यहाँ हजारों दीवानों की
कैद हुई तरुणाई
टूट गये पर झुके नहीं वे
ऐसी हिम्मत पाई
कालापानी बना सभी का
गंगाजल अभिराम।

(हिन्दी कविता में अण्डमान, पृष्ठ 87)

डॉ. रमेशचन्द्र श्रीवास्तव की एक कविता है–'लहरें'। इसमें उन्होंने यह सवाल उठाया है कि बंगाल की खाड़ी की लहरें जो पुरी में जगन्नाथ प्रभु के चरण छूने को व्याकुल हो किनारे तक दौड़ती हैं वे ही अण्डमान के तट पर आकर इतना शान्त क्यों हो जाती हैं? न उनमें वह वेग रहता है और न ही शोर बल्कि वे शान्ति से तट पर आकर मात्र अपनी उपस्थिति जताती हैं? इसका उत्तर वे खुद ही देते हैं कि शायद वे शहीदों की चिरनिद्रा का खयाल रखती हैं। वे नहीं चाहतीं–

उनकी निद्रा में विघ्न पड़े
इसलिए गर्जन करती हुई
बंगाल की खाड़ी की लहरें
शहीदों को श्रद्धांजलि देने
हौले-हौले आकर तट को छू जाती हैं
उनके पदचिह्नों को नमन कर
पुन: लौट जाती हैं
फिर आने के लिए कहकर।

(हिन्दी कविता में अण्डमान, पृष्ठ 164)

वैसे तो उल्लासकर दत्त, वारीन्द्र घोष, वीर सावरकर, गणेश सावरकर, बटुकेश्वर दूत्त, पण्डित परमानन्द, भाई परमानन्द, बाबा पृथ्वी सिंह 'आजाद', मोती लाल वर्मा, इन्दुभूषण राय, जयदेव कपूर, महावीर सिंह, पुलिन दास, गुरुमुख सिंह, त्रिलोकीनाथ चक्रवर्ती, योगेन्द्र शुक्ल, वामन राव जोशी, सोहन सिंह आदि सैकड़ों कान्तिकारी 'कालापानी' की सजा देकर सेल्यूलर जेल भेजे गये थे किन्तु इनमें सर्वाधिक चर्चित नाम वीर सावरकर का रहा है। सावरकर जब जेल पहुँचे थे तब दो जन्म यानी पचास वर्षों की सजावाली एक तख्ती उनके गले में लटक रही थी जिसे देखकर जेलर बैरी ने व्यंग्य करते हुए कहा था–"पचास वर्ष देखते-ही-देखते कट जायेंगे नौजवान।" इस पर तीखी प्रतिक्रिया देते हुए सावरकर ने कहा था–"क्या तुम्हारी सरकार पचास वर्ष तक टिक पायेगी? उनके बड़े भाई गणेश दामोदर सावरकर भी इसी सेल्यूलर जेल में बन्द थे लेकिन वीर साबरकर को जेल की तीसरी मंजिल के अन्तिम कोने की कोठरी में तीन-तीन लौह द्वारों के भीतर इस तरह रखा गया था कि एक वर्ष तक उन्हें यह भी पता नहीं चला कि उनके बड़े भाई भी इसी सेल्यूलर जेल में बन्द हैं। उस सावरकर को अण्डमान की हिन्दी कविता में बार-बार याद किया गया है। डॉ. सत्यप्रकाश मिश्र 'वीर सावरकर' शीर्षक अपनी कविता की अन्तिम पंक्तियों में लिखते हैं–*हे भारत/भारत माँ के अपराजेय महारथी!/तुमने अपने*

दृढ़ संकल्प से/समूचे कालापानी को बना दिया/भारतवासियों का परम पवित्र तीर्थ/जहाँ अनन्त काल तक पूजित होगा/एक ही मजहब, एक ही धर्म/देशभक्ति के त्याग और बलिदान का। ('हिन्दी कविता में अण्डमान', पृष्ठ 214) कहना न होगा कि वीर सावरकर जैसे क्रान्तिकारियों के कारण ही अण्डमान की धरती स्वतन्त्रता की बलिवेदी रही है, तपोभूमि रही है। इस तपोभूमि को श्रद्धा-सुमन अर्पित किया है– व्यास मणि त्रिपाठी ने अपनी इन काव्य-पंक्तियों से–

हाथों में पहने हथकड़ियाँ
निकले हरने को महापीर,
भारत माता के आँचल को
जो सौंप दिये अपना शरीर
उन त्यागों पर, बलिदानों पर
मैं अर्घ्य चढ़ाने आया हूँ
मैं दीप जलाने आया हूँ।

(कालापानी संज्ञा मुझको खलती है, पृष्ठ 12)

अण्डमान की हिन्दी रचनाधर्मिता में यहाँ के सामाजिक समरस जीवन का उल्लेख बार-बार हुआ है। रीति-रिवाज, परम्पराओं और मान्यताओं के अलग होने के बावजूद यहाँ न तो सामाजिक संघर्ष है और न ही किसी प्रकार की संकीर्णता बल्कि सामाजिक समरसता का उत्कृष्ट रूप विद्यमान है। यहाँ ऊँच-नीच, बड़े-छोटे का भेद नहीं मिलता। द्वीपवासी अपने सामाजिक-सांस्कृतिक, परिवेश में राष्ट्रीय एकता और अखण्डता की जो ज्योति प्रज्वलित करते हुए दिखाई देते हैं, उसके आधार पर यह कहा जा सकता है कि रामराज्य की कल्पना वाला भारत यहीं बसता है। दुर्ग विजय सिंह 'दीप' की कविता में यह भाव इस रूप में उभरा है–

गीत प्रेम के गाती है अण्डमान की हवा,
सबको गले लगाती है अण्डमान की हवा
टापुओं में भाईचारे की महक रची बसी,
ये एहसास कराती है, अण्डमान की हवा।
यहाँ मजहबी उन्माद का ठौर नहीं है,
इन्सानियत सिखाती है अण्डमान की हवा।

(हिन्दी कविता में अण्डमान, पृष्ठ 118)

चूँकि अंग्रेजों द्वारा अण्डमान में उपनिवेश स्थापना के हजारों वर्ष पूर्व से ही यहाँ छह प्रकार की आदिम जातियाँ निवास करती आयी हैं इसलिए यहाँ की रचनाधर्मिता

में उनका उल्लेख होना स्वाभाविक है। विनोद तिवारी ने 'ये अण्डमान हमारा बड़ा ही प्यारा है' शीर्षक कविता में इसका वर्णन इस रूप में किया है–

अजब कुछ बात है इसमें कि अण्डमान है ये
समन्दर के दिल में छोटा-सा हिन्दुस्तान है ये
यहाँ आदिम कबीलों के भी काफी लोग रहते हैं
जिन्हें हम अण्डमानी, जारवा और ओंगी कहते हैं
नयी दुनिया से रस्मे-राह जिनमें हो गया जारी
वे खुश-अखलाक हँसमुख लोग हैं भोले निकोबारी
जजीरे सेंटिनल में भी तो कुछ आदिम निवासी हैं
कि दूर दक्खन में कुछ शोम्पेन भी द्वीपों के वासी हैं।

(द्वीपांजलि, पृष्ठ 56)

'अण्डमान के आदिवासी' शीर्षक अपनी कविता में कृष्ण कुमार यादव ने मुख्यधारा में शामिल आदिवासी जीवन के विभिन्न संकटों की ओर ध्यान आकृष्ट किया है। सभ्यता-संस्कृति के पहरुओं का उनकी प्राकृतिक दुनिया में घुसना उन्हें पसन्द नहीं है। यादव को लगता है–*सभ्यता औ संस्कृति का ये संक्रमण/कुछ दिन तो अच्छा लगता/पर आहिस्ता-आहिस्ता/इसकी आड़ में घुसने लगती हैं बुराइयाँ/खोने लगते हैं शिकारी-आदिवासी/अपना दम-खम और साहस/मुफ्त मिलते अनाज के/साथ पलते घुन/कमजोर कर देते हैं हड्डियों को/नशा-लालच-फैशन की तरंगें/छाने लगी हैं उन पर खोने लगी हैं उनकी परम्पर में / सामाजिक एवं रीति-रिवाज/बस हावी है–पर संस्कृति।* ('हिन्दी कविता में अण्डमान पृष्ठ' 81)। इस विषय पर मानव विज्ञानियों का अपना विमर्श है। शासन-प्रशासन की अपनी दलीलें और तर्क हैं। एक आदमी कुछ अलग ढंग से सोचता है जबकि एक साहित्यकार की संवेदना एक अलग ही रूप लेकर कविता में उभरती है। वाद-विवाद-संवाद के अलग-अलग कोण हो सकते हैं लेकिन दृष्टि हमेशा मानवता पर केन्द्रित रहनी चाहिए। कनकलता ने अपनी कविता 'वन की हिरणी' में लगभग उन्हीं विचारों को प्रकट किया है जो यादव के विचार हैं। सफेद कौड़ियों-सी चमकती आँखों में कौतूहल समेटे, कमर और माथे पर रंगीन धागे तथा जंगली लताओं के रेशे लपेटे वस्त्रविहीन तरुणाई को जंगल से बाहर देख कवयित्री की चिन्ता यों प्रकट हुई है–"जंगली श्याम हिरणी वन से बाहर आयी है/अनावरित आकर्षक श्यामल गात संग लाई है/क्या हिंसक मानव इसे छोड़ेंगे!/अंकुरित तरुणाई को न झंझोड़ेंगे?/सभ्य कहे जाने वाले मानव बड़े हिंसक होते हैं। मौका पाते ही कलियों को कुचल देते हैं। (वही, पृष्ठ 72)। इसी

चिन्ता में डूबी हुई कनकलता वन की हिरणी को वन में रहने के लिए समझाने लगीं तब उस हिरणी ने अपना पेट दिखाते हुए केले की माँग की। इस पर कवयित्री का आक्रोश इन शब्दों में फूटा है–

मैं स्तम्भित सोचती रही–क्या हम सब बस माँगना सिखा रहे हैं?
आत्म स्वावलम्बियों को याचक बना रहे हैं?
सिखाना ही चाहते हो तो लाज बचाने की कला सिखाओ
माँगना छोड़ कुछ उगाने की विधि बताओ
ताकि वन की हिरणी वन में रहे रक्षित
असभ्य मानव के क्रूर पंजों से रहे रक्षित।

('हिन्दी कविता में अण्डमान', पृष्ठ 73)

हिन्दी काव्य-सृजन-यात्रा में अण्डमान की नैसर्गिक सुषमा का दृश्य बार-बार उभरा है। सागर की गोद में बसा यह द्वीप समूह अपनी प्राकृतिक सुन्दरता से कवियों की रम्य कल्पना को नित-नूतन आयाम देता आमन्त्रण भेजता रहता है। घनाच्छादित वनों, स्वागत की मुद्रा में खड़े नारियल-सुपारी के वृक्षों, ऊँची-नीची पहाड़ियों, सुरम्य सागर तटों, मूँगा-प्रवाल के मनोहारी रत्नों के कारण यह धरती कविता के लिए सौन्दर्य का साक्षात विग्रह है। विनोद तिवारी को तो ऐसा लगता है कि मानो आसमान के तारे धरती पर अण्डमान के द्वीप बनकर आये हों–

ऐसा मुझे लगता है तारे आसमान के।
धरती पे आये बने द्वीप अण्डमान के।।
लहर-लहर आती है हँसती किलकारती
झूमती-सी आती है चरणों को पखारती
रोज भोर होते ही सूरज की पहली किरण
सबसे पहले आके इसकी आरती उतारती
सुन-सुन हवाएँ गीत गाती हैं विहान के!
दुनिया से प्यारे अरे द्वीप अण्डमान के

(कृति, पृष्ठ 44)

हैवलॉक, बैरन द्वीप, नील द्वीप, तट मरीना और रॉस द्वीप पर अनेक कविताएँ लिखी गयी हैं। कवियों को ऐसा लगता है कि प्रकृति ने सुन्दरता का अनमोल खजाना यहीं लुटाया है। अंग्रेजों की क्रूरता का प्रतीक 'कालापानी' का दाग उत्ताल तरंगों से भी अब तक भले न धुला हो लेकिन ये द्वीप अपनी आभा और आकर्षण में मनमोहक हैं। गिरीश पंकज को लगता है कि यहाँ का कण-कण अभिराम है–

स्वर्ग यहाँ ज्यों पसरा दिखता, अण्डमान वह धाम है,
निकोबार तक देखा सबने, कण-कण ही अभिराम है।
नीला जल यूँ लगता मानो नील गगन की हो छाया,
द्वीपों की मनमोहक दुनिया, रचती है अद्भुत माया।
पन्ने जैसा दमक रही है, यह चिर यौवन-सी धरती,
बंजर उर के भीतर भी यह, मिट्टी कुछ हलचल करती।
सुबह यहाँ की मनमोहक है और अनोखी शाम है,
स्वर्ग यहाँ ज्यों पसरा दिखता, अण्डमान वह धाम है।

(हिन्दी कविता में अण्डमान, पृष्ठ 85)

सनातन संस्कृति के सेतु, सजग प्रहरी, शान्ति और जीवनी-संजीवनी के ये द्वीप मदन मोहन सिन्हा 'मनुज' के गीत में 'वेणी के फूल' हैं। कवि की कल्पना के उत्कर्ष में अण्डमान तथा निकोबार का हिमशिखर हिमालय है। मनु की तरी के टूटे पतवार के रूप में बिखरे फैले ये द्वीप सजग प्रहरी हैं–

हिम शिखर जिसका हिमालय है, फूल वेणी के उसी के द्वीप हैं ये
पुष्प से सुरभित प्रकृति के प्राण से,
इन्द्रधनुषी क्षितिज पर सहसा उगे नव चाँद से
प्रकृति जल प्लावन सहज ही झेलकर
बचे मनु की तरी के टूटे हुए पतवार से
ये सनातन सेतु संस्कृति के, सजग प्रहरी हमारे द्वीप हैं ये।

(कृति, पृष्ठ 37)

हिन्दी कविता में सागर अपनी विभिन्न छवियों के साथ उपस्थित है! 'अण्डमान एक द्वीप' कविता में द्वीप और हम के बीच में सागर भी है। कवि अश्विनी पाराशर ने इस कविता में सागर को कई रूपों में याद किया है। सागर से बतियाना, संवाद करना कवि को अच्छा लगता है। कविता के आरम्भ में हहराते समुद्र से बतियाते हुए कवि पाराशर देखते हैं कि एक लहर आती है और किनारे को चूमकर चली जाती है। इसका उपमान विधान देखते ही बनता है–" *एक लहर आती है/किनारे को चूम कर चली जाती है/जैसे कोई बच्चा/माँ को रिझाता खम्भे को छूकर भागता/कितनी ही देर/खिलवाड़ करता नहीं अघाता।* ('हिन्दी कविता में अण्डमान', पृष्ठ 37-38)। सागर की गर्जना भयभीत करती है, डराती है लेकिन कवि डॉ. त्रिभुवन नाथ शुक्ल जब रॉस द्वीप के निकट खड़े होकर सागर का अवलोकन करते हैं, तब सिन्धु-गर्जन में उन्हें एक जैसा सौन्दर्य दिखाई देता है–

असीम सिन्धु के गर्जन से
नैसर्गिक सुषमा दिखती अपार,
निर्निमेष मैं देख रहा
लगता था जैसे स्वर्ग-द्वार।

(हिन्दी कविता में अण्डमान, पृष्ठ 232)

यों तो सागर अपनी धीरता और गम्भीरता के लिए साहित्य में ख्यात है किन्तु 26 जनवरी 2004 की सुबह उसने जो अपना रौद्र रूप दिखाया तो उससे उसके आचरण-व्यवहार पर अनेक प्रश्न खड़े हुए। वह सुबह अण्डमान तथा निकोबार द्वीप समूह के इतिहास की काली सुबह बनी जिसने हजारों जिन्दगियों को निगल लिया, हजारों को बेघर किया। सुनामी के नाम से कुख्यात उस ताण्डवलीला की भयानक स्मृति को हिन्दी कविता ने सँजोकर इसलिए रखा है ताकि आगामी पीढ़ी को सजग और सावधान रखा जाये। सुनामी को नील परी की संज्ञा देते हुए जगदीश नारायण राय ने उसके दल को इन शब्दों में अभिव्यक्त किया है–*प्रेम-पाश समझा था, लेकिन/नागपाश था जटिल भयंकर/छला गया मैं नील परी से/सुना, सुनामी हँसी कहीं से/मेरे घर में घुसकर लूटी/बची बिचारी कुटिया टूटी/सपने लुटे, लुटी आशाएँ/कैसे मन का दीया जलायें।* (वही, पृष्ठ 93) सुनामी की भयंकरता और विभीषिका का चित्रण आनन्द प्रकाश त्रिपाठी ने मुण्डा पहाड़ के सन्दर्भ में इस प्रकार किया है–

उस सुनामी की क्रूरता के निशान
देखे जा सकते हैं
मुण्डा पहाड़ के समुद्र तट पर
कितने ही दरख्तों के अस्थिपंजर बिखरे हुए हैं
जैसे, हमारे किसी पूर्वज की हों अस्थियाँ
तर्पण के लिए इन्तजार है
भटक रही हैं आत्माएँ
उन सभी की
अन्तिम श्राद्ध के लिए

('हिन्दी कविता में अण्डमान', पृष्ठ 57)

'पोर्टब्लेयर' डॉ. श्रीकान्त उपाध्याय की एक महत्त्वपूर्ण कविता है। इसमें नगर की सुन्दरता के साथ-साथ जन-मन की सुन्दरता का वर्णन है। कठिनाइयाँ और समस्याएँ हैं तो समाधान भी हैं। तूफानों में दीप सजाना इसका धर्म रहा है तो हालाहल पीकर सुधा-कलश छलकाना इस नगर का नीलकण्ठी कर्म है। यह अपने चढ़ाव

और ढलान पर भी समभाव से मुस्काता रहा है। न यह झंझावात से डरा है और न वज्राघात से। इसकी काली चट्टान पर खड़ा नारियल तो सागर के अहंकार को भी ललकारता रहा है–

किसी विशाल बिरिछ के उर से लिपटा है तरु लेकर प्यार
चित्रकूट में रामचन्द्र से मिलते हों ज्यो भरत कुमार
वहाँ अकेला खड़ा नारियल है काली चट्टान पर
सागर के घमण्ड को जिसने ललकारा है सौ-सौ बार
कितने आये झंझावात, कितने आये वज्राघात,
अड़ा हुआ है प्रण लेकर, छायातप की कहाँ खबर
परबत घाटी बसा नगर।

('हिन्दी कविता में अण्डमान', पृष्ठ 235)

परिवेश और परिवेशगत यथार्थ रचना के माध्यम से अभिव्यक्ति पाते। सामाजिक, राजनैतिक, धार्मिक, आर्थिक पहलुओं पर रचनाकार की दृष्टि बड़ी ही अन्वेषणात्मक और विश्लेषणात्मक होती है। वह उन सभी मुद्दों पर भावना के धरातल पर सोचता-विचारता और निष्कर्ष प्रस्तुत करता है जो मानवता को सम्पोषण प्रदान करते हैं तथा उनसे अपनी असहमति प्रकट करता है, जो मनुष्यता के लिए खतरनाक हैं। राजनीतिक परिदृश्य पर उभरती विकृतियों ने रचनाकारों को चिन्तित और दुःखी किया है। सत्ता मोह को प्रकट करने के लिए रामकृपाल तिवारी ने युधिष्ठिर के प्रसंग को आधार बनाकर 'कुर्सी' कविता लिखी है। आतंकवादी घटनाओं से दुःखी होकर उन्होंने यह पूछा है–

गौतम, गांधी की धरती पर
अब हिंसा का ताण्डव नर्तन
यह कैसी हुई प्रगति बोलो
या पशुता का फिर आवर्तन?
'वसुधैव कुटुम्ब' की जगह आज
यह जागा कैसा महोन्माद
जाति-धर्म और वर्ण-भेद
मानवता को कर रहे खाक
सुख-शान्ति छाँव देने वाले
उस महावृक्ष का उच्छेदन

यह कैसी हुई प्रगति बोलो
या पशुता का फिर आवर्तन?

(अण्डमान की हिन्दी कविता, 139)

रचनाकार वर्तमान को जीता-भोगता और ओढ़ता-बिछाता है। उसके दुःख से दुःखी और सुख से सुखी होता रहता है। जब वर्तमान के चेहरे पर अवसाद, निराशा और अन्धकार के बादल घिरे हों तब कवि का चिन्तित होना स्वाभाविक है। अण्डमान की हिन्दी कविता में यह चिन्ता सहज रूप में उभरी है–

आज लकीरों के फकीर हम
चलते कदम-कदम हैं
कीचड़ दलदल आँधी पानी
और गजब फिसलन है
बड़ी धुन्ध है, घुआँ-तपन है और कलेजे पीर,
रूप मिट गया, गन्ध और रस पर लटकी रामशीर।

(अण्डमान की हिन्दी कविता, पृष्ठ 112)

अण्डमान की रचनाधर्मिता में भूमण्डलीकरण और बाजारवाद की क्रूर विसंगतियों का साक्षात्कार है, ह्रासोन्मुख नैतिकता और जीवन-मूल्यों की क्षीणता का आभास है, हत्या, आत्महत्या और निर्वासन की पीड़ा है, तनाव है, विखण्डन है और आचरण की शुचिता पर आसन्न संकट की भयावहता का घटाटोप है। यहाँ रोजी-रोजगार के लिए तरह-तरह के समझौते हैं, सादगी है, सज्जनता है तो क्रूरता और अमानवीयता भी है। प्रेम का आदर्श रूप है तो कामान्धता और विलासिता भी है। पाश्चात्य के बढ़ते अन्धानुकरण की प्रवृत्ति के त्याग का सन्देश है। दुर्ग विजय सिंह 'दीप' अपनी कविता 'परिवेश' में लिखते हैं–

गोपिकाओं! कहाँ जा रही हो
मत जाओ
मधुबन में, बंसी की धुन
के साथ पावन रास-लीला
नहीं, बल्कि वासना के
विस्फारित नेत्र
तुम्हें नहीं, तुम्हारे

निर्वस्त्र शरीर देखने को
लालायित हैं।

(अण्डमान की हिन्दी कविता, पृष्ठ 106)

वर्तमान से साक्षात्कार करने वाले रचनाकार यथार्थबोध से अनुप्राणित होते हैं। यथार्थ व्यक्ति और समाज की चमड़ी उधेड़कर नव सृजन तथा नव विहान की कामना से प्रेरित होता है। वह समाज को आईना दिखाने का काम करता है। यह बात अलग है कि यथार्थ की अतिशयता, कभी-कभी विभत्सता के हद तक पहुँच कर संवेदना को विरूपित करती है। इसीलिए उसका नग्न स्वरूप स्वीकार्य से परे हो जाता है। उसका परिवर्तनकामी रूप ही सहृदय को आकृष्ट करता है। अण्डमान के मुखर कवि ओमप्रकाश वर्मा को यथास्थितिवाद पसन्द नहीं है। वे परिवर्तन की आकांक्षा के कवि हैं–

जिस वीणा से राग न फूटे
मधुर-मधुर झंकार न फूटे
हर ले जो दुःख दर्द न मन का
चुन ले जो आँसू न नयन का
उस वीणा के तार बदल दो।

(कृति, पृष्ठ 74)

अण्डमान के हिन्दी कवियों ने सामाजिक रुढ़ियों और परम्परागत मान्यताओं को काव्य में अंकित ही नहीं किया है बल्कि सामाजिक तथा आर्थिक दुःख-दैन्य से सम्बन्धित पक्षों को भी सजीव रूप में चित्रित किया है। व्यास मणि त्रिपाठी के सम्मुख सामाजिक विषमता के चित्र घनीभूत होकर उभरते हैं। वे उनकी सघन पड़ताल करते हैं। राजनीति और नेता के भँवर-जाल में फँसी जनता की दुर्दशा का आख्यान रचते हैं–

राजनीति की भूमि में उगते भाँग-धतूर
जन-गण-मन बेचैन है नेता नशे में चूरे
नेता नशे में चूर जकड़ी, माया-ममता
तीन-पाँच में लगे भाड़ में जाये जनता
चिन्ता होती दशा देख अब न्याय-नीति की
कितनी और गिरावट होगी राजनीति की।

('सड़क पर रोटी', पृष्ठ 115)

अमीरी और गरीबी के बीच की दूरी पाटने के प्रयत्न आजादी के बाद से लगातार हो रहे हैं। योजनाएँ बन रही हैं। गरीबी मिटाने के संकल्प लिये जा रहे हैं। जनता को सब्ज बाग दिखाये जा रहे हैं लेकिन स्वतन्त्रता के इतने वर्षों बाद भी भूख का संकट समाप्त नहीं हो सका है। सरकारी आँकड़े कुछ कह रहे हैं तथा जमीनी यथार्थ कुछ और है–बाल मुकन्द शर्मा इस विसंगति को इस रूप में प्रकट करते हैं–

हल चलाता हुआ भोलू
सोच रहा था
कि क्या बात है
हमारे गाँव की रपट में
अनाज की पैदावार बढ़ती ही जाती है
पर मंगल, फैजू
और उसके घर
तीन जून से
खाना नहीं, बना है।

(कृति, पृष्ठ 16)

कविता काल-सापेक्ष होती है। समय विशेष में घटित घटनाओं को उजागर कर वह अपने समय को प्रक्षेपित करती है जिससे आगामी पीढ़ी को सोचने-समझने तथा संशोधन-सुधार का अवसर मिलता है। इक्कीसवीं सदी में सम्पूर्ण विश्व कोरोना से जितना भयाक्रान्त रहा है, जितनी जिन्दगियों को मृत्यु ने वरण किया है, जितनी अफरा-तफरी, अनिश्चय और आतंक का वातावरण रहा है, उतना भयावह दृश्य मानव-इतिहास में अन्यत्र दिखाई नहीं देता। सम्पूर्ण जगत को अपनी चपेट में लेकर कोरोना ने मनुष्य को जितना विवश किया है, उसके ज्ञान-विज्ञान को जो चुनौती दी है, वह कभी भी विस्मृत होने वाली घटना नहीं है। कोरोना-कालखण्ड की मानवीय विवशता की अभिव्यक्ति व्यास मणि त्रिपाठी ने इस रूप में की है–

धरती अम्बर तक मचा ऐसा हाहाकार
सूनी सब गलियाँ हुईं, सूने सब बाजार
सूने सब बाजार न कोई आता-जाता
घर में रहते कैद न कोई हाथ मिलाता
हुआ न ऐसा कभी प्रकृति यह जो करती
एक कोरोना से हुई सब बेबस धरती॥

('सड़क पर रोटी', पृष्ठ 19)

मनुष्य हार मानने वाला प्राणी नहीं है। बुद्धि, विवेक, साहस और अदम्य जिजीविषा के बल पर वह हर परिस्थिति को अपने वश में करना जानता है। कुछ समय के लिए वह विपरीतताओं से आकुल-व्याकुल अवश्य होता लेकिन धैर्य और शौर्य से विषम परिस्थितियों को अपने अनुकूल बनाने की क्षमता रखता है। जिन्दगी जब आशा-उत्साह और उल्लास अपने भीतर सजाना शुरू करती है तब उसके समक्ष भीषण आपदाओं को भी टिकने का साहस नहीं होता। विजय कुमार शर्मा आशावादी कवि हैं। कोरोना की भीषणता में भी वे जिन्दगी का गीत रचते हैं। जिन्दगी के मुस्काने का तरीका बताते हैं–

चाहोगे इसे तो मुस्करायेगी जिन्दगी
प्यार से पुकारोगे साथ आयेगी जिन्दगी।
उगते हुए सूरज में नयी आस देखना
चाँदनी में चन्दा का मधुर हास देखना
चाँदनी रात सी खिल जायेगी जिन्दगी।

('काव्य-लहरियाँ', पृष्ठ 76)

इस प्रकार अण्डमान की हिन्दी कविता के विविध पक्ष हैं। स्वतन्त्रता-संघर्ष-काल से लेकर कोरोना-काल तक की अनुभूतियों को कवियों ने अत्यन्त सहजता और सादगी के साथ प्रकट किया है। उनमें कहीं सौन्दर्य का विधान है तो कहीं आक्रोश और करुणा का। कहीं मानव के बैल बनने की पीड़ा का आख्यान है, तो कहीं अदम्य जिजीविषा का। मानव के मनुष्य बनने की आकांक्षा सर्वत्र है। इस तरह यहाँ कविता का भविष्य उज्ज्वल है।

अण्डमान तथा निकोबार द्वीप समूह में हिन्दी का गद्य साहित्य भी पर्याप्त मात्रा में मिलता है। यह बात अलग है कि कहानी-लेखन की ओर ध्यान अधिक दिया गया है, अन्य विधाओं की ओर बहुत कम। इसके कई कारण हो सकते हैं। चूँकि कहानी अपने आकार-प्रकार में छोटी तथा कथा रस से परिपूर्ण होती इसलिए वह अन्य गद्य विधाओं की तुलना में पाठकों को अधिक आकृष्ट करती है। अण्डमान में जन्मी हिन्दी कहानियों को किसी वाद या खेमे की चौखटे में फिट नहीं किया जा सकता। अधिकांश कहानियाँ स्वान्तः सुखाय लिखी गयी हैं जिनमें न तो किसी विचारधारा या दर्शन के प्रति बाध्यता का भाव है और न ही लीक पर चलने की विवशता बल्कि ये सहज और स्वाभाविक फूटी अन्तः सलिला हैं जिनमें रचनाकार का परिवेश प्रतिबिम्बित होता रहता है। वैयक्तिकता और निर्वैयक्तिकता के दोनों अतिवादी छोरों से टकराने वाली अन्तर्धारा है यह। टकराहट और संघर्ष अपने बाह्य तथा आन्तरिक

परिवेश के साथ अपनी समग्रता में कहानीकार के कशमकश और उसकी चुनौती को उद्‌घाटित करने में सफल हो सके हैं। इन कहानीकारों में यथार्थ को रू-ब-रू देखने की ललक है। रुढ़िग्रस्त परम्परागत मान्यताओं को तोड़ने की अकुलाहट है तथा लीक से अलग चलने की साहसिक व्याकुलता है। यहीं वे अपने भोगे हुए यथार्थ और अनुभूत सत्य के कारण, सर्जना में नवीनता का संचार करते दिखाई देते हैं जिससे पुष्ट होती है अपनी संवेदना और अन्तर्वेदना में मुख्य भूमि की कहानियों की भावभूमि और चेतना से जुड़ने की एक साकार कल्पना।

पोर्टब्लेयर में आकाशवाणी केन्द्र की स्थापना सन् 1962 में हुई थी। उसके माध्यम से द्वीपीय रचनाधर्मिता में कहानी-लेखन को बढ़ावा मिला था। कई लोग ऐसे थे जो आकाशवाणी से जुड़ने की ललक में कहानीकार बन गये। यह बात अलग है कि उनकी कहानियाँ टाइप्ड होने के कारण कथा-संरचना की व्यापक परिधि का स्पर्श नहीं कर सकीं। उनका कहीं प्रकाशन भी हुआ अथवा वे सिर्फ श्रव्य माध्यम तक ही सीमित होकर रह गयीं, इसका कोई उल्लेख नहीं मिलता। आकाशवाणी साहित्यिक वातावरण बनाने के लिए कृत संकल्प थी इसलिए नियमित रूप से कविता, कहानी और वार्ता का प्रसारण उसकी रीति-नीति का अंग था। अत: बहुत लोगों ने कहानियाँ लिखीं जिनका आकाशवाणी, पोर्टब्लेयर ने प्रसारण किया किन्तु उन सभी का प्रकाशित रूप उपलब्ध नहीं है।

नव परिमल द्वारा सन् 1980 में प्रकाशित 'कथा सेतु' को द्वीपों का प्रथम कहानी-संग्रह कहा गया है। इससे यह अन्दाजा लगाया जा सकता है कि इसके पहले की लिखी गयी कहानियों का प्रकाशित रूप उपलब्ध नहीं है। यहाँ यह तो नहीं कहा जा सकता कि इससे पूर्व द्वीपों में कहानी-लेखन हुआ ही नहीं क्योंकि सन् 1962 के बाद आकाशवाणी की सक्रियता साहित्य-सृजन के लिए वरदान सदृश थी। हाँ! यह बात अवश्य है कि 'कथा सेतु' के माध्यम से कहानियाँ पहली बार पुस्तक के रूप में पाठकों के समक्ष आ सकीं। इस संग्रह की अधिकांश रचनाएँ, अण्डमान तथा निकोबार की पृष्ठभूमि पर आधारित हैं। इसका कारण यह है कि इसमें द्वीपों में निवासरत कथाकारों की कहानियाँ संगृहीत हैं। साथ ही उन लोगों की लेखनी से प्रवाहित भावाभिव्यक्तियाँ भी संगृहीत हैं जिन्होंने जिस किसी भी कथापरक गद्य-शैली में यहाँ की व्यथा-कथा को स्वरूप देने की चेष्टा की है। यही कारण है कि इस संग्रह में कहानी के साथ शब्द चित्र, आत्मकथा, जीवनी के अंश, वृत्तान्त, यात्रा-वृतान्त, संस्मरण, गद्य काव्य, रोचक प्रसंग, साक्षात्कार आदि साहित्य की अधिकांश विधाएँ शामिल हैं। इस संग्रह की अधिकांश कहानियों में अण्डमान की गौरव गाथा तथा 'कालापानी' की त्रासदी की व्यंजना है।

सन् 1980 के बाद यहाँ कई कहानी-संग्रह प्रकाश में आये हैं जिनका विस्तृत विवरण अगले अध्याय में प्रस्तुत किया जायेगा। यहाँ यह उल्लेखनीय है कि कहानीकारों ने अपनी संवेदना के विस्तार में मुख्य भूमि की समस्याओं तक को भी शामिल किया है। अण्डमान तथा निकोबार का परिदृश्य तो उनमें उभरा ही है। जन-जीवन की पीड़ा, कष्ट, दुःख, अभाव के साथ-साथ रागात्मक अनुभूतियों को अभिव्यक्त करने में भी कहानीकारों को सफलता प्राप्त हुई है। अनुभव की व्यापकता में ये कहानियाँ किसी-न-किसी रूप में सामाजिक खोखलेपन, विसंगति और विडंबना को उभारने वाली हैं जिनमें जीवन की जटिलताओं से मुक्ति की आकांक्षा है, विद्रोह अथवा कृत्रिम आचरण-व्यवहार के प्रति अस्वीकार का भाव है, आशा-निराशा, सुख-दुःख की द्वन्द्वात्मकता में सकारात्मकता की पक्षधरता है।

इधर निबन्धकारों के निबन्ध-संग्रह भी प्रकाशित हुए हैं। उनमें विषय का वैविध्य है। अण्डमान तथा निकोबार की सुन्दरता का आख्यान है तो रोजमर्रा के जीवन में आने वाली कठिनाइयों का उल्लेख है। पानी के जहाज की यात्रा, पानी की समस्या, साग-सब्जी की महँगाई, संघर्षशील जीवन, मुख्यभूमि की दूरी से उपजे अभाव का उल्लेख तथा कटु-तिक्त अनुभवों को निबन्धकारों ने बड़ी संजीदगी के साथ प्रस्तुत किया है। इन निबन्धों में यहाँ के समरस जीवन की चर्चा बार-बार हुई है। स्नेह-सौख्य का वातावरण निर्मित करने वाले पूर्वजों का स्मरण करना निबन्धकारों ने अपना प्रथम कर्तव्य माना है।

हिन्दी साहित्य के विभिन्न विमर्शों से जोड़कर आलोचकों ने कृतियों का सम्यक् मूल्यांकन करने का कार्य किया है। उनमें अनुसन्धान और आलोचना की प्रवृत्ति है। नीर-क्षीर विवेक है। दृष्टिकोण की नवता है। परम्परा और नवीनता के द्वन्द्व में सम्यक का अनुशीलन है। पाठ और पुनर्पाठ की ललक है। यही कारण है कि अण्डमान के आलोचकों की वैचारिकता नवीनता के सन्धान में प्रवृत्त होकर पूर्वाग्रह और पुनरावृत्ति से बचती हुई अपना पथ निर्माण करती है जिसमें तटस्थता का भाव भी शामिल रहता है। इधर प्रकाशित आलोचना-पुस्तकों में मानदण्ड निर्धारण का प्रयास भी दिखाई देता है जो एक शुभ संकेत है।

अण्डमान का हिन्दी साहित्य सर्जना और आलोचना दोनों ही दृष्टियों से आज काफी समृद्ध है। रचनाकारों और आलोचकों की निरन्तर सक्रियता से यहाँ के हिन्दी साहित्य का भविष्य उज्ज्वल है।

गद्य-साहित्य

कहानी

'कथा सेतु' अण्डमान की हिन्दी कहानी-यात्रा का पहला पड़ाव है। इसे द्वीपों का प्रथम कहानी-संग्रह होने का गौरव प्राप्त है। इसका प्रकाशन नव परिमल द्वारा सन् 1980 में किया गया था। जाहिर है कि कहानी अपने लघु कलेवर में वृहत् जीवन की अभिव्यक्ति करने वाली विधा है और इसीलिए वह सर्वाधिक पढ़ी जाने वाली विधा भी है फिर अण्डमान में सन् 1980 से पहले कहानी लेखन और प्रकाशन के प्रति उत्साहहीनता क्यों रही, यह एक विचारणीय मुद्दा है। हो सकता है, कहानी-लेखन हुआ हो लेकिन मुख्यभूमि से दूरी तथा प्रकाशन की असुविधा के चलते उनका प्रकाशन सम्भव नहीं रहा है। जो भी हो 'कथा सेतु' के माध्यम से द्वीप समूह के कहानीकारों की कहानियों का प्रकाशन एक शुभ संकेत माना जा सकता है। यहीं से द्वीपीय रचना धर्मिता ने एक नयी शुरुआत की। इसका श्रेय नव परिमल के संयोजक तथा कर्ता-धर्ता मदन मोहन सिन्हा 'मनुज' को जाता है जिनके परिश्रम और साहित्यिक निष्ठा ने अण्डमान के बंजर वातावरण को साहित्यमय बनाने में महत्त्वपूर्ण भूमिका निभायी। कवियों और कहानीकारों की पीढ़ी तैयार की। उन्हीं की योजना का मूर्त रूप है–'कथा सेतु'। इसके माध्यम से अण्डमान तथा निकोबार की पृष्ठभूमि पर आधारित कहानियाँ पहली बार पुस्तक के रूप में पाठकों के समक्ष आ सकीं। इन कहानियों में विस्थापन की पीड़ा तथा मुख्यभूमि से जुड़ने की ललक साफ दिखाई देती है। अकेलापन और वीरानगी का दर्द यहाँ की व्यथा-कथा कहता है तो सभी के सुख-दु:ख में शामिल होकर मनुष्यता की गाथा रचने का भाव सुखानभूति कराता है। कहानीकारों की दृष्टि उन समस्याओं के रेखांकन पर भी टिकी हैं जो रोजमर्रा के जीवन में व्याप्त अभाव और अनुपलब्धता से सम्बन्धित हैं। यातायात के साधनों की कमी से उत्पन्न महँगाई की ओर भी कहानियाँ ध्यान खींचती हैं। 'कथा सेतु' द्वीप समूह का आरम्भिक कहानी-संग्रह है तो उसमें वर्णित विसंगतियाँ और

समस्याएँ भी यहाँ बस्ती बसाये जाने की आरम्भिक अवस्था की हैं। इस तरह इन कहानियों में यथार्थ का सजीव अंकन है।

'कथा सेतु' में साहित्य की अन्य विधाओं जैसे यात्रा-वर्णन, संस्मरण, रोचक प्रसंग, आत्मकथा, जीवनी के अंश, शब्द चित्र आदि को भी शामिल किया गया है। इस संग्रह में योगेन्द्र कुमार 'लल्ला' का 'कालापानी उजली स्मृतियाँ' और बहादुर राम टामटा का 'अविस्मरणीय दिन' संस्मरण हैं तो सौदागर की 'आप बीती' भी है। अरविन्द नारायण राव 'सावरकर की आत्मकथा' लिखते हैं तो ए.के.पी. नम्बियार 'कालखण्डों की जुबानी' अहिन्दी भाषी मद्दाल सत्य नारायण मूर्ति ने 'कहानी नहीं' कहते हुए कहानी लिख डाली है।

लोकल बॉर्न एसोसिएशन द्वारा प्रकाशित एवं मदन मोहन सिंह द्वारा सम्पादित 'द्वीप अण्डमान के' को अण्डमान-निकोबार द्वीप समूह का प्रथम कथा काव्य-संग्रह कहा गया है। इस कथन में वास्तविकता भी है क्योंकि इसमें निबन्ध भी हैं, कहानियाँ भी हैं, रेखाचित्र और संस्मरण भी हैं। कविताएँ तो खैर हैं ही। इस संग्रह में शामिल कहानियों की जहाँ तक बात है तो वे कविताओं की तरह द्वीप समूह के इतिहास, भूगोल और नैसर्गिक सौन्दर्य पक्ष पर अधिक केन्द्रित हैं। इन कहानियों में सामाजिक विसंगतियों और विद्रूपताओं को भी उभरने का अवसर मिला है। 'अबरडीन की गलियाँ'–सुरेन्द्र पाल शर्मा, 'जिजीविषा'–कुमारी मुमताज बानो, 'बुढ़िया एक प्रश्न' शशिन्दर आदि कहानियाँ यद्यपि द्वीप समूह के युवा रचनाकारों की हैं लेकिन इनमें कहीं से भी प्रौढ़ता का अभाव नहीं दिखाई देता। इन कहानियों में अनुभूति की यथार्थ अभिव्यजना है। एक सिद्ध कहानीकार की तरह संवेदना की सूक्ष्म पकड़ है और कहने का अपना एक अलग अन्दाज है। 'बुढ़िया एक प्रश्न' कहानी वृद्धावस्था की समस्या को बखूबी उभारने में सक्षम है। आज हिन्दी साहित्य के अनेक विमर्शों में वृद्ध-विमर्श की चर्चा भी जोरों पर है। इस दृष्टि से शशिन्दर की 'बुढ़िया एक प्रश्न' कहानी वृद्ध-विमर्श की एक महत्त्वपूर्ण कहानी है।

ईश्वरी प्रसाद गौड़ का कहानी-संग्रह 'कालापानी' हिन्दी साहित्य कला परिषद द्वारा सन् 1986 में प्रकाशित किया गया है। इसमें 'पीहर का भूत', 'टूटे सपने' 'शान्ति', 'प्रतिशोध', 'दहेज', 'कालापानी', 'हृदय परिवर्तन', 'गुड़िया का विवाह' 'पाखण्डी' तथा 'पन्नोताई' कहानियाँ-संगृहीत हैं। गौड़ मूलतः कवि हैं लेकिन उन्होंने कहानी विधा को भी साधने की कोशिश की है। इसमें उन्हें सफलता भी मिली है। उनकी कहानियों में सामाजिक परिवर्तन की आकांक्षा प्रबल है। मुख्य भूमि के परिवेश में रचित कहानियों में गौड़ अण्डमान-निकोबार के स्नेह-सौहार्द, शान्ति और सद्भावना का उल्लेख किये बिना नहीं रहते। वे उस कड़ी को मजबूत करना चाहते

हैं जिसके सहारे मानवता का पथ प्रशस्त होता है। इसीलिए वे दहेज आदि सामाजिक बुराइयों की भर्त्सना करते हैं और प्रतिरोध के स्थान पर प्रतिद्वन्द्विता की भावना को सम्मान देते हैं। वे साम्प्रदायिक सौहार्द की स्थापना के लिए अण्डमान-निकोबार की पृष्ठभूमि का उदाहरण देते हैं। इनकी कथ्यानुकूल भाषा में सहजता और सादगी है। द्वीपीय रचना-धर्मिता का यह एक महत्त्वपूर्ण पड़ाव है।

'गुलमोहर खिल गया' शमसुन्निशा खान की 10 कहानियों का संग्रह है। यह सन् 1988 में सौभाग्य प्रकाशन, नागपुर-आगरा से प्रकाशित है। माता-पिता को समर्पित यह संग्रह जीवन और समाज में आदर्श का प्रतिष्ठापक है, स्त्री-विमर्श से परे रहकर भी स्त्रीहित चिन्तक है। नारी-मन की उथल-पुथल और कोमल भावनाओं को उभारने के साथ ही स्त्री-संघर्ष की गाथा है। अपने आसपास के वातावरण से उठाये गये कथानक को लेखिका ने इस कुशलता से प्रस्तुत किया है कि पाठक को सारी घटनाएँ अपने सम्मुख घटित होती हुई प्रतीत होती हैं और कहीं-कहीं तो वह स्वयं को कहानी का एक पात्र समझने लगता है। बाल-मनोविज्ञान पर आधारित कहानियों में बच्चों की सरल-सहज कोमल भावनाओं का बहुत ही सशक्त प्रस्तुतीकरण हुआ है। 'रिश्तों की तबाही' वर्तमान समय में बनते-बिगड़ते हुए सम्बन्धों का एक दस्तावेज है। 'तन्हा सफ़र' कहानी जीवन में निपट अकेले होते जाने की पीड़ा को मार्मिक ढंग से अभिव्यक्त करती है तो 'सुनहरी किरण' उजास लेकर भी आती है। 'गुलमोहर खिल गया' अपने शीर्षक को सार्थक करने वाली कहानी है। 'इतना न आजमा' तथा 'सुलगते अरमाँ' कहानियाँ समय और समाज की विसंगतियों की उपज हैं। जाहिर है लेखिका ने जीवन को बहुत गहरायी से देखा-परखा है। उसके कटु अनुभवों ने यथार्थ की जमीन से जुड़ी इन सभी कहानियों को जन्म दिया है। 'सिसकता बचपन' शीर्षक कहानी बाल्यावस्था के दुःख, अभाव, पीड़ा और अपनों की घोर उपेक्षा की अभिव्यंजना वाली कहानी है। शमसुन्निसा खान चूँकि उर्दू परिवेश से सम्बद्ध हैं इसलिए उनकी कहानियों की भाषा में उर्दू का सम्मिश्रण अस्वाभाविक नहीं है।

हिन्दी साहित्य कला परिषद ने सन् 1990 में व्यास मणि त्रिपाठी के सम्पादकत्व में 'अण्डमान के हिन्दी कहानीकार' का प्रकाशन किया है। इसमें 'अनन्त' (स्नेहलता वर्मा), 'अमनी' (हरिश्चन्द्र राय), 'गुड़िया का विवाह' (ईश्वरी प्रसाद गौड़), 'एक सच ऐसा भी' (शमुसुन्निशा खान), 'शोषण' (सन्त प्रसाद राय), 'मेरे आने से पहले' (निर्मल कुमार श्रीवास्तव), 'प्रायश्चित्त' (जगदीश नारायण राय), 'मुस्कान का राज' (सुरेश नन्दन प्रसाद सिंह), 'प्रतीक्षा के बाद' (श्रीधरन), 'तीसरी आँख ' (डॉ. व्यास मणि त्रिपाठी), 'दलाल' (मोहम्मद सलीम राही) कहानियाँ संगृहीत हैं। इस संग्रह की

तीन कहानियों को छोड़कर शेष कहानियाँ अण्डमान-निकोबार की पृष्ठभूमि में घटित हुई हैं। सारा ताना-बाना यहीं का है जो अपनी नैसर्गिक सुषमा और सहज सौन्दर्य का मूर्तिमान छन्द है। परिवेश और परम्परा, जीवन और जीवन-बोध तथा मूल्य और आदर्श की अभिव्यंजना की दृष्टि से इस संग्रह की कहानियाँ द्वीप समूह में सृजित पहले की कहानियों की अपेक्षा अधिक प्रौढ़ता तथा कलात्मकता से युक्त हैं। 'अनन्त' कहानी दहेज के अभिशाप की कहानी है तो 'गुड़िया का विवाह' साम्प्रदायिक सौहार्द की स्थापना की प्रयत्नशीलता की कहानी है। मोहम्मद सलीम राही ने 'दलाल' कहानी के माध्यम से शव-दाह से जुड़ी दलाली सम्बन्धी घटना को अत्यन्त व्यंग्यात्मक ढंग से प्रस्तुत किया है। निर्मल कुमार श्रीवास्तव की कहानी 'मेरे आने से पहले' लेखक की अण्डमान सम्बन्धी विभिन्न घटनाओं का संस्मरण है। उस परिवेश का रेखांकन है जिसमें यहाँ की स्नेहिल छवि को उभरने का अवसर मिला है। कहानी–नायक 'अपने आने से पहले' के अण्डमान की स्थिति का यथातथ्य कथन करता है और उन सन्दर्भों को प्रकट करता है जिनसे उसे काफी आघात पहुँचा है। 'तीसरी आँख' कहानी पढ़े-लिखे लोगों की मानसिकता और शोषण पर व्यंग्य है।

हिन्दी भाषियों को अण्डमान के अहिन्दी भाषी कहानीकारों की कहानियों से परिचित कराने के उद्‌देश्य से 'अण्डमान के हिन्दीतर कहानीकार' का प्रकाशन हिन्दी साहित्य कला परिषद ने 1991 में किया है। इस संग्रह की पाँच कहानियों की पृष्ठभूमि में अण्डमान-निकोबार द्वीप समूह है जबकि शेष चार कहानियों में किसी का घटना-चक्र कश्मीर से जुड़ता है तो किसी का पंजाब से, किसी का ओडिशा से तो किसी का थाइलैंड से। इस संग्रह की कहानियाँ हैं–अली राम करतार सिंह (शोएब शम्स) 'यादों की लहरें' (आनन्दासन), 'सीबो' (सोहन सिंह) 'अपने पराये' (त्रिलोकी नाथ पण्डित), 'आशाएँ और दिशाएँ' (रवीन्द्रनाथ रथ), 'नयी किरण' (आर, सम्पत कुमार), 'टीस' (जालन्द सोनुने), 'पितृभक्त' (नरेन्द्र नागर 'पागल'), 'नकरी कुसुम' (रविन रॉय चौधुरी। ये सभी कहानियाँ किसी न किसी रूप में सामाजिक खोखलेपन, विसंगति और विडम्बना को उभारने वाली हैं। इनमें जीवन की जटिलताओं से मुक्ति की आकांक्षा है, विद्रोह अथवा कृत्रिम आचरण के प्रति अस्वीकार का भाव है, आशा-निराशा, सुख-दु:ख की द्वन्द्वत्मकता में औचित्य तथा सकारात्मकता की पक्षधरता है। जीवन और समाज से जुड़ी इन कहानियों में सहजता और जीवन्तता की मौजूदगी पठनीयता की कसौटी पर आकर्षण का विधा रचने में सक्षम है। शोएब शम्स की कहानी 'अली रामकरतार सिंघ' समाज में व्याप्त धार्मिक उन्माद और विकृतियों का पर्दाफाश करती हुई मानव धर्म का आख्यान रचती है।

'यादों की लहरें' कहानी में पत्नी परायण भारतीय नायक के अन्तर्द्वन्द्व तथा अपनी संस्कृति की ओर प्रत्यावर्तन की गाथा है। 'नयी किरण' में साहसिक सुमा एक ऐसा चरित्र है जो दहेज के अभिशाप से मुक्ति की किरण बनकर उभरी है। निरन्तर क्षीण हो रहे आत्मीय सम्बन्धों के ताने-बाने में रचित कहानी है–'पितृभक्त' इस तरह इस संग्रह की कहानियों में कथ्य की विविधता है। सामाजिक-धार्मिक समस्याओं के समाधान की आकांक्षा है। मानवता का सन्देश है।

सुरेन्द्रपाल शर्मा की कहानियों का संग्रह 'हरा समन्दर गोपियाचन्दर' उनकी मृत्यु के बाद न्यू एरा पब्लिकेशंस से 1993 में छपा है। यह दिवंगत आत्मा को एक सच्ची श्रद्धांजलि है। इस संग्रह में सुरेन्द्रपाल शर्मा की कहानियों के अलावा, राजेश कुमार 'निराश' की 'एक चिट्ठी प्यार की', श्रीधरन की 'एक गुमनाम डायरी' तथा शशिन्दर की 'बुढ़िया एक प्रश्न' कहानियाँ भी शामिल हैं। इनमें यहाँ के जीवन और समाज का यथार्थ प्रतिबिम्बन है। कभी 'बुढ़िया एक प्रश्न' शशिन्दर की कहानी-कला का पर्याय बनी हुई थी। इसके माध्यम से कहानीकार को जितनी लोकप्रियता प्राप्त हुई उतनी उसकी समकालीन द्वीप समूह की नयी पीढ़ी को नहीं मिली। सुरेन्द्रपाल शर्मा एक अच्छे कहानीकार थे। उनका असामायिक निधन कहानी के साथ साथ द्वीप समूह के रंगमंचीय क्षेत्र की भी एक बड़ी क्षति है। 'हरा समन्दर गोपीचन्दर' संग्रह में शामिल उनकी कहानियों–'दुल्हन वाली साड़ी', 'गलियाँ अबरडीन की' तथा 'शून्य पर प्रश्न' को काफी ख्याति प्राप्त है। इनमें रागात्मकता का अनूठा विधान है। अबरडीन बाजार का यथार्थ है। भावना की प्रबलता में औचित्य-विचार की अभिलाषा है।

अण्डमान-निकोबार द्वीप समूह सन्दर्भित कहानियों का संग्रह है–'खामोशी'। इसका प्रकाशन हिन्दी साहित्य कला परिषद द्वारा सन् 2001 में हुआ है। डी.एम. सावित्री की सोलह कहानियों के इस संग्रह में जन-जीवन को व्यापक अभिव्यक्ति मिली है। सभी कहानियाँ नारी-चरित्र प्रधान हैं। इनमें कहीं आदिवासी महिलाओं की झाँकी है तो कहीं मछली बेचने वाली मछुआरिनों का। कहीं महत्त्वाकांक्षा की पूर्ति के लिए प्रवासी भारतीय से विवाह कर तलाक लेने वाली महिला है तो कहीं मुख्यभूमि जाकर अपने भाई-भाभी की उपेक्षा एवं तिरस्कार से आहत पुन: अण्डमान लौट आने वाली महिला है। कहीं पढ़ने के नाम पर नौकरानी बना दी गयी लड़की की पीड़ा है तो कहीं पति के अत्याचारों से पीड़ित पत्नी का आत्ममन्थन है। कहीं विवाह से वंचित अवसरहीना के प्रति सहानभूति और संवेदना है तो कहीं वैधव्य की त्रासदी झेलती महिला की साहस-गाथा है। कुल मिलाकर यह संग्रह नारी को विभिन्न कोणों से देखने-परखने एवं उसके चरित्रांकन का सार्थक प्रयास है। आज स्त्री-

विमर्श, वाद-विवाद-संवाद का एक मुख्य मुद्दा है जिसमें नारी की स्वतन्त्रता, स्वावलम्बन, आत्मनिर्भरता आदि के साथ देह की स्वतन्त्रता भी बहस का विषय है। स्वतन्त्रता की अतिवादी परिधि में स्वच्छन्दता और उच्छृंखलता के समावेश ने आचरण की शुचिता के लिए एक गम्भीर समस्या खड़ी कर दी है। इसलिए आदर्शवादी रचनाकार उन मूल्यों की वकालत में जुड़े हैं जिनसे नारी एक आदर्श पत्नी, एक आदर्श माँ और एक आदर्श बहन की भूमिका निभाती हुई एक आदर्श परिवार की संरचना में योगदान देती है, जिसकी नींव, सन्तुलन और सामंजस्य पर आधारित होती है। तनाव और विखण्डन का उसमें रंच-मात्र भी स्थान नहीं होता। ये ही मूल्य नारी अस्मिता की तलाश एवं पहचान में सक्रिय भूमिका निभाते हैं। इन्हीं भूमिकाओं में रची-बसी डी.एम. सावित्री के 'खामोशी' संग्रह की कहानियों को पढ़ना एक सुखद अनुभव से गुजरना है। ऐसा अनुभव जिसमें नारी का अन्तर्द्वन्द्व, कशमकश, आत्म-निरीक्षण, आत्म-मूल्यांकन, संयम, त्याग, समर्पण एवं कर्तव्य-निष्ठा का भाव शामिल है। इसीलिए ये कहानियाँ स्त्री-विमर्श की अतिवादी विचारधारा से पृथक आदर्शवादी परिधि में नारी अस्मिता की पहचान कराने वाली कहानियाँ हैं।

हिन्दी साहित्य कला परिषद द्वारा सन् 2005 में प्रकाशित जयबहादुर शर्मा की इकतीस कहानियों का संग्रह है–'माटी की महक'। इसका अनुभव-वैविध्य उत्तर से लेकर दक्षिण भारत, अण्डमान और फिर अमेरिका तक की घटनाओं को अपने भीतर समाहित किये हुए है लेकिन कहानीकार का मन सबसे अधिक रमा है–अपने गाँव और उसके परिवेश की घटनाओं में। यही कारण है कि इस संग्रह की अधिकांश कहानियों में शर्मा जी का गाँव, उसका परिवेश, आपसी मनमुटाव संघर्ष, प्रेम, हर्ष-विषाद, तीज-त्योहार, सुख-दुःख, राग-विराग की बहुवर्णी दुनिया झाँकती दिखाई देती है। कहानी के पात्र जीवन्त और सजीव लगते हैं। वास्तव में वायवीय और अतिशय कल्पनाशील रचनाएँ कुछ क्षण के लिए चकाचौंध जरूर उत्पन्न करती हैं किन्तु उनमें वह कालजयिता नहीं होती जो स्वानुभूत सत्य और भुक्त यथार्थ आधारित रचना में होती है। धरती से जुड़कर ही कोई साहित्य जीवन को प्रतिबिम्बित करता है। जीवन को रुपायित करने के लिए रचनाकार को कल्पना के पंख से गगन में उड़ान भरने की अपेक्षा धरती के यथार्थ को जीना पड़ता है, नथुनों में मिट्टी की सोंधी सुगन्ध भरनी पड़ती है। अपने कहानी-संग्रह 'माटी की महक' में शर्मा ने जन-जीवन को उभारने का प्रयास किया है। उनकी कहानियों में कोयल, पपीहा, मयूर, सारस का अन्तर्ध्वनन है, बैलों की घण्टी, सोन-चिरैया का जागरण-भाव है, तोता-मैना का अनुराग एवं चेतनशील जागरूकता तथा परहित-साधन सक्रियता है, खेत-खलिहान

के उमंग-उल्लास से लेकर चैता, कजरी, बिरहा, फाग, मेघ-मल्हार से अनुप्राणित जीवन-शैली है, चमत्कारी मैना, अनोखा बन्दर तथा वफादार बम-बम बकरा का अनोखा प्राणिलोक है जिनमें कर्तव्य-भावना और सहजात मानव-प्रेम का अद्‌भुत सम्मिश्रण है। इनमें जादू-टोना, अन्धविश्वास, गाली-गलौज, तन्त्र-मन्त्र और भूत-प्रेत का यथार्थ वर्णन है। ह्रासोन्मुख नैतिकता, घटती मानवीयता के प्रति चिन्ता-भाव है। इनमें प्रेम का आदर्श रूप है तो कामान्धता और विलासिता भी है। हत्या, आत्महत्या, निर्वासन की पीड़ा है। रोजी-रोजगार के लिए तरह-तरह के समझौते हैं, सादगी है, सज्जनता है तो क्रूरता और अमानवीयता भी है। यहाँ लोक-मुहावरों, लोकोक्तियों से सजी-सँवरी सहज और सरल भाषा है, जो अपने परिवेशगत यथार्थ को उभारने में न केवल मददगार है बल्कि 'माटी की महक' शीर्षक को सार्थक भी बनाती है।

अण्डमान के 11 कहानीकारों की कुल 30 कहानियों का संग्रह 'अण्डमान की हिन्दी कहानियाँ' व्यास मणि त्रिपाठी के सम्पादकत्व में हिन्दी साहित्य कला परिषद द्वारा 2007 में प्रकाशित हुआ है। इसमें डॉ. त्रिपाठी की 'एक आस्था ऐसी भी', 'औकात', 'बीच का आदमी' जगदीश नारायण राय की 'बोतल टूट गयी', 'सोमा', 'मुक्ति', जयबहादुर शर्मा की 'जनरल बोगी', 'जलपरी', 'बरसात' सन्त प्रसाद राय की 'मानिनी' 'वार्ड नं. 11', 'पार्टी' विजय कुमार शर्मा की 'कारगिल से लौटा है एक सिपाही', 'अजनबी होता हुआ शहर', 'जियो तो ऐसा जियो', हरिश्चन्द्र राय की 'पुट्टी पोला', 'तुम्हारे लिए', 'मोती', डी.एम. सावित्री की 'खामोशी', 'चम्पा के फूल', 'प्रेरणा', कनकलता की 'समय रहते', 'सिर्फ मोहिल की', 'तमाचा', रामकृपाल तिवारी की 'बरगद', 'ऋण', गोविन्द सिंह पंवार की 'मछुआरिन' 'लावारिस' स्वपन कुमार नाग की 'जहाँ जीवन सत्य है', 'सुनहरी किरण' कहानियाँ शामिल हैं। ये कहानियाँ मानवीय संवेदनाओं की क्षीणता, सम्बन्धों की जटिलता, अविश्वसनीयता, अनास्था एवं अहमन्यता को उभारकर परिष्कार और परिमार्जन द्वारा 'बेहतर मनुष्य' तथा 'स्वस्थ समाज' की कल्पना को साकार बनाने में अपनी भूमिका निभाती हैं, संवेदनशीलता जगाकर करणीय-अकरणीय के निर्णय का बोध पैदा करती हैं, अत्याचार, अनाचार, ईर्ष्या-द्वेष में लिप्त मानव को राग-विराग का सन्देश देती हैं, आपाधापी और भागमभाग से भरी जिन्दगी को सन्तोष और सेवा का पाठ पढ़ाती हैं। ये कहानियाँ सांस्कृतिक प्रदूषण और नैतिक मूल्यों की ह्रासोन्मुखता की स्थिति में दया, माया, ममता, त्याग, बलिदान, परोपकार की महत्ता उजागर करती हैं। उत्तर आधुनिक सोच पर मानवतावाद का आवरण चढ़ाती हैं। पाश्चात्य अन्धानुकरण पर पौर्वात्य का महान आदर्श उपस्थित करती हैं। इस संग्रह की तीसों कहानियाँ अपनी सहजता, सरलता एवं सम्प्रेषणीयता में बहुआयामी होने के साथ ही

साथ विराट मानवता का चिन्तन प्रस्तुत करती हैं। इन कहानियों में मुख्य भूमि भारत से जुड़ने की आकुलता अधिक दिखाई देती है। इसीलिए अण्डमान के परिवेश को उभारने का आग्रह प्रबल नहीं है। जिन कहानियों में द्वीपों का परिवेश उभरा है उनसे यहाँ की जीवन्तता का अन्दाजा लगाया जा सकता है। यहाँ यह ध्यातव्य है कि संवेदनाओं का विकास व्यापकता और विराटता में ही होना चाहिए। रचनाकार की वैयक्तिक अनुभूतियाँ जहाँ से भी और जिस रूप में भी ऊर्जा ग्रहण करती हैं उन्हें वे सम्पूर्णता के चिन्तन में परोसकर ही महान बन सकती हैं। इस संग्रह की कहानियों में समष्टि का चिन्तन है। समग्रता का आवाहन है। सर्वमंगल की कामना है। यही इस संग्रह की विशेषता है।

'अण्डमान की हिन्दी कहानियाँ' में संगृहीत 'कारगिल से लौटा है एक सिपाही' कहानी में एक वीर माता द्वारा अपने शहीद बेटे को दी गयी श्रद्धांजलि का बड़ा ही मार्मिक एवं कारुणिक चित्रण है। ऐसे देशभक्तों पर सभी का श्रद्धावनत होना स्वाभाविक है। विजय कुमार शर्मा की दूसरी कहानी 'जियो तो ऐसे जियो' में शहीदों की भूमि अण्डमान एवं सेल्यूलर जेल को आदर एवं महत्त्व के साथ चित्रित किया गया है। 'अजनबी होता हुआ शहर' में शर्मा ने एक वृद्ध की उस मनोदशा का वर्णन किया है जिसमें सारा शहर बदला-बदला लगता है! रामकृपाल तिवारी की कहानी 'बरगद' में गाँव के बनते-बिगड़ते रिश्तों की मार्मिक अभिव्यक्ति है। जगदीश नारायण की कहानी 'सोमा' में गाँव की प्रगति का उल्लेख है। सन्त प्रसाद राय की कहानियों में मनोविज्ञान समाया रहता है। माँ की व्यथा और बेटे का पाश्चात्य मोह 'मानिनी' कहानी का प्रतिपाद्य है। उन्हीं की कहानी 'पार्टी' में पुराने विचारों के बाप द्वारा अपने बेटे की कमाई और पार्टी के बहाने धन-प्रदर्शन पर गहरा व्यंग्य है। डी.एम. सावित्री की कहानी 'खामोशी' एक विवश लड़की की कहानी है जो विवाह जैसे मामले में भी माँ-बाप के निर्णयों को खामोश होकर स्वीकार कर लेती है। 'चम्पा के फूल' में उन्होंने बाल मनोविज्ञान के साथ-साथ सत्य-निष्ठा और ईमानदारी की भावना को उजागर किया है। 'प्रेरणा' में जाफड़ की कर्मठता, कुशलता तथा संगीत-प्रेम को उभारा गया है! कनकलता की कहानियों का यथार्थ अनेक विसंगतियों और विडम्बनाओं को प्रस्तुत करने वाला है। 'सिर्फ मोहिल' की कहानी में मोहिल जहाँ रागात्मक विच्छेद का कारण बनता है, वहीं दूसरी ओर दो बिछड़े प्रेमियों के मिलन का भी। 'तमाचा' कहानी में कनक लता ने एक भ्रष्ट अधिकारी के चंगुल में फँसी महिला कर्मचारी की साहसिकता और बुद्धि-कौशल का स्वाभाविक वर्णन किया है। उनकी कहानी 'समय रहते' की संवेदना भी काफी विस्तार पाती है। स्वपन कुमार नाग की कहानी 'सुनहरी किरण' में एक कर्मठ किन्तु शराबसेवी पति को

पत्नी द्वारा छोड़ दिये जाने पर उसके मन में आत्म विकास के लिए मचलने वाली अभिलाषाओं और प्रयासों का सुन्दर वर्णन है।

पत्नी द्वारा प्रवंचित एक पति का पागलपन की सीमा तक पत्नी से अनुराग और उसके प्रति आस्था की कहानी है–व्यास मणि त्रिपाठी की कहानी–'एक आस्था ऐसी भी'। 'औकात' कहानी में त्रिपाठी ने एक अध्यापक की औकात का आकलन किया है। पति-पत्नी के बीच दरार डालने वाले एक पुरुष के चरित्र को उन्होंने 'बीच का आदमी' कहानी में उपस्थित किया है। इस तरह यह कहा जा सकता है कि 'अण्डमान की हिन्दी कहानियाँ' संग्रह की सभी कहानियाँ सामाजिक यथार्थ का एक दस्तावेज हैं। इसके सम्पादक व्यास मणि त्रिपाठी का यह प्रयत्न रहा है कि उन्हीं कहानियों का चयन इस संकलन के लिए हो जो समाज की विसंगतियों और विडम्बनाओं को उभारकर 'बेहतर समाज' और 'बेहतर मनुष्य' की संकल्पना को चरितार्थ करने में अपनी सार्थक भूमिका का निर्वहन करें।

व्यास मणि त्रिपाठी की सत्रह कहानियों का संग्रह 'एक आस्था ऐसी भी' मनु प्रकाशन, शाहदरा, दिल्ली से 2008 में छपकर आया है। इसकी समीक्षा करते हुए डॉ. हरेराम पाठक ने लिखा है–"कथ्य और शिल्प की दृष्टि से इस संकलन की कहानियाँ काफी मँजी हुई हैं। सभी कहानियों के आरम्भ, मध्य और अन्त लगभग एक ही प्रकार से हुए हैं। आरम्भ और अन्त के सूत्र कहीं-न-कहीं मिलते हैं, मध्य में कहानी की मुख्य थीम रहती है। इस प्रकार की कहानियों में जिज्ञासा, कौतूहलवर्द्धकता एवं प्रभावात्मकता खूब होती है। आज के कथाकारों में प्रेम-सम्बन्धों का अनावश्यक लिजलिजापन, बहुत देर तक बने रहने वाले अति ऊबाऊ सस्पेंस एवं अस्वाभाविक कथन-भंगिमा इस संग्रह की कहानियों में कहीं नहीं है। इन कहानियों के पात्र बिल्कुल स्वाभाविक, सहज एवं हमारे गली-मुहल्ले के पात्र हैं परन्तु इन पर घटित घटनाएँ उन्हीं तक सीमित नहीं हैं। ये व्यापक परिवेश को प्रभावित करते हैं। संक्षेप में इन कहानियों में निजता के परिवेश में समष्टि का चिन्तन है।" ('द्वीपलहरी', अंक–43, पृष्ठ 60)

'एक आस्था ऐसी भी' कहानी-संग्रह की पहली कहानी 'एक अधूरी अभिलाषा' एक सार्वकालिक तथा सर्वदेशीय कहानी है। यह न तो अण्डमान की धरती पर घटित कहानी है और न ही कहानीकार की जन्मभूमि कुशीनगर की कहानी है बल्कि उस जगह की कहानी है जहाँ अमीरों द्वारा गरीबों की अभिलाषाओं को पूरा नहीं होने दिया जाता है। बाढ़ की चपेट में सब कुछ गँवा बैठे रामू की दर्दनाक दास्तान से वाकिफ हो डॉ. कमलाकान्त जब उसकी परवरिस हेतु उसे अपने घर लाते हैं तो उनकी पत्नी एवं उनका पुत्र उससे इतना काम लेते, प्रताड़ित करते तथा डाँटते-

फटकारते हैं कि वह हमेशा दबा-सहमा रहता है। डॉ. कमलाकान्त अपनी पत्नी एवं बच्चे को रामू का पक्ष लेते हुए डाँटते भी हैं तो उन पर उसका कोई प्रभाव नहीं पड़ता। अन्ततः एक दिन रामू गाँव भेज दिया जाता है। पढ़-लिखकर बड़ा बनने की उसकी अभिलाषा अधूरी रह जाती है। इस संग्रह की दूसरी कहानी 'शुभांगी जीना चाहती थी' एक ऐसी लड़की की व्यथा-कथा है जिसे उसकी माँ सन्देह की नज़र से देखती है तथा उसे पतिता एवं वेश्या तक कह डालती है। ऐसी परिस्थिति में शुभांगी अपने माता-पिता का घर छोड़ इधर-उधर भटकती हुई बी.एड. करती है जिसके आधार पर उसे सरकारी अध्यापकी मिल जाती है। अपने मनपसन्द की शादी करती है। उसे एक बच्चा भी होता है। माता-पिता के प्यार की वंचिता अपने पति एवं बच्चे के अनुराग में सुखी जीवन जीने की अभी शुरुआत ही की हुई थी कि 26 जनवरी 2004 की सुनामी की लहरें पति और बच्चे सहित उसको निगल लेती हैं। उसके जीवन-जीने की कामना पूरी नहीं होती।

बम्बई में साधारण-सी नौकरी अथवा मजदूरी करने वाले मनचले युवक अपने गाँव आकर किस तरह भोली-भाली लड़कियों को फँसाकर शहर ले जाते हैं उसका करुण आख्यान है कहानी–'बीच का आदमी' 'सम्बन्ध' कहानी में बाह्य प्रदर्शन तथा अनर्गल व्यय पर करारा प्रहार किया गया है। 'पानी का ख़ुदा' कहानी पानी के अभाव तथा सरकारी निष्क्रियता का पर्दाफाश करने वाली कहानी है। यह व्यवस्था की खामी का ही दुष्परिणाम है कि पानी खोलने वाला एक सामान्य कर्मचारी अपने को 'पानी का खुदा' कहता है तथा उसके आतंक से सुनीता जैसी भोली-भाली ग्रामीण युवती अपने पति के साथ होकर भी भयभीत रहती है। 'बूड़ा वंश कबीर का' कहानी में हास्य-व्यंग्य के साथ ग्रामीण परिवेश एवं क्रिकेट के प्रति ग्रामीण बालकों के मन में बढ़ती दीवानगी का यथार्थ चित्रण हुआ है।

इस संग्रह की अधिकांश कहानियों में गाँव तथा उसका परिवेश बोलता, बतियाता नजर आता है। इसे इन कहानियों की सीमा न मानकर राष्ट्रीय परिवेश के साथ जुड़ने की ललक के रूप में भी देखा जा सकता है। हरेराम पाठक का अभिमत है–"कथ्य-शिल्प की दृष्टि से इस संकलन की सभी कहानियाँ लगभग एक सी हैं। संक्षिप्तता, जिज्ञासा एवं कौतूहल की दृष्टि से सभी कहानियाँ अपना प्रभाव छोड़ती हैं। किसी भी कहानी में अनावश्यक विस्तार एवं बोझिल कथोपकथन नहीं है।" ('द्वीप लहरी', अंक–43, पृष्ठ 59)

राजेन्द्र प्रताप सिंह की बारह कहानियों का संग्रह 'दुनिया न माने' का प्रकाशन जनौरा, फैजाबाद, उत्तर प्रदेश से हुआ है। इस संग्रह के बारे में लेखक की टिप्पणी है–"इनका आधार वे परिस्थितियाँ हैं जो आये दिन हमारे सामने घटती रहती हैं।

इनकी अनुभूति ने ही मुझे इन्हें कहानी के माध्यम से प्रस्तुत करने की प्रेरणा दी है।" (दो शब्द अपने) जाहिर है राजेन्द्र प्रताप सिंह की अनुभूतियों का क्षेत्र बहुत व्यापक है। उन्होंने मुख्यभूमि यानी फैजाबाद में अपना बचपन बिताया और कर्मभूमि बनाया अण्डमान तथा निकोबार द्वीप समूह को। इन द्वीपों में पहले वे पुलिस विभाग से सम्बद्ध रहे तथा बाद में कोर्ट से सम्बद्ध हो गये। इस तरह उनके अनुभव की परिधि में फैजाबाद से लेकर अण्डमान-निकोबार के दूरस्थ द्वीपों तक की अनुभूतियाँ शामिल हैं। यही कारण है कि 'दुनिया न माने' संग्रह की कहानियों में अनुभव की विविधता है। 'चोर' कहानी का घटना-क्रम पुलिस विभाग पर आधारित है तो 'अब्दुल्ला' कहानी के परिवेश में न्यायालय और न्याय विभाग है। 'एक प्रश्न' कहानी में भी न्यायिक प्रक्रिया ही केन्द्र में है जैसे इस कहानी का एक अंश द्रष्टव्य है–"न्यायालय में पूर्णत: भीड़ थी। रजिया जाकर चुपचाप मुलाजिम के कुठघरे में खड़ी हो गयी। न्यायाधीश ने पुन: कहा–"तुम क्या कहना चाहती हो?" 'कहानी'– वह बोली। न्यायाधीश ने आश्चर्य प्रकट करते हुए पूछा–'कहानी'। "जी हाँ कहानी... ... ...अपनी कहानी... ... ...शुरू से ही मैं कहानी बनी रही।" (पृष्ठ 26)। 'बलिदान' कहानी में राजेन्द्र प्रताप सिंह ने अण्डमान तथा निकोबार द्वीप समूह पर जापानी आधिपत्य के रागय की क्रूरता, नृशंसता और अत्याचार का यथार्थ वर्णन किया है। डॉ. दीवान सिंह 'कालेपानी' को जापानी अधिकारियों ने जो यातनाएँ दीं, उसका बड़ा ही कारुणिक वर्णन इस कहानी में है। अन्त में उन्होंने यह टिप्पणी जोड़ी है–"भारत के सपूत इतिहास के पन्नों में भले ही तुम्हारा नाम न लिखा मिले, पोर्टब्लेयर में रहने वालों की स्मृति पर तुम्हारी बलिदानी गाथा युग-युगान्तर तक अंकित रहकर सत्य पर मर-मिटने की, कर्तव्य पारायणता की तथा देशभक्ति की भावना को प्रेरणा देती रहेगी।" (पृष्ठ 11)

'दुनिया न माने' संग्रह की एक कहानी है–'पासा का पुल।' इसका कथ्य निकोबार और निकोबारी-जीवन से सम्बद्ध है। प्रेम करने वालों को किस तरह की समस्याएँ झेलनी पड़ती हैं, परिजन-पुरजन का विरोध सहना पड़ता है, इसका बड़ा ही मार्मिक वर्णन इस कहानी में हुआ है। इस कहानी के अन्त का एक अंश यहाँ प्रस्तुत है–"देखो...फैलकर देखो...इधर...सामने।" तकुची के पिता का स्वर गूँज उठा।

कई क्षण बाद फिर वही स्वर सुनाई पड़ा–कुछ समीप से। "उधर...देखते जाओ...पकड़ लाओ उन्हें।"

मशालें आगे बढ़ीं। सहसा हवा तेज हो उठी। सागर क्रोधित हो उठा। नारियल के वृक्ष शोर कर उठे। पहाड़ी काँप उठी। पृथ्वी कराह उठी। तकुची के पिता तथा

उसके साथियों ने देखा–पहाड़ी में दरार पड़ गयी और उस दरार में तकुची और इंचावेल आलिंगनबद्ध समाये जा रहे हैं। उसने सुना, तकुची कह रही थी–"बाबा मैं जा रही हूँ खुशी-खुशी।" वह और नहीं सुन पाया। क्रोधित सागर की लहरें हाहाकार करती हुई दरार में समा चुकी थीं।" (पृष्ठ 58)

कहा जाता है कि कार निकोबार द्वीप में उसी स्थान पर बना पहाड़ी के दोनों भागों को मिलाने वाला पासा का पुल उन प्रेमियों की अमर कहानी की याद दिलाता है। राजेन्द्र प्रताप सिंह की कहानियों की भाषा सहज, सरल तथा प्रवाहपूर्ण है। लेखक ने संकेतात्मकता और प्रतीकात्मकता का भरपूर प्रयोग किया है।

राष्ट्रीय पुस्तक न्यास, भारत, नयी दिल्ली से सन् 2020 में 'अण्डमान की चुनिन्दा कहानियाँ' का प्रकाशन हुआ है। इसका चयन एवं सम्पादन व्यास मणि त्रिपाठी ने किया है। इस संग्रह में कुल 16 कहानियाँ शामिल हैं। संकलन की कहानियों का चयन करते समय इस बात का ध्यान रखा गया है कि इसमें द्वीप समूह अपनी सम्पूर्णता के साथ प्रतिबिम्बित हो। प्रकृति-परिवेश, संस्कृति संस्कार, विस्थापन और मूल से उखड़ने की पीड़ा, सामाजिक सामरस्य, स्नेह और सौहार्द के ताने-बाने की कहानियों को इसमें शामिल करने का यही उद्देश्य रहा है। इसमें संकलित कहानियाँ हैं–'जीवक' (इन्दु सिन्हा वैद्या), 'गुड़िया का विवाह' (ईश्वरी प्रसाद गौड़), 'सिर्फ मोहिल की' (कनक लता), 'सोमा' (जगदीश नारायण राय), 'जनरल बोगी' (जय बहादुर शर्मा), 'मेरे आने से पहले' (निर्मल कुमार श्रीवास्तव), 'पासा का पुल' (राजेन्द्र प्रताप सिंह), 'एक चिट्ठी प्यार की' (राजेश कुमार निराश), 'ऋण' (रामकृपाल तिवारी), 'शुभांगी जीना चाहती थी' (व्यास मणि त्रिपाठी), 'जियो तो ऐसे जियो' (विजय कुमार शर्मा), 'एक सच ऐसा भी' (शमसुन्निसा खान शमा), 'अनन्त' (स्नेहलता वर्मा), 'सुनहरी किरण' (स्वप्न कुमार नाग), 'दुल्हन वाली साड़ी' (सुरेन्द्र पाल शर्मा), 'पार्टी' (सन्त प्रसाद राय)। इस संकलन की कहानियों के चयन के समय व्यास मणि त्रिपाठी ने पुरानी और नयी पीढ़ी के बीच सामंजस्य बैठाते हुए भी गुणवत्ता और महत्ता को नजरअन्दाज नहीं किया है। सर्वोत्तम का चयन ही उनका ध्येय रहा है। सम्पादक का ध्यान इस बात पर भी रहा है कि अण्डमान-निकोबार का कोई भी पक्ष अपने प्रतिनिधित्व से वंचित न रहे। यही कारण है कि इन कहानियों में मूल से उखड़ने की पीड़ा है तो दण्डी बस्ती के निर्माण के समय बने समरस समाज का आह्लाद है। प्यार के मार्ग की कठिनाइयाँ, छल, प्रपंच और प्रवंचनीय हैं तो सुखी दाम्पत्य जीवन का माधुर्य है। जीवन और समाज की विसंगतियाँ और विडम्बनाएँ हैं तो आशा और उत्साह की भास्वरता का लोक है। दुःख, और द्वन्द्व है तो सुख और सम्पन्नता की अभिलाषा

की चरितार्थता है। इस संकलन की सभी कहानियाँ, जीवन-जगत को कोई-न-कोई सन्देश देती प्रतीत होती हैं। अर्थ की उपासना में रत जीवन के यन्त्र होते जाने की मन:स्थिति की बोझिलता से मुक्ति विधान रचने वाली ये कहानियाँ आचरण की शुचिता पर अधिक ध्यान केन्द्रित करती हैं। गाँव के शहर होते जाने में विकास की धारा का पहुँचना प्रगतिगामी और सुखकर प्रतीति है तो गाँव की अल्हड़ता, भोलापन, सादगी और सहजता का विलोपीकरण कहानीकारों की चिन्ता का विषय भी है। इस संकलन की कहानियों में दूर-दराज के द्वीपों की भौगोलिक दूरियों से उपजे संकटों को भी पर्याप्त स्थान मिला है।

'दुनिया नयी-पुरानी' नाम से श्रीधरन 'चन्द्र' की 10 कहानियों का संग्रह ब्लू रोज पब्लिशर्स, नोएडा से सन् 2022 में छपकर आया है। संग्रह की पहली कहानी 'शहर एक रात का' में पुराने पोर्टब्लेयर शहर की रात्रिकालीन दृश्यावली का वर्णन है। अतीत के माध्यम से वर्तमान का लेखा-जोखा है। 'एक पत्र सम्पादक के नाम' कहानी में पत्रकारिता जगत की विसंगति और बिडम्बना का चित्रण है। 'थ्रिल' कहानी सरकारी जलयान में कार्यरत नाविक की मनोदशा को उजागर करती है। 'सात दिनों के साथी' में चेन्नयी के एक लॉज के भीतर घटित उन घटनाओं पर फोकस है जो पोर्टब्लेयर जाने वाले यात्रियों के बीच घटी थी। 26 जनवरी 2004 का दिन मानव इतिहास में काला दिन बनकर आया था। श्रीधरन ने कहानी लिखी है 'काला रविवार'। इसमें पिलोपांजा द्वीप पर सुनामी का आतंक तथा मृत्यु के तांडव के बीच जोसेफ नामक एक युवक के बचने की कहानी है। 'सभ्य-असभ्य' कहानी में जारवा जनजाति की मुख्यधारा में शामिल होने की ललक को दर्शाया गया है। 'नीलाम होते गाँव' में हैवलॉक द्वीप के शरणार्थी परिवार के जीवन की त्रासदी का वर्णन है। कहानीकार ने जीवन के सुख-दु:ख, उतार-चढ़ाव, आशा-निराशा का बड़ा ही मनोवैज्ञानिक वर्णन किया है। इस तरह इस संग्रह की कहानियों में द्वीप समूह की झाँकी देखी जा सकती है। विभिन्न परिस्थितियों में जी रहे मनुष्य की अदम्य जिजीविषा, संघर्षशीलता तथा सफलता प्राप्ति के प्रति आशावादिता को उजागर करने में श्रीधरन चन्द्र की कहानी-कला का परिपाक देखा जा सकता है। कहानीकार का स्वयं कथन है–"इन कहानियों में समाहित हैं द्वीपों के सामाजिक जीवन की कई झलकियाँ, यहाँ आकर बसने वाले लोगों का जीवन-संघर्ष, सुनामी जैसी प्राकृतिक आपदाओं के आने पर अपनी इच्छा शक्ति से जूझते लोगों का अदम्य साहस, समुद्र की जिन्दगी चाहे मछुआरों की हो या नाविकों की उसकी सहजता और नैसर्गिक छटा के साथ अपनी कहानियों में उतारने का प्रयास किया है।" (भूमिका) यहाँ यह उल्लेख्य है कि कहानीकार स्थानीय समाज का प्रतिनिधि है। उसने अण्डमान तथा

निकोबार द्वीप समूह को बचपन से देखा है। उसके उतार-चढ़ाव और विकास को अपनी नसों में महसूस किया है। इसीलिए उसमें अनुभव की प्रामाणिकता है।

अण्डमान-निकोबार द्वीप समूह की सामाजिक, धार्मिक, सांस्कृतिक भाव-सम्पदा का उपयोग कहानीकारों ने किस रूप में किया है, इसे पाठकों तक पहुँचाने के लिए व्यास मणि त्रिपाठी ने 'हिन्दी कहानी में अण्डमान' पुस्तक का सम्पादन किया है। इसका प्रकाशन वर्ष 2023 है। इसमें अण्डमान तथा निकोबार की कितनी छवियाँ प्रतिबिम्बित हुई हैं, इसका आकलन तो पाठक करेंगे किन्तु सम्पादकीय कोशिश रही है कि इनमें उन छटाओं, संघर्षों तथा बलिदानों की बानगी अवश्य मिले जिनके लिए ये द्वीप समूह प्रख्यात हैं। नवनीत मिश्र की कहानी 'तुम कैसी हो अम्मा' एक ऐसे युवक की कहानी है जिसे मुख्य भूमि से ब्याह कर लाये उसके श्वसुर ने उसके रहमो-करम पर छोड़ दिया है। बेकारी की अवस्था में उसे उसकी सरकारी शिक्षिका पत्नी से आर्थिक मदद तो मिल जाती है लेकिन उसे अपना बेकार होना, कचोटता है। जब उसकी सास उसे निठल्ला मानकर ताने मारती है तब उसकी पीड़ा और बढ़ जाती है। वह चिट्ठी में अपनी माँ से पूछता है कि उधर मुख्य भूमि में बेकार लोगों का गुजर-बसर नहीं होता का? जो उसे 'कालापानी' भेज दिया गया। दहेज के लालच में उसके श्वसुर ने उसे खरीद लिया। कोलकाता से पोर्टब्लेयर की जलयान-यात्रा की त्रासदी और अनगिनत कष्टों का उल्लेख भी वह अपनी चिट्ठी में करता है। भाषा के जादूगर नवनीत मिश्र ने इस प्रसंग का बहुत ही मार्मिक वर्णन किया है। कमलेश भट्ट कमल की कहानी 'अण्डमान की अँगूठी' में अण्डमान की विभिन्न छवियों को उभारा गया है। मछली के पेट से ताशकन्द में मिली अँगूठी पर बने एक छोटे से निशान के आधार पर उसके मालिक की खोज में अण्डमान पहुँचे लेखक यानी कहानीकार ने जिस तरह उसकी खोज की वह जादुई रहस्य से कम नहीं : इसी प्रसंग में अण्डमान के सुन्दर द्वीप हेवलॉक और नील का वर्णन तो हुआ ही है, वहाँ के लोगों का स्नेहिल और उदार हृदय भी वर्णित है। प्रख्यात कहानीकार गोविन्द मिश्र की कहानी 'आल्ह खण्ड' में स्वतन्त्रता-संग्राम के अनछुए प्रसंगों, रॉस द्वीप तथा जापानी शासन की क्रूरता का वर्णन है। अण्डमान में अंग्रेजी शासन की तुलना में जापानी शासन को अधिक अत्याचारी माना गया है। कथानायक लेखक से कहता है, "जापानी बगैर एक गोली चलाये यहाँ आ गया था और कोई साढ़े तीन साल तक रहा। हमेशा शक ही करता रहा। उसे शक था कि हम अंग्रेजों की तरफ हैं और भारत में उन्हें चुपचाप खबरें भेजते हैं। उधर खबर आती कि उनके जहाज को अंग्रेज डुबो रहा है, इधर वह पकड़-पकड़ कर हमें बुरी तरह मारता था। कितने शहीद हो गये पता ही न चला। कभी किसी दूसरे द्वीप में बाग लगाने के बहाने ले जाता और

आदमियों को बोरों की तरह समद्र में फेंक देता। एक दिन मुझे भी उठा लिया गया। जेल तक ले जाने का धीरज भी उनमें नहीं था। रास्ते में एक पेड़ से बाँध दिया और नाखूनों में सुइयाँ चुभोने लगे। वे उगलवाना चाहते थे, वह जो नहीं था। तीन थे... एक चौथा भी जो दूर खड़ा था, सिर्फ देखने और सुनने के लिए। तीनों ने एक साथ मारना शुरू किया। मैंने आँखें बन्द कर लीं और शरीर ईश्वर के हवाले कर दिया। वे मारते चले गये, जब तक हाँफ नहीं गये। मुझे पता नहीं कि उन्होंने कितना मारा... कब तक मारा। आजादी के बाद भी सालों तक पता नहीं चला। वह तो एक बार मुँह से खून आया तो कहा गया मुझे टी.बी. है।" (पृष्ठ 43) यहाँ यह ध्यातव्य है कि आजाद हिन्द फौज के सर्वोच्च कमांडर के रूप में अण्डमान आये नेता जी सुभाषचन्द्र बोस को भी जापानियों के अत्याचार की भनक नहीं लगी थी। उन तक यह बात नहीं पहुँची थी।

'हिन्दी कहानी में अण्डमान' संग्रह की अन्य कहानियाँ हैं–'सीप' (सरयू शर्मा), 'चौकीदार' (सन्तोष दीक्षित), 'चुलबुली लड़की, समन्दर और डुबकियाँ' (बलराम अग्रवाल), 'किसने मेरी पीड़ा जानी' (विजय कुमार शर्मा), 'नागर की सुन्दरी' (ऋता शुक्ल), 'सात समन्दर पार' (जितेन्द्र प्रताप सिंह), 'नीलाम होते गाँव' (श्रीधरन चन्द्र), 'अनुराधा' (डी.एम. सावित्री), 'महत्त्वाकांक्षा' (व्यास मणि त्रिपाठी)। 'सीप' कहानी द्वीप समूह की सुन्दरता के साथ-साथ अनुराग का आख्यान रचती है। लहरों के भीतर पानी की सतह के नीचे का दृश्यांकन लेखिका के शब्दों में–"ऊपर से शान्त-समतल दिखता सागर अपने भीतर इतना कुछ छुपाये था। दूर-दूर तक फैले कोरल्स कहीं, रंगीन, कहीं उजले। उनमें इन्द्रधनुषी रंगों की चपल नन्ही-नन्ही असंख्य मछलियाँ-चौकन्नी-सी इधर-उधर देखतीं, ठिठकती, रुकती, फिर आगे बढ़ती। घने उगे कोरल्स की शाखाओं पर चिपके अनेक प्रकार के जलचर, बैजनी रंग के बिल्कुल तारे के आकार की 'स्टार फिश'। कोरल्स की छोटी-छोटी पहाड़ियों के बीच, कहीं-कहीं तलहटी में पड़ी बड़ी-सी 'क्लैम्प' सीप। जैसे उँगलियों में उँगलियाँ फँसाये दो हाथ हों।" (पृष्ठ 61) सन्तोष दीक्षित की कहानी 'चौकीदार' एक शिक्षित तथा प्रबुद्ध व्यक्ति का लगभग अनपढ़ चौकीदार द्वारा ठग लिये जाने की कहानी है। इसे पढ़ते हुए 'मैला आँचल' उपन्यास की याद आती है जिसमें प्रशान्त ममता को लिखता है–"गाँव के लोग बड़े सीधे दीखते हैं, सीधे का अर्थ यदि अपढ़, अज्ञानी, अन्धविश्वासी हो तो वास्तव में वे सीधे हैं। जहाँ तक सांसारिक बुद्धि का सवाल है, वे हमारे और तुम्हारे जैसे लोगों को दिन में पाँच बार ठग लेंगे। और तारीफ यह कि तुम ठगी जाकर भी उनकी सरलता पर मुग्ध होने के लिए मजबूर हो जाओगी।" ('मैला आँचल', पृष्ठ 53) 'चौकीदार' कहानी का

चौकीदार भी सीधा-सादा दिखाने की कोशिश करता है लेकिन वह कितनों को चूना लगा चुका है, इसे दिखाना ही कहानी का उद्देश्य है। बलराम अग्रवाल की कहानी 'चुलबुली लड़की, समन्दर और डुबकियाँ' नवविवाहिता के भीतर के आन्दोलनों और चुलबुलेपन को पति के प्रति अनुरागमयी बनाने की प्रेरणा वाली कहानी है। विजय कुमार शर्मा ने सेल्यूलर जेल के प्रांगण में स्थित पीपल के वृक्ष के माध्यम से स्वतन्त्रता सेनानियों के प्रति हो रही उपेक्षा का मार्मिक वर्णन किया है–'किसने मेरी पीड़ा जानी' कहानी में। ऋता शुक्ल ने 'नागर की सुन्दरी' कहानी में स्वतन्त्रता आन्दोलन के नायक की प्रेमिका के त्याग और समर्पण का बड़ा ही सजीव चित्र अंकित किया है। एक तरह से उन्होंने यह स्थापित करना चाहा है कि आजादी की लड़ाई में सभी का योगदान था। किसी एक के बल बूते पर आज़ादी नहीं मिली थी। जितेन्द्र प्रताप सिंह की कहानी 'सात समन्दर पार' कालापानी की भयावहता को उजागर करती है। कथा का आरम्भ यद्यपि अण्डमान की प्रशंसा से हुआ है लेकिन अन्त आते-आते कहानी कार प्राकृतिक आपदा के घटाटोप में भय का वातावरण सृजित करता है लेकिन अन्तिम चरण में कहानी सुखान्त हो जाती है। 'नीलाम होते गाँव' में श्रीधरन ने प्रकारान्तर से भूमण्डलीकरण और बाजारवाद की चपेट में आ रहे गाँवों की दशा का यथार्थ वर्णन किया है। अनुराधा नामक युवती का पशु-पक्षी प्रेम दर्शाया है डी.एम. सावित्री ने कहानी 'अनुराधा' में। व्यास मणि त्रिपाठी की कहानी 'महत्त्वाकांक्षा' एक विवाहिता द्वारा अपने पति से तलाक लेकर अपने बॉस से प्रेम किन्तु विवाह नहीं होने की स्थिति में आत्महत्या करने की कहानी है। वासना, विलासिता तथा अधिकार की लालसा नारी को कितना पतनोन्मुख कर सकती है, इसे इस कहानी के माध्यम से अनुभव किया जा सकता है।

नाटक

अण्डमान तथा निकोबार द्वीप समूह में नाटक, लघुनाटक, रेडियो नाटक, एकांकी आदि लिखे तो गये लेकिन प्रकाशन की असुविधा अथवा प्रकाशन के प्रति नाटककारों की अरुचि के कारण वे सर्वसामान्य तक नहीं पहुँच सके। फिर भी आकाशवाणी, पोर्टब्लेयर ने अपने प्रसारणों के माध्यम से उन्हें जनसामान्य तक पहुँचाने की कोशिश की है। बीसवीं शताब्दी के सातवें दशक में विनोद तिवारी ने 'द्वीप कथा' शीर्षक गीत नाटिका लिखकर अपनी सृजनात्मकता का परिचय तो दिया ही, साथ-ही-साथ एक सांस्कृतिक वातावरण भी बनाया जिसमें नाट्य-सर्जन के लिए प्रेरणा का भाव था। उनकी प्रसिद्ध कव्वाली 'ये अण्डमान हमारा बड़ा ही प्यारा है...' इसी 'द्वीप कथा' के लिए लिखी गयी थी। इसकी कुछ पंक्तियाँ यहाँ प्रस्तुत हैं–

फिजा में नूर की बरसात होती रहती है
बलाएँ लेती हैं मौजें नजारे गाते हैं।
हसीन वादियों में जिन्दगी मचलती है,
लहर-लहर में सितारे से जगमगाते हैं
चलो फिरदौस का जलवा तुम्हें दिखाते हैं,
सुनो, सुनो कि तुम्हें राजे दिल सुनाते हैं
ये सरज़मीने-वतन का अजीज हिस्सा है
इसे सलाम करो, हम भी सर झुकाते हैं
शहीदाने-वतन का राजदां दुलारा है
ये अण्डमान हमारा बड़ा ही प्यारा है
बड़ा ही प्यारा है जहाँ से न्यारा है
ये अण्डमान हमारा... ।

'अबरडीन की लड़ाई' शीर्षक लघु नाटिका का आदित्य नाट्य अकादमी द्वारा प्रकाशन सन् 2000 में हुआ। इसके लेखक फाल्गुनी गंगोपाध्याय ने बड़ी ईमानदारी से यह बात स्वीकार की है कि द्वीप समूह में नाट्य संस्थाओं के अस्तित्व में आने तथा उनके द्वारा नाटकों के मंचन के बावजूद द्वीपों से जुड़ी रचना का अभाव रहा है–"आदित्य नाट्य अकादमी की स्थापना के पश्चात् यहाँ और भी कई नाट्य संस्थाओं का जन्म हुआ, द्वीपों में नाट्य चेतना एवं नाटक की माँग बढ़ी और नाटक आन्दोलन प्रारम्भ हो गया। फिर भी कहीं कुछ हमेशा खटकता रहा, मन में एक ही शब्द बार-बार प्रतिध्वनित होता था कि यहाँ की मिट्टी से जुड़ी रचना हो। अचानक मुझे यहाँ के वीर आदिवासी अण्डमानियों की एक घटना का स्मरण हुआ, जिन्होंने अपनी आजादी को बरकरार रखने के लिए शक्तिशाली अंग्रेजों से लोहा लिया था।" (दो शब्द) यह नाटक छोटे-छोटे छह दृश्यों में विभाजित है। कथानक अण्डमानी आदिवासियों तथा अंग्रेजों के बीच हुए संघर्ष पर आधारित है। 'अबरडीन की लड़ाई' नाम से अभिहित यह संघर्ष एक भीषण युद्ध था लेकिन इस पर बहुत कम प्रकाश डाला गया है। चूँकि यह अंग्रेजों की विरुद्ध था इसलिए सम्पूर्ण विवरण और तथ्यों के साथ इसे उजागर करने में अंग्रेजों को कोई खास दिलचस्पी का न होना स्वाभाविक था किन्तु भारतीय लेखकों को तो इसे जनसामान्य तक पहुँचाने का प्रयास करना ही चाहिए था।" ('भारतीय स्वाधीनता संग्राम और अण्डमान'–व्यास मणि त्रिपाठी, पृष्ठ 23) जाहिर है, "अण्डमान में 10 मार्च 1858 के बाद बन्दी उपनिवेश की गति बढ़ने के साथ ही पेड़ों की कटाई और जंगल की सफाई का काम तीव्र हुआ। इसे

अण्डमानी आदिवासियों ने अपनी सीमा में घुसने का प्रयास माना। यह उल्लेख्य है कि जननी और जन्मभूमि का महत्त्व स्वर्ग से भी बढ़कर है। इसे जितना अन्य लोग समझते और मानते हैं उतना ही भोले-भाले आदिवासी भी। सबको अपनी धरती और अपना देश प्यारा होता है। वह उसकी रक्षा जी-जान से करता है। यदि कोई उसकी धरती पर अतिक्रमण करता है तो वह चुप नहीं बैठता। यह बात अण्डमानी आदिवासियों के लिए भी लागू होती है। उनकी जमीन छीने जाने की स्थिति में उनके भीतर विद्रोह की ज्वाला का भड़कना अस्वाभाविक नहीं था। फलत: 17 मई 1859 को उन्होंने अंग्रेजों के विरुद्ध अबरडीन पर जो आक्रमण किया उसे अबरडीन की लड़ाई के नाम से जाना गया।" (वही, भारतीय स्वाधीनता संग्राम और अण्डमान, पृष्ठ 25) इस लड़ाई को गुप्त रखे जाने की पीड़ा फाल्गुनी गंगोपाध्याय को भी रही है जिसके प्रतिकार के रूप में उन्होंने 'अबरडीन की लड़ाई' शीर्षक नाटक का सृजन किया है–"मेरा प्रयास है कि इस नाटक के जरिये इन द्वीपों की एक महत्त्वपूर्ण गुप्त घटना को जाग्रत करना एवं विभिन्न स्थलों पर इसकी जानकारी प्रदान करना। इतिहास सभी नहीं पढ़ते परन्तु ऐतिहासिक घटनाएँ, कहानी, लोक कथाएँ, किंवदन्ती, कविता, गीत, नाट्य अभिनय के माध्यम से जिन्दा रहता है। शायद इतिहास जो न कर पाया, वह यह नाटक, 'अबरडीन की लड़ाई' कर दिखाये एवं इन द्वीपों के आदिवासी वीर शहीदों की शौर्य गाथा देश-विदेशों तक पहुँच जाये।" (दो शब्द) नाटककार ने नाट्य-सृजन का उद्देश्य बता दिया। जाहिर है जो कार्य इतिहास नहीं कर पाता वह कभी-कभी साहित्य कर जाता है।

फाल्गुनी गंगोपाध्याय ने अण्डमानी आदियासियों की वीरता, स्वतन्त्रता सेनानियों के त्याग और बलिदान को यह नाटक समर्पित किया है–यह कहते हुए कि–"17 मई, 1859 का दिन हमारे भारत और अण्डमान के इतिहास का एक मनहूस और अपमानजनक दिन के रूप में मशहूर हुआ। इसी दिन लड़ी गयी थी। अण्डमान की ऐतिहासिक 'अबरडीन की लड़ाई' जिसमें हजारों की संख्या में अण्डमानियों का मारा जाना ऐतिहासिक मोड़ बनकर इतिहास के पन्नों में दफन हो गया। जिन्हें कोई नहीं जानता, जिनका नाम इतिहास के पन्नों में नहीं लिखा गया। जिनकी चीख़ें समुद्र की लहरों के गर्जन के साथ हमेशा के लिए विलीन हो गयीं। उन गुमनाम हजारों भोले-भाले आदिवासियों को, परवानों को, स्वतन्त्रता के मतवालों को, जिन्होंने अपनी जान की कुर्बानी देकर मातृवतन की धरती को दुश्मनों से हिफाजत करने की कोशिश की। ऐसे गुमनाम शहीदों को श्रद्धासुमन समर्पित है।" (भूमिका से)।

'अबरडीन की लड़ाई' नाटक की विशेषता यह है कि इसमें पात्रानुकूल शब्दों का चयन किया गया है। आदिवासियों के लगभग सभी संवाद उन्हीं की बोली में हैं जबकि अंग्रेजों के संवाद अंग्रेजी में। अंग्रेज अगर हिन्दी बोलते भी हैं तो उसका टोन अंग्रेजी प्रभाव लिये हुए है। अन्य पात्र हिन्दुस्तानी भाषा का प्रयोग करते हैं। इससे यह नाटक सजीव और जीवन्त बन गया है। वातावरण अथवा दृश्य संकल्पना कथानक के अनुसार है। अबरडीन की लड़ाई में आदिवासियों की हार का एक कारण उनके पास अत्याधुनिक हथियारों की कमी का होना (उनके पास परम्परागत तीर-धनुष थे, जबकि अंग्रेजों के पास बन्दूक और तोपें थीं) था तो दूसरा कारण दूधनाथ की मुखबिरी थी। जिन भोले-भाले आदिवासियों ने तिवारी पर भरोसा कर अपनी दो बेटियों की शादी दूधनाथ तिवारी से कर दी थी, वही उनके साथ विश्वासघात कर बैठा। आदिवासियों के आक्रमण की सूचना अंग्रेजों को इस लालच में दे दी ताकि उसे माफी मिल जाये और वह मुख्यभूमि भेज दिया जाये। फलत: आदिवासी हारे, अंग्रेज जीते तथा दूधनाथ तिवारी को माफी मिली। इस घटना को आधार बनाकर यह नाटक लिखा गया है जो अपने उद्देश्य में सफल है।

'राजा जी की भैंस' दुर्ग विजय सिंह 'दीप' का व्यंग्य नाटक है। इसका प्रकाशन सन् 2013 में पाण्डुलिपि प्रकाशन, दिल्ली से हुआ है। यह द्वीप समूह का प्रथम प्रकाशित पूर्णकालिक नाटक है। इसमें चार अंक हैं। अंकों का दृश्यों में विभाजन नहीं हुआ है। एक अंक एक दृश्य का बोध कराता है। परम्परा का पालन करते हुए नाटक के आरम्भ में वन्दना गायन तो है लेकिन किसी देवी-देवता या ईश्वर का नहीं बल्कि दर्शकगण का–

नाट्य जगत के आप हैं पंडे
आपके हैं अचूक हथकण्डे
कृपा अगर हो जाये आपकी
बरसें वहाँ टमाटर अण्डे।
जय जय हे दर्शक गण जय हे...
जूता चप्पल बरसाने वाले
हमको राह दिखाने वाले
महिमा गाते आपकी हम मिल
बीच में नाव डुबाने वाले॥
जय जय हे दर्शकगण जय हे...

(प्रथम अंक, पृष्ठ 11)

'राजा जी की भैंस' शीर्षक ही अपनी प्रतीकात्मकता में बहुत कुछ प्रकट करता है। दुर्ग विजय सिंह 'दीप' इसके सृजन के मूल में राजनीतिक परिदृश्य की विकृतियों को जिम्मेदार मानते हैं–"पिछले दो-तीन दशकों के दौरान राजनीति के क्षेत्र में जिस ढंग से अवमूल्यन हुआ है, उससे रचनाधर्मिता से जुड़े वर्ग का प्रभावित और उद्वेलित होना स्वाभाविक है। 'राजाजी की भैंस' नाटक की उत्पत्ति ऐसे ही दिशाहीन और दमघोटू राजनीतिक परिवेश को लेकर जारी विचार-मंथन से हुई है। काल्पनिक कथानक के माध्यम से एक ऐसे परिवेश का चित्र प्रस्तुत करने की कोशिश की गयी है जिसमें पतन और अराजकता की पराकाष्ठा तक पहुँचने की घृणित होड़ उजागर होती है। वंशवाद की राजनीति के कुत्सित स्वरूप को प्रस्तुत करते हुए इससे निपटने के लिए अवाम से अपील भी की गयी।" (अपनी बात)। नाटक के प्रथमांक के प्रारम्भ में पार्श्व से जो संगीत उभरता है, उसी से नाटक के वर्ण्य-विषय की सूचना मिल जाती है–

कैसी-कैसी चल रही यहाँ क्रीड़ाएँ
अब असहनीय हो चली सभी पीड़ाएँ,
असहायों के आँगन में है हाहाकार
फिर भी सब कुछ देख रहे हम निर्विकार...।
क्या जन-जन में यह सब कुछ स्वीकार हो चला,
लूट-खसोट, व्यभिचार और बलात्कार।
अन्याय अराजकता और हिंसा का ताण्डव
चोरी, रिश्वतखोरी के संग भ्रष्टाचार।
असहायों के आँगन में है हाहाकार
फिर भी सब कुछ देख रहे हम निर्विकार...।।

(अंक–1, पृष्ठ 12)

देशकाल परिस्थितियों को वर्तमान से जोड़कर नाटककार ने समय के सत्य की एक नवीन परिभाषा रचने का साहस दिखाया है यह जानते हुए कि "हम सरकारी कर्मचारी हैं। अगर किसी तरह किसी ने यह सब सुनकर पहुँचा दिया राजा के चमचों के पास तो...तो, हो जायेगा, अपना कल्याण।" (प्रथमांक, पृष्ठ 15) दुर्गविजय सिंह 'दीप' सरकारी कर्मचारी की सीमा अच्छी तरह जानते हैं। फिर सरकारी कर्मचारी होकर भी उन्होंने सरकार के विरोध में जो कुछ कहा है, उससे उनकी साहसिकता, निर्भयता और लेखकीय स्वतन्त्रता का पता चलता है। उन्होंने महामन्त्री के मुख से यह तक कहलवाया है–"साथियो! हमारे राजाजी ने एक ऐसी शासन प्रणाली का

सूत्रपात किया जिसमें बार-बार अपने आपको जनता से, निर्वाचित कराया और जमकर शासन चलाया।" (वही, पृष्ठ 14) उसी राजाजी की मृत्यु के बाद उसके उत्तराधिकारी की तलाश शरू होती है। महामन्त्री को उसका उत्तराधिकारी मिल जाता है–"राजाजी के राज में समता और न्याय के स्तर इतने ऊँचे रहे हैं कि राजगद्दी पर एक भैंस भी बैठ सकती है।" (वही, पृष्ठ 27) इस पर व्याकुलचन्द के आश्चर्य प्रकट करने पर महामन्त्री उसको समझता है–"भाई! इसे ऐसे समझ लो कि राजाजी अपनी इसी भैंस का दूध पीते थे...तो राजाजी का इस भैंस से दूध का रिश्ता हुआ ना। रिश्ते या तो खून के होते हैं या फिर दूध के।" (वही) संकटमोचन के यह पूछने पर कि "एक भैंस तो वार्तालाप नहीं कर सकती तो फिर शासन कैसे चलायेगी?" महामन्त्री बहुत बेशर्मी से कहता है–"अरे भाई! भैंस बोल नहीं सकती तो क्या हुआ? संकेत तो दे सकती है।" (वही, पृष्ठ 27) भैंसी महारानी के कुर्सी अभिषेक का वर्णन भी हास्य और व्यंग्य का अद्भुत नमूना है। सूत्रधार की नृत्य मण्डली नाचती और गाती है–

गद्दी पर राज करे भैंसी, विधाता गजब तेरी लीला
गजब तेरी लीला रे गजब तेरी लीला।
ये भैंसी नहीं है ऐसी-वैसी विधाता गजब तेरी लीला।
दुग्ध-दायिनी को देखो मिला फल आज है
राजाजी की गद्दी मिली और सिर पे ताज है
जो भी घट रहा राजनीति में अजूबा नहीं
मानुषों की नगरी में भैंसी जी का राज है
लगती है महारानी जैसी, विधाता गजब तेरी लीला।
गद्दी पर राज करे भैंसी, विधाता गजब तेरी लीला॥

(वही, पृष्ठ 34) 1

वंशवाद और राजनीतिक पतन का इससे बड़ा दूसरा उदाहरण और नहीं मिल सकता। यद्यपि नाटककार ने कथानक को काल्पनिक मानने पर जोर दिया है लेकिन यह सच्चाई है कि कल्पना यथार्थ की भित्ति पर ही आगे बढ़ती है। सम्भव है इस नाटक के यथार्थ की पृष्ठभूमि में वह घटना रही हो जिसमें एक मुख्यमन्त्री ने जेल जाते समय सत्ता की चाबी अपनी पत्नी को सौंप दी थी। नाटक मैं भैंसीराज के दुष्परिणाम की ओर संकेत करता हुआ व्याकुलचन्द कहता है–"महामन्त्री जी! 'साची वाणी' का कहना है कि भैंसी राजतन्त्र चोरी, हत्या, लूट और बलात्कार का प्रतीक बन गया है।" (वही, पृष्ठ 67) मन्त्री बनी लाजो ऊर्फ लाजवन्ती जब

बलात्कार की सच्ची घटना का जिक्र करना चाहती है तब संकटमोचन यह कहकर उसे चुप करता है–"अरे चुप! का सच्चाई है। अरे ई सब ऊ औरतें हैं जो रुपया लेकर विपक्षी नेताओं के साथ मजा करती हैं। मजा उड़ा लेने के बाद मेडिकल कराती हैं और खबर छपने के लिए बयान देती हैं।" (वहीं)

इस तरह 'राजाजी की भैंस' नाटक काल्पनिक कथानक के माध्यम से एक ऐसे परिवेश का चित्र प्रस्तुत करने की कोशिश है, जिसमें राजनीतिक पतन और अराजकता की पराकाष्ठा है। वंशवाद की राजनीति के कुत्सित स्वरूप को प्रकट करने में भाषा की सक्षमता देखते ही बनती है। रंगमंच की दृष्टि से भी यह एक सफल नाटक है।

निबन्ध और समालोचना

अण्डमान तथा निकोबार द्वीप समूह में हिन्दी निबन्ध लेखन भी कम नहीं हुआ है। निबन्धों के पुस्तकाकार प्रकाशन की असुविधा के चलते अथवा निबन्धों की देशव्यापी पहुँच की आकांक्षा में यहाँ के निबन्धकारों के निबन्ध विभिन्न पत्र-पत्रिकाओं में प्रकाशित होते रहे हैं। द्वीपों में हिन्दी अधिकारी रह चुके पुरुषोत्तम लाल वशिष्ठ के निबन्ध समय-समय पर 'धर्मयुग', 'कादम्बिनी', 'साप्ताहिक हिन्दुस्तान', 'द्वीप लहरी' आदि पत्रिकाओं में प्रकाशित हुए हैं। इनका विषय द्वीप समूह की हिन्दी की गवेषणा अथवा किसी रचनाकार का साहित्यिक मूल्यांकन रहा है। डॉ. ब्रह्मस्वरूप शर्मा इन द्वीपों के प्रख्यात निबन्धकार रहे हैं। देश की विभिन्न साहित्यिक पत्रिकाओं 'मधुमती', 'भाषा', 'गवेषणा', 'आजकल' आदि में उनके निबन्धों का प्रकाशन हुआ है। इनके कई निबन्ध-संग्रह भी प्रकाशित हुए हैं। डॉ. ओम प्रकाश मल्होत्रा के निबन्ध शैक्षणिक एवं भाषायी हैं जिनमें चिन्तन की गम्भीरता दिखाई देती है। डॉ. जयदेव सिंह ने द्वीपों की भाषा-बोली पर गवेषणात्मक निबन्ध लिखा है। मदन मोहन सिंह अण्डमान की हिन्दी भाषा और संस्कृति पर कई लेख लिखे हैं। इन्हीं के द्वारा सम्पादित 'द्वीप अण्डमान के' में यहाँ के कई निबन्धकारों के लेख हैं जिनका वर्ण्य-विषय किसी-न-किसी प्रकार अण्डमान ही है। गौरी शंकर पाण्डेय ने अण्डमान के इतिहास और संस्कृति को आधार बनाकर अनेक निबन्धों का प्रणयन किया जिन्हें तत्कालीन हिन्दी की प्रमुख पत्रिकाओं 'साप्ताहिक हिन्दुस्तान', 'धर्मयुग', 'कादम्बिनी' आदि में स्थान मिला। डॉ. जगदीश सिंह मन्हास के निबन्ध सौन्दर्य-शास्त्रीय दृष्टि पर आधारित हैं। डॉ. रामकृपाल तिवारी ने जनजातीय क्षेत्रों में अपनी सेवाएँ देकर न केवल हिन्दी भाषा के प्रचार-प्रसार का प्रयास किया है बल्कि आदिवासी बोलियों पर कई गवेषणात्मक निबन्ध भी लिखे हैं। यहाँ के अन्य हिन्दी निबन्धकारों में आनन्द वल्लभ शर्मा 'सरोज', राजेन्द्र पाल शर्मा, डॉ. रमेश कुमार, डॉ. शशि कुमार सिंह, डॉ. लीलामणी,

शिबानी राजभूषण, डॉ. एन. लक्ष्मी, डॉ. रत्ना कुशवाह आदि उल्लेखनीय हैं। दलित, स्त्री, विकलांग विमर्श तथा साहित्यिक मूल्यांकन की दृष्टि से लिखे इनके निबन्ध विभिन्न पत्र-पत्रिकाओं में प्रकाशित हुए हैं।

डॉ. व्यास मणि त्रिपाठी का 'अण्डमान में हिन्दी' शीर्षक लेख 'कादम्बिनी' के सन् 1991 के फरवरी अंक में प्रकाशित हुआ था। तब से अब तक उनके सैकड़ों निबन्ध देश-विदेश की विभिन्न प्रतिष्ठित पत्रिकाओं जैसे 'समकालीन भारतीय साहित्य', 'नया ज्ञानोदय', 'आजकल', 'गवेषणा', 'विश्वभारती', 'दस्तावेज', 'बहुवचन', 'मधुमती', 'सम्मेलन पत्रिका', 'कादम्बिनी', 'भाषा', 'समन्वय पूर्वोत्तर', 'अनुशीलन', 'पुस्तक संस्कृति', 'हिन्दुस्तानी जबान', 'समय के साखी', 'रंगायन', 'मानस चदन', 'नागरी संगम', 'सागर तरंग', 'अस्तित्व', 'साहित्य अर्पिता', 'हिमप्रस्थ', 'राष्ट्रभाषा', 'सेतु', 'अलाव', 'समहुत', 'मीरायन', 'मुक्तांचल', 'संकल्प रथ', विपाशा', 'उत्तर प्रदेश', 'प्रस्थान', 'द्वीपलहरी', 'अक्षर-पर्व', 'मड़ई', 'साहित्य-अमृत', 'प्रज्ञावाणी', 'नवनिकष', 'साक्षात्कार संकल्य', 'शोध वैचारिकी', सम्प्रेषण', 'वीणा, 'संवाद', 'साहित्य-विमर्श', 'आधारशिला', 'अभिनव इमरोज', 'अनन्या', 'पिनाक', 'शब्दार्थ', 'राजभाषा भारती', 'अभिनव मीमांसा' 'शैक्षिक उन्मेष', 'वैचारिकी', 'सप्तसिन्धु' आदि में प्रकाशित हुए हैं। विभिन्न विषयों पर लिखे इन निबन्धों में वैचारिकता और समीक्षात्मकता का आग्रह प्रबल रहा है।

बीसवीं सदी के अन्तिम दो दशक विशेषकर 10वें दशक के हिन्दी साहित्य की कथा विधा को छोड़कर लगभग सभी विधाओं का लेखा-जोखा प्रस्तुत करने वाले ब्रह्मस्वरूप शर्मा की पुस्तक 'आधुनिक हिन्दी निबन्ध' का प्रकाशन वर्ष 1996 है। इस पुस्तक में कुल 20 निबन्ध हैं। इन निबन्धों की पड़ताल से यह तथ्य उभरता है कि ये निबन्ध तीन प्रकार के हैं। एक तो वे निबन्ध हैं जो 20वीं सदी के नौवें या अन्तिम दशक की हिन्दी साहित्य विधाओं का समाकलन हैं। दूसरे वे निबन्ध हैं जो साहित्यिक सरोकारों एवं मूल्यों की गम्भीर चिन्ता के प्रतिफल हैं। तीसरी कोटि उन निबन्धों की है जो साहित्य और मीडिया के अन्त:सम्बन्ध एवं संघातों की विवेचना प्रस्तुत करते हैं। पहला निबन्ध–'हिन्दी कविता-दसवाँ दशक' है। इसके आरम्भ और अन्त में 10वें दशक की काव्य धारा की दिशा और दशा का अत्यन्त संक्षिप्त निदर्शन है। निबन्ध के केन्द्र में लगभग ढाई दर्जन कवियों की 10 वर्षों की कालावधि में प्रकाशित कृतियों पर आलोचनात्मक टिप्पणियाँ हैं। उनमें निहित काव्य-सौन्दर्य और समसामयिक जीवनानुभवों का सम्यक विश्लेषण है। यद्यपि निबन्धकार ने कवियों की एक लम्बी सूची पर ध्यान केन्द्रित किया है फिर भी इस दशक के कुछ शीर्षस्थ

कवियों की ओर ध्यान न देना अखरता है। कुछ उदीयमान कवि जिन्होंने अपनी महत्त्वपूर्ण उपस्थिति से 10वें दशक की कविता को महिमा मण्डित किया है उनका निबन्ध में उल्लेख तक नहीं होना चौंकाता है। बहरहाल निबन्ध की सीमा को ध्यान में रखकर सन्तोष किया जा सकता है।

आलोच्य पुस्तक का दूसरा निबन्ध 'हिन्दी नाटक : नौवाँ दशक' तथा तीसरा, निबन्ध 'हिन्दी नाटक : दसवाँ दशक' है। इन दोनों निबन्धों के आरम्भ और अन्त में निबन्धकार की नाट्य सम्बन्धी धारणाओं का उल्लेख है, और शेष नाटकों पर टिप्पणियाँ हैं जो इन दो कालखण्डों में लिखे गये हैं। हिन्दी एकांकी की नौवें-दसवें दशक की यात्रा को एक ही निबन्ध में सम्मिलित कर लिया गया है। निबन्ध और ललित निबन्ध के लिए अलग-अलग निबन्ध लिखकर डॉ. शर्मा ने इन दोनों विधाओं की पृथकता को दर्शाया है। उनकी राय में निबन्ध के अन्तर्गत विचारात्मक निबन्ध ही अध्ययन के विषय हो सकते हैं। यद्यपि संस्मरण, रिपोर्ताज, रेखाचित्र, यात्रावृत्तान्त, डायरी, भूमिका, गद्य काव्य आदि वस्तुत: निबन्ध की शैलियाँ ही हैं। 'हिन्दी संस्मरण : दसवाँ दशक के निबन्धों में लेखक ने "दस वर्षों की कालावधि में प्रकाशित कृतियों की पड़ताल की है और सामाजिक जीवन-मूल्यों तथा संवेदनाओं के स्तर, पर वरेण्य और त्याज्य की द्वन्द्वात्मकता में श्रेयस्कर के पक्ष में अपना बयान दर्ज किया है।" ('सृजन और समीक्षा', व्यास मणि त्रिपाठी, पृष्ठ 126)। यहाँ यह भी ध्यान देने योग्य है कि उस पुस्तक में जहाँ साहित्य की लगभग सभी विधाएँ एक सीमा के अन्तर्गत स्थान पा सकी हैं, नाटक और एकांकी विधाएँ दो दशकों की कालावधि में विश्लेषित हुई हैं, वहीं कुछ महत्त्वपूर्ण विधाओं का छूट जाना आश्चर्यचकित करता है।

डॉ. ब्रह्मस्वरूप शर्मा एक प्रातिभ निबन्धकार हैं। उनके निबन्धों में वैचारिक गम्भीरता और अभिव्यंजन क्षमता, सर्वत्र देखी जा सकती है। इस दृष्टि से 'शुक्लोत्तर आलोचना में आधुनिकता विमर्श', 'साहित्य की प्रासंगिकता', 'साहित्य में समकालीनता', 'साहित्य में जीवन-मूल्य', 'समकालीन साहित्य में कलात्मकता की चेतना' नामक उनके निबन्ध गम्भीर चिन्तन के परिणाम हैं। उत्तर आधुनिकता और विखण्डनवाद की जड़ें, आलोचना में जब विस्तार पा रही हों तो ऐसे में डॉ. शर्मा द्वारा आधुनिकता की अवधारणा की खोज के परिप्रेक्ष्य में शुक्लोत्तर आलोचकों की दृष्टि-पथ पर गतिशील होते हुए मूल्यगत अर्थवत्ता की तलाश पर बल देना उचित भी है और सार्थक भी। आज जब साहित्य पर संकट के बादल मँडरा रहे हों, साहित्य की सार्थकता पर प्रश्न उभर रहे हों, बौद्धिकता भावनाओं को दबोचने का प्रयास कर रही हो, नवीन प्रविधियों के कारण साहित्य जगत में अनावश्यक हस्तक्षेप हो रहे हों,

तब डॉ. शर्मा जैसे निबन्धकार को 'साहित्य की प्रासंगिकता' और 'साहित्य में जीवन-मूल्य' नामक निबन्ध लिखने की जरूरत पड़ती है। शाश्वत और समकालीनता के द्वन्द्व में साहित्यकार शाश्वत का ही अनुसन्धान करता है–यद्यपि वह ऊर्जावान होता है–युगीन परिवेश से। 'साहित्य में समकालीनता' नामक निबन्ध में शाश्वत और वर्तमान की प्रतिपूरकता पर विचार किया गया है। इसी सन्दर्भ में साहित्य कार के लिए ग्राह्य-अग्राह्य, वरेण्य-त्याज्य का निर्देश भी है। 'समकालीन साहित्य में कलात्मकता की चेतना' नामक निबन्ध 'कला कला के लिए नहीं बल्कि कला जीवन के लिए है' की स्थापना को बल प्रदान करता है। "कलात्मकता की चेतना जीवन की वास्तविकताओं से प्रखरता पाती है तथा अशिवत्व के बीच से सत्यम्, शिवम्, सुन्दरम् का रास्ता तलाशती है।" (सृजन और समीक्षा, व्यास मणि त्रिपाठी, पृष्ठ 127)। डॉ. शर्मा मूल्यान्वेषी निबन्धकार हैं। उनके सभी निबन्धों में मूल्यों की स्थापना के प्रति सजगता विद्यमान है।

'आँखों देखा अण्डमान' ब्रह्मस्वरूप शर्मा के 20 निबन्धों का संग्रह है। इसका प्रकाशन सन् 2001 में हिन्दी साहित्य कला परिषद्, पोर्टब्लेयर द्वारा हुआ है। भूमिका में इसे ललित निबन्धों का संग्रह कहा गया है। इन निबन्धों को ललित निबन्ध की श्रेणी में परिगणित करने की दृष्टि के पीछे जो भी आग्रह रहा हो किन्तु यह सच है कि ये सभी निबन्ध द्वीप समूह के भौगोलिक, सामाजिक एवं सांस्कृतिक पक्ष के वर्णन हैं। वर्णन कलात्मक भी हो सकते हैं और अकलात्मक भी। जहाँ वर्ण्य को अधिक-से-अधिक सम्प्रेष्य बनाने की अकुलाहट और आवश्यकता होती है, वहाँ सम्प्रेषण के अनुकूल कलात्मकता वांछित होती हैं। ललित निबन्ध कलात्मक सौष्ठव की अपेक्षा रखते हैं। वहाँ लालित्य अनिवार्य तत्त्व होता है। इसके साथ ही व्यक्ति व्यंजकता भी अपेक्षित होती है।" (सृजन और समीक्षा, व्यास मणि त्रिपाठी, पृष्ठ 134) बहरहाल 'आँखो देखा अण्डमान' के निबन्ध अनुभव सिद्ध और चिन्तन पुष्ट हैं। वैचारिकता जहाँ कलात्मकता से समृद्ध है, वहाँ अधिक प्रभावात्मकता है। अधिकांश निबन्धों को ब्रह्मस्वरूप शर्मा ने स्मृति अथव पूर्व दीप्ति शैली में लिखा है। जिस व्यक्ति ने अपने जीवन का अधिकांश भाग अण्डमान में बिताया हो, पेड़-पौधों से बातें की हो, नदी-झरनों का संगीत सुना हो, सेल्यूलर जेल की भयावहता को रोज निहारा हो, आदि मानवों के जीवन को करीब से देखा हो, अगर वह 'आँखों देखा अण्डमान' लिखे तो निश्चित रूप से उसके अनुभवों में अन्य की अपेक्षा अधिक गहरायी होगी। डॉ. शर्मा की पुस्तक 'आँखों देखा अण्डमान' यहाँ की जीवन-शैली, रीति-नीति, आचार-विचार, मान्यता-सिद्धान्त, सुन्दरता-कुरूपता, स्नेह-सौहार्द को बड़ी सहजता और स्वाभाविकता के साथ प्रस्तुत करने में इसीलिए

सक्षम है। हवाई जहाज, जलयान या बस से यात्रा करते हुए लेखक के मानस-पटल पर अण्डमान-निकोबार की छवियाँ उभरती हैं, कोई घटना या कोई समस्या या कोई पीड़ा उसे बेचैन करती है और इस तरह एक निबन्ध अपनी पूर्णता पा लेता है। यद्यपि इस संग्रह में अण्डमान और निकोबार दोनों ही के आकर्षक रूप हैं, स्नेह-सौख्य और सौहार्द का अद्भुत वर्णन है, यहाँ के निवासियों की अनगिन समस्याओं का अनुभव सम्पन्न आख्यान है। व्यावहारिक समाधान है, रहन-सहन और सांस्कृतिक प्रदाय का विवेचन है तथापि इसका शीर्षक 'आँखों देखा अण्डमान' न केवल चौंकाता है बल्कि प्रथम-दृष्टया यह सोचने पर विवश भी करता है कि क्या यह केवल 'अण्डमान' पर लिखी गयी पुस्तक है? निकोबार पर नहीं?

'आँखों देखा अण्डमान' का पहला निबन्ध है–जरवा। इसमें एक विचारक की दृष्टि जरवा जनजाति के माध्यम से आदि मानव की समस्याओं का समाधान ढूँढ़ती है। संस्कृति की गतिशीलता का आख्यान प्रस्तुत करती है। जारवा जनजाति को मुख्य धारा से जोड़ने के क्रम में नृतत्वशास्त्र की अपेक्षा समाजशास्त्र को स्वीकार करती है। लेखक का विचार है–"जारवाओं को सभ्य करना ही होगा उन्हें समाज की मुख्यधारा से जोड़ना होगा। नृतत्वशास्त्र शेष हो, हो जाये, हम उसे समाजशास्त्र से जोड़कर पढ़ लेंगे। वैसे भी आजकल अन्तर अनुशासनिक दृष्टि की विलक्षणता से उगले हुए को निगलकर पुन: उगला जा सकता है।" ('आँखों देखा अण्डमान', पृष्ठ 9) 'पर्यटन' निबन्ध में मायाबन्दर की सुन्दरता का उल्लेख है। पोर्टब्लेयर की तुलना में मायाबन्दर के छैल-छबीले और मस्ती भरे रूप की कल्पना है। लेखक को आपत्ति है कि इन द्वीपों में चारों ओर सुन्दरता बिखरी है किन्तु इस सौन्दर्य-पुंज को निहारने की अपेक्षा उसके 'कालापानी' रूप को अधिक महिमा मण्डित किया गया है– "अण्डमान की 'कालापानी' रूप में ख्याति के लिए अण्डमानवासी भी कम दोषी नहीं हैं। सेल्यूलर जेल को इतना अर्थाया-गहराया गया कि उसके बाहर का अण्डमान उसकी गहमागहमी में विलीन-सा हो गया। राष्ट्रीय स्मारक सेल्यूलर जेल, पुण्य-स्थली है। इसका महत्त्व अक्षुण्ण है किन्तु इसके बाहर का अण्डमान भारत की अपनी प्रतिमूर्ति है। इसी प्रति मूर्ति के कारण इसे 'मिनी इंडिया' या 'लघु भारत कहा जाता है। मायाबन्दर इस लघु भारत का एक उद्यान है और एबिस द्वीप उस उद्यान का दुबका-छिपा एक कोना।" (वही, पृष्ठ 15)

'विस्थापित' शीर्षक निबन्ध अपने लघु कलेवर में विराट चिन्तन समाहित किये हुए है। मूल से कटने और अण्डमान में जाकर बसने के माध्यम से त्रिनिदाद, टोबैगो, फिजी और मॉरीशस को याद कर मानव संघर्ष और जिजीविषा को प्रस्तुत किया गया है। द्वीपों की सामाजिक सहिष्णुता, समन्वयवादी, संस्कृति साम्प्रदायिक सद्भाव

और सौहार्द का सोदाहरण प्रस्तुतीकरण है। "आगरा में जब अंगूर उगाया जा सकता है तो पोर्टब्लेयर के आसपास के गाँवों में प्याज-आलू क्यों नहीं उगाया जा सकता है।" "फूलगोभी, पत्तागोभी और टमाटर जब किचन गार्डन की शोभा बन सकते हैं तब जमकर उनकी खेती क्यों नहीं की जा सकती है।" जैसे प्रश्न 'सब्जी-फल' शीर्षक निबन्ध में उठाये गये हैं। सब्जी और फल की किल्लत तथा कीमत को इस संग्रह के अन्य निबन्धों में भी चिन्ता का विषय बनाया गया है। इस चिन्ता में प्रत्येक द्वीपवासी की चिन्ता उभरती है। अभाव ग्रस्तता पीड़ित करती है, तोड़ती और कमजोर बनाती है। इतना ही नहीं आवागमन की समस्या, विकरालता तथा अनिश्चितता के भँवर में फँसे दीपवासियों की पीड़ा को एक द्वीपवासी ही अच्छी तरह अनुभव कर सकता है। 'आवागमन' निबन्ध में डॉ. ब्रह्मस्वरूप शर्मा ने आने-जाने की कठिनाइयों का यथार्थ उल्लेख किया है–"टिकट न मिलने पर यात्री को अण्डमान में रहने का जो अभिशाप झेलना पड़ता है, इसका अनुमान मुख्यभूमि में रहकर नहीं लगाया जा सकता। वहाँ विकल्प हैं रेल नहीं तो बस, बस नहीं तो टैक्सी। यदि वह सब भी नहीं तो अपना ही कोई साधन। यहाँ तो यह सब भी सम्भव नहीं। ऐसी स्थितियाँ भी आती हैं कि विमान जाने की आर्थिक क्षमता होने पर भी यात्रा सम्भव नहीं हो पाती। पैसा नकारा हो जाता है। निश्चित विमान उड़ान स्थगित या रद्द हो गयी होती है। कभी-कभी समस्त प्रयत्नों के बावजूद एक टिकट भी नहीं मिल पाता। मालूम होता है कि अगले 30-40 दिन तक कोई सीट खाली नहीं। रुपये की ऐसी लाचारी शायद ही कहीं देखने को मिले।" ('आँखो देखा अण्डमान', पृष्ठ 26) इसके साथ ही यह भी कि "यहाँ सबको, सबकी चिन्ता है, किन्तु किसी को किसी की नहीं।" (वही, पृष्ठ 27)

संग्रह के बीसों निबन्ध अनुभव से पुष्ट और वैचारिकता से युक्त हैं। विषय-विस्तार के कारण पुनरावृत्ति बहुत है। सम्भव है स्मृति के आधार पर लिखे जाने के कारण वही बातें बार-बार मानस पटल पर उभर आती हों। शिल्प बेजोड़ है।

'निराला-काव्य : शैली वैज्ञानिक विश्लेषण' का प्रकाशन-वर्ष 2002 है। व्यास मणि त्रिपाठी की यह शोधालोचना कृति सार्थक प्रकाशन, 100 ए, गौतमनगर, नयी दिल्ली से प्रकाशित है। चूँकि शैली विज्ञान हिन्दी समीक्षा का एक स्थापित काव्यानुशासन है। इसलिए काव्य भाषा के बहुविधि प्रयोक्ता निराला की कविताओं का शैली वैज्ञानिक विश्लेषण एक उपयुक्त विषय प्रतीत हुआ है। शैली विज्ञान की दृष्टि से निराला के काव्य का समग्र मूल्यांकन और उसके नये आयामों की खोज की जिज्ञासा इस अध्ययन के मूल में है। इसमें साहित्यिक शैली वैज्ञानिक सिद्धान्तों का अनुपालन मुख्य रूप से हुआ है–काव्यशास्त्रीय और व्याकरणिक सिद्धान्तों का

न्यूनतम। शैली विज्ञान के सुनिश्चित प्रतिमानों के आधार पर तथा निराला की भाषा के भीतर से उभरने वाले नये सिद्धान्तों को अपनाकर काव्य-विश्लेषण का यह प्रयास है। निराला की शैली के विश्लेषण के माध्यम से ही व्यक्तित्व, विषय-बोध तथा कथ्य की विशिष्टता उद्‌घाटित करने की चेष्टा है।

'निराला-काव्य : शैली वैज्ञानिक विश्लेषण' में कुल आठ अध्याय हैं। प्रथम अध्याय 'शैली विज्ञान की अवधारण' से सम्बन्धित है। इसके पहले और दूसरे खण्ड में 'शैली' और 'रीति' को अलग-अलग अनेक दृष्टियों से परिभाषित कर रीति और शैली में साम्य-वैषम्य स्थापित करने की चेष्टा की गयी है। तीसरे खण्ड में शैली विज्ञान नामकरण के विवाद का समाधान और उसका स्वरूप तथा मंतव्य स्पष्ट किया गया है। चौथे खण्ड में भारतीय काव्य शास्त्र और शैली विज्ञान के सम्बन्धों पर विचार हुआ है। शैली विज्ञान, भाषा के माध्यम से कृति का विश्लेषण करता है इसलिए यह आवश्यक समझा गया है कि निराला की भाषिक दृष्टि का अवलोकन करने के लिए आधुनिक हिन्दी काव्य-भाषा पर दृष्टिपात कर लिया जाये इसीलिए द्वितीय अध्याय 'आधुनिक हिन्दी काव्य भाषा और निराला की भाषिक दृष्टि' है। तृतीय अध्याय 'विचलन या विपथन' में यह दिखाने का प्रयत्न है कि निराला ने किस प्रकार ध्वनि, शब्द, रूप, वाक्य और अर्थस्तर का विचलन कर भावाभिव्यक्ति को विशिष्ट बनाने तथा अर्थगर्भता लाने की कोशिश की है। चतुर्थ अध्याय 'चयन' में निराला की चयन-दृष्टि का अध्ययन है। पंचम अध्याय 'समान्तरता' में यह दिखाने की चेष्टा की गयी है कि निराला ने क्रमशः ध्वनि, शब्द, रूप, वाक्य, अर्थ, प्रोक्ति और लेखिम स्तर के समान्तरित प्रयोग द्वारा अपनी अनुभूति को किस तरह संवेद्य बनाया है। 'अप्रस्तुत विधान' नामक षष्ठम् अध्याय में अभिव्यक्ति की ग्राह्यता के लिए अप्रस्तुतों की भूमिका का उल्लेख है। सर्वप्रथम मूर्तता-अमूर्तता के रूप में फिर व्याकरणिक रूप में अप्रस्तुतों के कलात्मक प्रयोग का विश्लेषण है। साम्य विधान के रूप में प्रभाव साम्य, रूप साम्य, साधर्म्य, व्यंग्य साम्य और काल्पनिक साम्य की दृष्टि से निराला की कविताओं पर विचार हुआ है। सप्तम अध्याय 'प्रतीक' में प्रतीक को परिभाषित कर बिम्ब और मिथक से अलगाते हुए इसकी काव्यात्मक उपयोगिता पर विचार किया गया है।

भाषिक सर्वेक्षण की एक महत्त्वपूर्ण उपलब्धि के रूप में डॉ. रामकृपाल तिवारी की पुस्तक 'अण्डमान निकोबार की जनजातीय बोलियों का भाषिक अध्ययन' साक्षी प्रकाशन, नवीन शाहदरा, दिल्ली से सन् 2003 में प्रकाशित हुआ है। अण्डमान तथा निकोबार द्वीप समूह की छह जनजातियों की बोलियों का हिन्दी में भाषिक अध्ययन प्रस्तुत करना न केवल एक कठिन और श्रमसाध्य बल्कि समयसाध्य कार्य है जिसे

पूरा कर डॉ. तिवारी ने अण्डमान निकोबार की जनजातियों को हिन्दी पाठकों के काफी नजदीक लाकर खड़ा कर दिया है। इससे "हिन्दी पाठकों के परिचय का क्षेत्र तो व्यापक और विस्तृत हुआ ही है। जनजातीय संस्कृति और सरोकारों की पहुँच भी दूरगामी हुई है।" ('सृजन और समीक्षा', व्यास मणि त्रिपाठी, पृष्ठ 139) इस तरह यह पुस्तक भाषा शास्त्रीय विवेचन के साथ-ही-साथ सामाजिक दायित्व का निर्वहन भी है।

'अण्डमान निकोबार की जनजातीय बोलियों का भाषिक अध्ययन' में कुल सात अध्याय हैं। प्रथम अध्याय 'विषय-प्रवेश' में द्वीप समूह की बोलियों (जनजातीय एवं सम्पर्क भाषा हिन्दी) का सामान्य परिचय है। जनजातीय बोलियों के अन्तर्गत अण्डमान वर्ग की बोली एवं निकोबार वर्ग की बोली जैसा विभाजन है। अण्डमान वर्ग में निग्रेटो नस्ल की प्रजातियों ग्रेट अण्डमानी, ओंगी, जारवा, सेंटिनली की बोलियों का वर्णन है तो निकोबार वर्ग में मंगोलनस्लीय निकोबार और शोम्पेनी का। इसी अध्याय में यह दावा किया गया है कि "वर्णनात्मक भाषा विज्ञान की दृष्टि से अण्डमान-निकोबार द्वीप समूह की बोलियों का यह कदाचित प्रथम वैज्ञानिक विवेचन है।" ('अण्डमान तथा निकोबार की जनजातीय बोलियों का भाषिक अध्ययन', पृष्ठ 11)। साथ ही यह भी स्वीकारा गया है कि "इस अध्ययन में वर्णनात्मक भाषा विज्ञान के समस्त नवीनतम उपकरणों का प्रयोग नहीं किया जा सका है।" (पृष्ठ वही। डॉ. तिवारी ने अपने अनुभवों एवं निष्कर्षों को साक्ष्यांकित करने के लिए स्थान-स्थान पर जार्ज ग्रियर्सन, सुनीति कुमार चटर्जी, भोलानाथ तिवारी एवं ई.एच. मान को सन्दर्भित किया है। द्वीप समूह की बोलियों में ध्वनि का स्वरूप' ग्रन्थ का दूसरा अध्याय है। इसमें जनजातीय बोलियों की ध्वनिगत विशेषताओं का निरूपण करने के लिए ध्वनि विज्ञान की तकनीकों का सहारा लिया गया है। तीसरे अध्याय में 'द्वीप समूह की बोलियों का रूपपरक विश्लेषण' है। रूपिम अन्वेषण के तीन मुख्य आधार हैं–रचना और प्रयोग, सम्बन्ध तत्त्व, अर्थ और कार्य। इस अध्याय में इनका सम्यक निर्वहन हुआ है। आलोच्य ग्रन्थ का चौथा अध्याय क्रियापद से सम्बन्धित है। इसमें यह बताया गया है कि निकोबारी बोली में पहले क्रिया का प्रयोग होता है बाद में अन्य पदों का व्यवहार किया जाता है। इस पुस्तक में यह स्थापना की गयी है कि काल, वचन, लिंग आदि की दृष्टि से द्वीप समूह के क्रिया पद हिन्दी क्रियाओं के सन्निकट हैं। पाँचवा अध्याय 'द्वीप समूह की बोलियों में वाक्य रचना' से सम्बन्धित है। डॉ. तिवारी का मानना है कि जनजातीय बोलियों की वाक्य रचना सुगठित एवं आकार (शब्दों की संख्या) में छोटी है। कहीं-कहीं लम्बे वाक्य भी प्रयुक्त होते हैं। 'शब्द समूह' का अध्ययन छठे अध्याय में

किया गया है। सातवें अध्याय में निष्कर्षात्मक टिप्पणियाँ हैं। जनजातियों के गीत एवं सांस्कृतिक परिदृश्य परिशिष्ट में देकर भाषिक अध्ययन को पूर्णता प्रदान की गयी है।

'रामचन्द्रिका में नाट्य तत्त्व' साक्षी प्रकाशन, नवीन शाहदरा, दिल्ली से 2003 में प्रकाशित हुआ है। इसके लेखक व्यास मणि त्रिपाठी हैं। इनका मानना है कि मध्यकाल में हिन्दी भाषा में विशुद्ध रूप में नाटकों की रचना नहीं हुई। दरबारी एवं स्वतन्त्र कवियों ने काव्यमय धार्मिक नाटकों की रचना की। केशव ने भी विशुद्ध रूप में नाटकों का प्रणयन नहीं किया है अपितु अपनी नाट्-य-दृष्टि का उपयोग तत्युगीन ढर्रे पर किया है। केशव की नाट्य-दृष्टि का अध्ययन ही इस पुस्तक में किया गया है–वह भी रामचन्द्रिका को आधार बनाकर। जाहिर है रामचन्द्रिका के संवादों की प्रशंसा प्राय: सभी आलोचक करते हैं लेकिन संवाद जिसका अंग है–वह मुख्य विशेषता है–नाटकीयता। संवादों पर रीझने वाले आलोचकों ने केशव-काव्य में नाटकीयता के समावेश की योजना का संकेत तो किया है किन्तु उसका नाट्यतत्त्व के आधार पर विवेचन नहीं। संवादात्मकता नाटकीयता की एक विशेषता है। उसकी पूर्ण पहचान नहीं। अत: रामचन्द्रिका की संवादात्मकता के अतिरिक्त उसकी पूरी बुनावट में प्रविष्ट होकर उसकी नाटकीयता का अध्ययन किया गया है।

'रामचन्द्रिका में नाट्यतत्त्व' पुस्तक में पाँच अध्याय हैं। प्रथम अध्याय में मध्यकालीन हिन्दी साहित्य में नाट्य की स्थिति पर विचार किया गया है। यह आम धारणा है कि हिन्दी नाटक आधुनिक युग की देन है किन्तु नाटकीय बीज हिन्दी साहित्य में प्रारम्भ काल से ही अंकुरित होते आये हैं जिनको पुष्पित और पल्लवित करने का श्रेय आधुनिक युग में दिया जाना चाहिए। इसमें यह देखने का प्रयास किया गया है कि संस्कृत नाट्-य-परम्परा के ह्रास के पश्चात जनभाषा का क्या रूप बना? जनभाषा में नाटक रचना की सम्भावनाओं और प्रक्रिया पर प्रकाश डाला गया है। हिन्दी साहित्य के मध्यकाल में नाटक का विकास हुआ अथवा नहीं! हिन्दी नाटक का स्वरूप क्या रहा आदि बातों पर प्रथम अध्याय में विचार हुआ है। काव्यनाटक के रूप में रामचन्द्रिका का अध्ययन दूसरे अध्याय में है। काव्य और नाटक सम्बन्धी मान्यताओं के स्पष्टीकरण के पश्चात काव्यनाटक नामकरण की सार्थकता पर विचार किया गया है। गद्यनाटक और काव्यनाटक के अन्तर को रेखांकित करने का प्रयास भी हुआ है। काव्यनाटक की विशेषताएँ क्या हैं? रामचन्द्रिका को क्या काव्यनाटक कहा जा सकता है? आदि प्रश्नों पर विचार करते हुए इस निष्कर्ष पर पहुँचा गया है कि केशव ने कथा का विस्तार नहीं किया है अपितु अनावश्यक प्रसंगों की काट-छाँट की है जिससे अभिनेयता स्वयमेव आ गयी है। उन्होंने प्रत्येक घटना

और पात्र की प्रस्तुति श्रव्यकाव्य के रूप में न कर नाटक के रूप में की है। तुलसीदास के यहाँ मानवीय भावनाओं की अभिव्यक्ति है तो केशव के यहाँ कार्य व्यापार पर ज्यादा जोर है। तीसरे अध्याय में रामचन्द्रिका के नाट्यशास्त्रीय तत्त्वों का अध्ययन है। कथावस्तु, पात्र-योजना, अभिनय, गीत, नृत्य, वाद्य आदि के साथ रस की परिकल्पना पर भी विचार किया गया है। भाषा, अभिनय, वर्ण्य-विषय तथा अन्य आधारों पर पाठ्य के भेदों का उल्लेख करते हुए रामचन्द्रिका के 212 पाठ्य-प्रसंगों की चर्चा चौथे अध्याय में है। रामचन्द्रिका को रामलीला की परम्परा में देखने का प्रयास पाँचवें अध्याय में है। रामचन्द्रिका में नौटंकी आदि अन्य लोकनाट्यों की सम्भावना पर भी विचार किया गया है।

'अण्डमान का साहित्य और जनसंस्कृति' का प्रकाशन सन् 2007 में कंचन प्रकाशन, दिल्ली से हुआ है। साहित्य के अनुशीलन द्वारा जनसंस्कृति का अन्वेषण डॉ. रमेश कुमार का उद्देश्य रहा है। उन्होंने इसके लिए मुख्यत: हिन्दी साहित्य कला परिषद द्वारा प्रकाशित पुस्तकों 'अण्डमान की हिन्दी कविता' (डॉ. व्यास मणि त्रिपाठी), 'अण्डमान के हिन्दी कवि' (सं. सुरेशनन्दन प्रसाद सिंह), 'चश्मदीद गवाह है यह' (ईश्वरी प्रसाद गौड़), 'दीपायन' (जगदीश नारायण राय) 'आँखों देखा अण्डमान' (डॉ. ब्रह्म स्वरूप शर्मा), 'अण्डमान तथा निकोबार की लोक कथाएँ' (सं. लीलाधर मंडलोई), 'अण्डमान के हिन्दी कहानीकार' (सं. डॉ. व्यास मणि त्रिपाठी) 'कालापानी' (ईश्वरी प्रसाद गौड़), 'खामोशी' (डी.एम. सावित्री) तथा 'द्वीपलहरी' पत्रिका (सम्पादक व्यास मणि त्रिपाठी) को आधार बनाया है। इन पुस्तकों में अन्तर्निहित जनसंस्कृति को उभारने की दृष्टि से रमेश कुमार ने जो श्रमसाध्य कार्य किया है उसी का परिणाम है 'अण्डमान का साहित्य और जनसंस्कृति'। इसमें प्राक्कथन और सन्दर्भ-ग्रन्थ सूची छोड़कर कुल छह अध्याय हैं। पहला अध्याय है–'अण्डमान-निकोबार द्वीपों का इतिहास बोध और भौगोलिक परिचय'। इसमें उपर्युक्त संग्रहों से उद्धृत कविताओं के आलोक में, अण्डमान द्वीप, निकोबार द्वीप, वाइपर द्वीप, रास द्वीप, हम्फ्रीगंज आदि को देखने की कोशिश की गयी है। पुस्तक के दूसरे अध्याय 'अण्डमान-निकोबार की प्रकृति का अनूठा सौन्दर्य' में रमेश कुमार ने यह माना है कि "अण्डमानी कविता का मूल स्वभाव उसका प्राकृतिक सौन्दर्य ही है। प्रकृति प्रेम और सौन्दर्य के बिम्बों का आधिक्य कविता में देखा जा सकता है।" (पृष्ठ 27) इसी सन्दर्भ में लेखक ने पर्यावरण प्रदूषण तथा प्रकृति की विषमता की ओर भी ध्यान आकृष्ट किया है। मनुष्य की जिजीविषा शक्ति की तलाश में उसकी नजर व्यास मणि त्रिपाठी की कविता 'दूब की तरह' पर पड़ी है। उसकी टिप्पणी है–"डॉ. व्यास मणि त्रिपाठी की 'दूब की

तरह' एक महत्त्वपूर्ण रचना है। कविता में दूब के अनेक कार्य-व्यापारों का वर्णन हुआ है। यहाँ दूब मनुष्य की जिजीविषा का प्रतीक है जो बार-बार उखड़ने, उजड़ने और दबने के बाद भी अपना अस्तित्व बनाये रखती है। दूब को उखाड़ने तथा जलाने के बाद भी वह हरी-भरी हो जाती है। यह दमनकारी के दमन से जड़ नहीं हो जाती, बल्कि उसके नये-नये हाथ चुनौती देने लगते हैं–नये-नये हाथ/देते हैं चुनौती/उन्हें/जो मारने में लगे हैं/मनुष्यता/दूब की तरह।" (पृष्ठ 40)

डॉ. रमेश कुमार की इस पुस्तक का तीसरा अध्याय है–'अण्डमान-निकोबार का सामाजिक परिवेश और युग बोध'। इसके विश्लेषण का आधार भी उपर्युक्त कविता पुस्तकें ही हैं। डॉ. ब्रह्मस्वरूप शर्मा की पुस्तक 'आँखों देखा अण्डमान' का विवेचन चौथे अध्याय में है। पाँचवें अध्याय के लिए 'आदिम समाज की लोककथाओं को चुना गया है। 'कहानी में व्यक्त अण्डमान' को छठे अध्याय में रखा गया है। लेखक का मानना है कि "अण्डमान के कथा साहित्य में अण्डमान का अतीत और वर्तमान देखा जा सकता है।" (वही, पृष्ठ 102) आलोच्य कहानियों में विषय का वैविध्य यहाँ की सामाजिकता और सांस्कृतिक चेतना को तो प्रकट करता ही है मानव-जीवन से जुड़ी समस्याओं की ओर संकेत भी करता है।

13 निबन्धों में कबीर से लेकर महाप्राण निराला तक के प्रमुख कवियों और महत्त्वपूर्ण कृतियों पर सार्थक विमर्श की दृष्टि से लिखी गयी पुस्तक 'कबीर से निराला तक : एक मूल्यांकन' का प्रकाशन मनु प्रकाशन, ईस्ट रोहतास नगर, दिल्ली से सन् 2007 में हुआ है। व्यास मणि त्रिपाठी की इस पुस्तक का पहला लेख 'कबीर की क्रान्तिकारी चेतना है। इसमें कबीर के क्रान्तिकारी व्यक्तित्व को रेखांकित करते हुए लिखा गया है कि–"कबीर बेहद्दी मैदान के फक्कड़ घुमक्कड़ थे। स्वाधीन चेतना के पुरुष थे। हदों में बँधना उन्हें स्वीकार नहीं था। बँधन चाहे शारीरिक हो या मानसिक या सांसारिक वे सभी से मुक्ति चाहते थे, क्योंकि उनका विश्वास था कि दासत्व मनुष्यत्व के मार्ग में सबसे बड़ी बाधा है।" (पृष्ठ 14)। इस पुस्तक का नामकरण 'कबीर से निराला' करने के पीछे उद्देश्य यही रहा है कि इन दोनों में काफी कुछ समानता रही है। दोनों क्रान्तिकारी और मानवतावादी कवि के रूप में प्रतिष्ठित हैं। इस पुस्तक की समीक्षा करते हुए डॉ. कृष्ण गोपाल मिश्र ने लिखा है–"समीक्ष्य ग्रन्थ में संकलित आलेखों की प्रेरक पृष्ठभूमि एवं प्रयोजन के सन्दर्भ में डॉ. व्यास मणि त्रिपाठी ने स्पष्ट किया है–"मानवीय संवेदनाओं के क्षरण, मूल्यों के अध:पतन, सांस्कृतिक प्रदूषण तथा रागात्मक सम्बन्धों में कृत्रिमता के मिश्रण से उपजी अनास्था एवं अविश्वास की भावना के कारण जब मानव असहाय और अकेला महसूस करता है तब कविताएँ अपने आँचल की छाँव देकर उसमें नवस्फूर्ति

एवं नवप्राण भरती हैं। नवचेतना तथा नवजीवन देती हैं। दया, माया, ममता, मधुरिमा और अगाध विश्वास भरकर मानव-संवेदनाओं का विस्तार करती हैं। इसी तथ्य के सन्धान में मेरी दृष्टि कई महान कवियों तथा उनकी रचनाओं पर गयी है। यह पुस्तक उसी आलोक का परिणाम है। रचनाओं का युग-परिवेश तथा उसी परिप्रेक्ष्य में उनका चिन्तन उजागर करना भी इसका उद्देश्य रहा है।" (प्राक्कथन) इस प्रकार इस आलेख संग्रह का हेतु और प्रयोजन काव्य की चिरन्तन शक्ति और कवि की रचनात्मक सामर्थ्य को युगीन सन्दर्भों में विश्लेषित करना रहा है।"

'कबीर से निराला तक : एक मूल्यांकन' का दूसरा निबन्ध है–'जायसी का पद्मावत : मानव मूल्यों का रचनात्मक आयाम'। इसमें व्यास मणि त्रिपाठी ने यह स्थापित किया है कि "जायसी प्रेम की उदात्त कल्पना करते हैं, जहाँ न छल है, न छद्म है, न शंका है, न अविश्वास बल्कि सभी प्रकार की संकीर्णताओं से मुक्त आनन्द लोक है, जिसमें मानव मूल्यों की व्यापकता है।" (पृष्ठ 34) 'जन जीवन का यथार्थ और सूर का काव्य' शीर्षक लेख में मध्ययुग की सामाजिक-राजनीतिक परिस्थितियों का तथ्यपूर्ण रेखांकन है। 'तुलसी का लोक-चिन्तन' शीर्षक लेख तुलसी-साहित्य में अंकित लोक जीवन की चिन्ताओं पर गम्भीर दृष्टि देता हुआ लोकमंगल का स्थायी पथ निर्देशित करता है। 'संघर्ष और मुक्ति की कवयित्री मीराबाई' में व्यास मणि त्रिपाठी ने मीरा की ऊर्ध्व चेतना और रुढ़ियों के प्रति प्रबल विद्रोह की भावना का तथ्यपरक रेखांकन किया है। 'मानवीय संवेदना और मूल्यों के कवि रहीम' शीर्षक आलेख न केवल महाकवि रहीम के जीवन-संघर्ष पर प्रकाश डालता है अपितु उनकी भारतीयता, समन्वयशीलता और मानव-मूल्य पोषित सहृदयता से सम्पुष्ट, साहित्य की भी हृदयग्राही विवेचना प्रस्तुत करता है। 'रसखान का प्रेम दर्शन' आलेख में रसखान की रचनाओं के आधार पर वास्तविक प्रेम की व्याख्या हुई है। 'केशव काव्य में नाट्य दृष्टि और रामचन्द्रिका' शीर्षक लेख के बारे में कृष्ण गोपाल मिश्र की टिप्पणी है–"डॉ. त्रिपाठी के इस लेख का निष्कर्षात्मक अभिमत रामचन्द्रिका के समीक्षात्मक अध्ययन की नयी दिशा अनावृत्त करता है। साथ ही अन्य महाकाव्यों/प्रबन्ध काव्यों के सन्दर्भ में भी आवश्यकतानुसार नाट्य तत्त्वों के अनुसन्धान की आवश्यकता निरूपित करता है।" 'सामन्ती परिवेश और बिहारी सतसई' लेख 'बिहारी सतसई' में लोक जीवन की बहुरंगी छवियों का गवेषणात्मक अध्ययन है। घनानन्द केन्द्रित आलेख में विरह-भाव वर्णन की मार्मिकता का हृदय स्पर्शी सौन्दर्यांकन है। 'मैथिलीशरण गुप्त का जयभारत : मानव महिमा का आख्यानक' शीर्षक लेख यह स्थापित करने का प्रयास है कि गुप्त जी की प्रतिभा का श्रेष्ठ निदर्शन 'जय भारत' भी है लेकिन इसकी चर्चा का कम होना

अखरता है। 'प्रसाद का आँसू : वैयक्तिक वेदना की पृष्ठभूमि में लोक मंगल की भावना' शीर्षक लेख यह स्थापित करता है कि 'आँसू' में प्रसाद की वैयक्तिक वेदना का अपार विस्तार लोक मंगल की कामना को समाविष्ट किये हुए है। 'निराला का संरचना-विमर्श' शीर्षक लेख एक ओर जहाँ निराला की रचना-दृष्टि और समीक्षक-सामर्थ्य को इंगित करता है तो दूसरी ओर आलोचना की समग्रता के महत्त्व को रेखांकित करता है। ग्रन्थान्त में परिशिष्ट के अन्तर्गत 'सुमित्रानन्दन पन्त का मानवतावाद' और 'कविता के बदलते आयाम-सन्दर्भ बीसवीं सदी का अन्तिम दशक' शीर्षक लेख दिये गये हैं। इनमें प्रथम आलेख महाकवि पन्त के काव्य में अभिव्यक्त मानवीय महत्ता का प्रकटीकरण है तो द्वितीय आलेख हिन्दी कविता की परिवर्तित स्थिति पर सतर्क विवेचन है। इस तरह 'कबीर से निराला तक : एक मूल्यांकन' शीर्षक ग्रन्थ हिन्दी कविता और भारतीय समाज की सतत परिवर्तनशील प्रकृति का प्रामाणिक अभिलेख है जिसमें मूल्य चेतना का सातत्य सर्वत्र सुलभ है।

हिन्दी साहित्य कला परिषद, पोर्टब्लेयर से प्रकाशित एवं व्यास मणि त्रिपाठी द्वारा सम्पादित 'आचार्य हजारी प्रसाद द्विवेदी : व्यक्तित्व एवं कृतित्व' का प्रकाशन 2008 में हुआ है। इस पुस्तक में डॉ. राजेन्द्र परदेसी, सुश्री ज्योति चौधरी, प्रो. रामदेव शुक्ल, डॉ. श्रीकान्त उपाध्याय, डॉ. शम्भुनाथ, प्रो. कृष्णदत्त पालीवाल, डॉ. हरदयाल, डॉ. परमानन्द श्रीवास्तव, डॉ. वेदप्रकाश अमिताभ, डॉ. ब्रह्मस्वरूप शर्मा, प्रो. शेरसिंह बिष्ट, प्रो. रामचन्द्र तिवारी, डॉ. जगत सिंह बिष्ट, डॉ. रामकृपाल तिवारी, डॉ. जयप्रकाश पाण्डेय, डॉ. भारतेन्दु मिश्र, डॉ. शैलेन्द्र कुमार त्रिपाठी, डॉ. हरेराम पाठक, डॉ. जयश्री शुक्ल, डॉ. दुक्खी शुक्ल, डॉ. चन्द्रकान्त वांदिवडेकर, डॉ. राजेन्द्र गौतम, डॉ. व्यास मणि त्रिपाठी, जयबहादुर शर्मा, प्रो. कृष्ण मुरारे मिश्र तथा डॉ. विजय कुमार पाठक के लेख शामिल हैं। इन लेखों में अभिव्यक्त विचारों का सारांश यह है कि 'मनुष्य' को ही साहित्य का लक्ष्य मानने वाले आचार्य हजारी प्रसाद द्विवेदी का सम्पूर्ण साहित्य मनुष्यता के जयघोष की गाथा है। परम्परा और आधुनिकता के आलोक में संस्कृति की नयी व्याख्या है। सांस्कृतिक संवेदना के विस्तार में मानवीय मूल्यों की पड़ताल है। 'शास्त्र' और 'लोक' में लोकग्राह्यता के प्रति आग्रह है। इतिहास, पुराण और उपनिषदों में निहित विचार, चिन्तन और सन्देशों तथा उपदेशों का मानवोचित विश्लेषण है। इसी परिप्रेक्ष्य में द्विवेदी जी की दृष्टि 'सूरदास' से होती हुई 'कबीर' पर जा टिकती है। कबीर उनके चिन्तन के असली वाहक नजर आते हैं। यह बात अलग है कि वे तुलसीदास पर भी एक पुस्तक लिखने की योजना बना रहे थे लेकिन महाकाल ने ऐसा होने नहीं दिया। कहने का अभिप्राय यह है कि द्विवेदी जी के चिन्तन में 'मनुष्य' है और इसीलिए वे उन सभी तत्त्वों पर

नवीन ढंग से विचार करते हैं जो मनुष्यता के हित में हैं। वे रूढ़ियों, अन्धविश्वासों तथा दकियानूस विचारों का विरोध करते हैं। आँख मूँदकर किसी सिद्धान्त अथवा मतवाद की ग्राह्यता का खण्डन करते हैं। जरूरत पड़ने पर काव्य में लोकमंगल के आग्रही आचार्य शुक्ल के कथनों से टकराते भी हैं। इस तरह आचार्य द्विवेदी जिस प्रभामण्डल का निर्माण करते हैं, उसमें 'कुटज' का व्यक्तित्व है, बाणभट्ट का अगाध पाण्डित्य है, कबीर की फक्कड़ मस्ती है तथा रैक्व की जनभावना है। इस पुस्तक में आचार्य द्विवेदी के व्यक्तित्व-कृतित्व के इन्हीं पक्षों पर लेख हैं।

'महादेवी वर्मा : व्यक्तित्व और कृतित्व' पुस्तक का सम्पादन व्यास मणि त्रिपाठी ने किया है जो सन् 2008 में हिन्दी साहित्य कला परिषद, पोर्टब्लेयर द्वारा प्रकाशित किया गया है। इसमें सुश्री ज्योति चौधुरी, जयबहादुर शर्मा, प्रो. कृष्णदत्त पालीवाल, डॉ. जगतसिंह विष्ट, प्रो. परमानन्द श्रीवास्तव, प्रो. रामदेव शुक्ल, डॉ. शैलेन्द्र कुमार शर्मा, डॉ. देवेन्द्र चौबे, डॉ. जनार्दन, डॉ. विनय कुमार पाठक, डॉ. राजेन्द्र गौतम, डॉ. व्यास माण त्रिपाठी, डॉ. सुरेन्द्र वर्मा, डॉ. शैलेन्द्र कुमार त्रिपाठी, डॉ. सन्त प्रसाद राय, डॉ. के. मुहम्मद, डॉ. राम कृपाल तिवारी, डॉ. हरदयाल, प्रो. शेरसिंह बिष्ट, राजेन्द्र परदेसी, डी.एम. सावित्री, डॉ. हरेराम पाठक तथा जयप्रकाश पाण्डेय के लेख शामिल हैं। इन लेखों में शामिल विचारों का निष्कर्ष यह है कि महादेवी वर्मा विघटित जीवन-मूल्य अनास्था एवं निराशा के युग में निर्वात, निष्कम्प दीपशिखा की भाँति आशा, आस्था एवं उल्लास का संचार करने वाली कवयित्री हैं। वे अश्रुगायिका हैं लेकिन उनकी वेदना में 'परार्थ' का भाव निहित है। उनकी कविताओं में तिमिर में स्वर्ण वेला की तलाश है, मुरझाये फूलों पर सन्ध्या के रंग जमाने की कामना है, अपने को गलाकर पृथ्वी को शीतलता प्रदान करने का भाव है, अन्याय और अमंगल के विरुद्ध प्राप्ति की चेतना है, मानवता के जयघोष की गाथा है इसीलिए महादेवी की पीड़ा, वेदना, दुख और अलौकिक प्रिय के पति प्रणय-निवेदन की एक पक्षीय व्याख्या तर्क संगत नहीं है। उसे समष्टि और व्यापकता में देखने की जरूरत है। महादेवी के काव्य से कम प्रौढ़ उनका गद्य भी नहीं है। उनके गद्य-लेखन में वैचारिकता की प्रधानता है। संस्कृति, सभ्यता और कला के विविध आयामों का लोकोन्मुखी चिन्तन है। समकालीन महान व्यक्तित्वों के वैशिष्ट्य की मंगलमयी भूमिका है। असहाय, निर्बल, शोषित, उपेक्षित जन के प्रति सहानुभूति, संवेदना और करुणा का भाव है। सदियों से पददलित, शोषित एवं त्रस्त नारी के मन में आत्म-गौरव, आत्म-सम्मान और स्वाभिमान का भाव भरने का संकल्प है। महदेवी के गद्य की ये विशेषताएँ उन्हें मानवता की पुजारिन बना देती हैं। उनका व्यक्तित्व हिमालय से भी अधिक उन्नत और गंगा से भी अधिक उदार एवं

अमृतदायिनी हो जाता है। इन्हीं भावों, विचारों, सम्मतियों एवं टिप्पणियों से आप्लावित हैं 'महादेवी वर्मा : व्यक्तित्व एवं कृतित्व' के चौबीसों लेख। इन लेखों से महादेवी के उदात्त एवं विराट व्यक्तित्व-कृतित्व को समझने में आसानी होगी।

व्यास मणि त्रिपाठी की पुस्तक 'सृजन और समीक्षा' का प्रकाशन हिन्दी साहित्य कला परिषद, पोर्टब्लेयर से सन् 2009 में हुआ है। यह समीक्षा की पुस्तक है किन्तु समीक्षा तो सृजन की ही होती है इसीलिए इसका नाम 'सृजन और समीक्षा' रखा गया है। समीक्षा के सिद्धान्तों/प्रतिमानों की स्थापना/पुनर्स्थापना अथवा उससे सम्बन्धित किसी वाद-विवाद को आगे बढ़ाना इसका उद्‌देश्य नहीं है बल्कि कृति के भीतर झाँककर 'वह' टटोलने की कोशिश है जो सृजन की यातना/पीड़ा को झेलकर एक सर्जक अपने समय और समाज को देना चाहता है। चूँकि आकार-प्रकार रूप-रंग की दृष्टि से हर सृजन एक-दूसरे से भिन्नता लिये होता है इसलिए उसके मूल्यांकन का निकष एक समान नहीं हो सकता। यह बात अलग है कि उनमें कुछ विशेषताएँ बाह्याधारित समानताएँ लिये होती हैं जिनके आधार पर मानदण्ड बनाये जाते हैं लेकिन वे हर काल, हर परिस्थिति और हर कृति के लिए उपयुक्त ही हों यह कोई जरूरी नहीं है। प्रत्येक रचना अपने समय का अतिक्रमण करती है। नवीनता का समावेश करती है। नवोन्मेषी सृजन इसीलिए नवीन मानदण्ड की अपेक्षा रखता है। सत्य तो यह भी है कि समकालीन रचनाओं के मापन का एक ही पैमाना नहीं हो सकता क्योंकि हर रचना का अपना अलग इतिहास-भूगोल होता है। यही कारण है कि इस पुस्तक में जो समीक्षायें में हैं वे टाइप्ड नहीं हैं और न ही किसी एक फार्मूला अथवा मानदण्ड पर आधारित हैं। रचना के अन्तर्जगत में प्रवेश के लिए किसी खास तकनीक का सहारा भी नहीं लिया गया है बल्कि जिस किसी भी तकनीक से रचना खुल सकी है उसी माध्यम से उसे खोलने का प्रयास किया गया है। हाँ! इस बात का ध्यान रखा गया है कि कृति और कृतिकार के अभीष्ट तक अवश्य पहुँचा जाये। उन मूल्यों की पड़ताल की जाये जिनकी स्थापना के लिए एक सर्जक सृजन की पीड़ा झेलता है।

'सृजन और समीक्षा' पुस्तक में समीक्षा के लिए साहित्य की विभिन्न विधाओं (कविता, कहानी, उपन्यास, नाटक, आलोचना तथा निबन्ध) की पुस्तकों का चयन किया गया है जैसे–'कविता-शिशु' (देवता प्रसाद त्रिपाठी), 'बढ़ने दो आकाश' (वेदप्रकाश पाण्डेय), 'द्वीपांजलि' (मदन मोहन सिंह), 'सूत्रधार है मौन' (महेश दिवाकर), 'सुरभि सप्तशती' (हरिशंकर आदेश), 'जीवन का इतिहास यही है' (नथमल झँवर), 'अच्छाई अपनाइए' (ए.बी. सिंह) 'अपने होने का एहसास' (वरुण कुमार तिवारी), 'मेरी ग़ज़ल' (आरती कपूर), कहानी–'नीलाम घर' (रामदेव

शुक्ल), 'कितनी बार' (सरयू शर्मा), 'चन्ना चरनदास' (बलराम अग्रवाल) 'खामोशी' (डी.एम. सावित्री), उपन्यास–'अयन हिता' (इन्दिरा), नाटक–'उठो अहल्या' (सुरेन्द्र दुबे), निबन्ध–'आधुनिक हिन्दी निबन्ध' (ब्रह्मस्वरूप शर्मा) 'आँखों देखा अण्डमान' (ब्रह्मस्वरूप शर्मा), शोधालोचना–'हनुमान भक्ति-परम्परा और साहित्य' (वेदप्रकाश पाण्डेय), 'महादेवी का नारी चिन्तन' (विनय कुमार पाठक), 'अण्डमान-निकोबार की जनजातीय बोलियों का भाषिक अध्ययन' (रामकृपाल तिवारी), 'धरीक्षण मिश्र रचनावली' (वेदप्रकाश पाण्डेय)। परिशिष्ट में प्रेमचन्द की लध्वाकारीय कथा रचनाओं को लघुकथा की दृष्टि से देखा-परखा गया है। 'अण्डमान की हिन्दी कविता' और 'अण्डमान की हिन्दी कहानियाँ' का प्राक्कथन यहाँ इसलिए दिया गया है ताकि इनके भीतर की समीक्षा-दृष्टि से पाठक इन कृतियों तक पहुँच सकें।

'रामधारी सिंह 'दिनकर' : सृष्टि एवं दृष्टि' पुस्तक व्यास मणि त्रिपाठी द्वारा सम्पादित है। इसका प्रकाशन हिन्दी साहित्य कला परिषद, पोर्टब्लेयर से सन् 2010 में हुआ है। उसमें 'स्मृतियों की गोद में दिनकर' (डॉ. कुमार विमल), 'दिनकर : व्यक्ति और रचनाकार' (विद्या प्रभाकर कनुप्रिया प्रचण्डिया), 'परम्परा और आधुनिकता का सहचर दिनकर का रचना-कर्म' (प्रो. हरिश्चन्द्र मिश्र), 'अपनी ही कसौटी पर दिनकर जी' (डॉ. खगेन्द्र ठाकुर), 'दिनकर काव्य का पूर्व पक्ष' (डॉ. रेवती रमण) 'कविता के बारे में कवि दिनकर' (डॉ. शैलेन्द्र कुमार त्रिपाठी), 'शंख, बिगुल और बॉसुरी की दुर्दम हुंकार' (डॉ. सुरेश गौतम), 'राष्ट्रीय काव्य-धारा और दिनकर का काव्य' (डॉ. कमल किशोर गोयनका), 'राष्ट्रोन्मुख सामाजिक चेतना के अनुगायक–दिनकर' (डॉ. विनय कुमार पाठक), 'युग-द्रष्टा और स्रष्टा दिनकर के काव्य की प्रासंगिकता' (डॉ. शैलेन्द्र कुमार शर्मा), 'दिनकर–काव्य में विद्रोह-स्वर' (डॉ. अमर सिंह वधान) 'दिनकर-काव्य के विविध आयाम' (डॉ. रामकृपाल तिवारी) 'लोक चेतना के मसीहा : दिनकर' (जगदीश नारायण राय), 'जन-जागरण के रचनाकार-रामधारी सिंह 'दिनकर' ' (डी.एम. सावित्री) 'दिनकर की ओजस्वी वाणी की झंकार-'हुंकार' ' (डॉ. आदित्य प्रचण्डिया), 'क्रान्तिधर्मिता की कविता : रेणुका' (सावित्री कुमारी), ' 'रसवन्ती' में अभिव्यक्त प्रेम और सौन्दर्य' (डॉ. विमलेश कुमार मिश्र), 'शिंजिनी के विविध सुरों की कृति 'सामधेनी' ' (ममता अग्रवाल), 'दिनकर का श्रद्धा काव्य 'बापू' ' (डॉ. इन्दरराज बैद), 'दिनकर के कुरुक्षेत्र का पुनर्पाठ' (डॉ. जगत सिंह बिष्ट), ' 'कुरुक्षेत्र' की काव्य-संवेदना' (डॉ. सन्त प्रसाद राय), ' 'रश्मिरथी'–दलित चेतना का दस्तावेज़' (डॉ. व्यास मणि त्रिपाठी), 'दिनकर की 'उर्वशी' की ऐतिहासिकता' (राजेन्द्र परदेसी), ' 'उर्वशी' में

काम और अध्यात्म का स्वरूप' (प्रो. शेर सिंह बिष्ट), 'दिनकर का प्रेम-काव्य और 'उर्वशी' ' (प्रो. मंजुला राणा), ' 'परशुराम' की प्रतीक्षा : शास्त्र और शस्त्र की समन्वित प्रस्तुति' (डॉ. कृष्णगोपाल मिश्र), 'हारे को हरिनाम' अर्थात भौतिक विफलता की वेदना (नन्दकिशोर नन्दन), ' 'संचयिता'–एक दृष्टि में' (डॉ. महेश दिवाकर), 'मिट्टी की ओर : दिनकर की काव्य-दृष्टि में छायावाद' (डॉ. ब्रह्म स्वरूप शर्मा), 'संस्कृति, दर्शन एवं साहित्य का वैश्विक दस्तावेज : संस्कृति के चार अध्याय' (डॉ. हरेराम पाठक), 'बाल-काव्य को राष्ट्रकवि दिनकर की देन' (डॉ. भगवती प्रसाद द्विवेदी), 'दिनकर की काव्य-भाषा और शिल्प-विधान' (जयबहादुर शर्मा) शीर्षक सहित कुल 32 लेख हैं, जो दिनकर के जन्म-शताब्दी वर्ष में मूल्यांकन/पुनर्मूल्यांकन के रूप में हैं।

'रामधारी सिंह 'दिनकर' : सृष्टि एवं दृष्टि' पुस्तक में शामिल लेखों का निष्कर्षात्मक अवदान यह है कि अपने समय की धड़कन सुनने, उससे साक्षात्कार करने, टकराने तथा उस पर छाये धुन्ध एवं कुहरे को मिटाने की कामना करने वाला व्यक्ति ही 'अपने समय का सूर्य' हो सकता है। राष्ट्रकवि रामधारी सिंह ने अपनी रचना धर्मिता से जिस प्रभामण्डल का निर्माण किया है, उसी बल पर वे 'दिनकर' हैं। 'पौरुष के पुँजीभूत ज्वाल' से पौरुष और ऊर्जा भरने तथा 'अनल किरीटी' के रूप में तमस का विनाश करने की भावना ही आग्नेय कवि के रूप में उन्हें उपस्थित करती है। पराधीनता, दीनता, हीनता, विवशता से मुक्ति के लिए उनकी कविता 'हुंकार' भरती है। सोये हुए पौरुष को जगाने के लिए ' शंखनाद' करती है। यौवन और तरुणाई के लिए धमनियों में रक्त की ज्वाला का संचार करती है। अन्याय, अत्याचार और शोषण के विरुद्ध क्रान्ति का विगुल बजाती है। पौराणिक सन्दर्भों, मिथकों एवं अतीत के सुनहले पृष्ठों को खोलकर वीरता एवं पौरुष का भाव जगाती है। कभी हिमालय, कभी पाटलिपुत्र, कभी मेवाड़ के ऐतिहासिक महत्त्व को उजागर करती है। कभी खोये हुए अतीत की उपलब्धियों को नये सिरे से पाने की प्रेरणा देती है तो कभी वैज्ञानिक युग की विभीषिकाओं से मानवता की रक्षा का उपाय सुझाती है। वह युद्ध भी चाहती है और शान्ति की दुहाई भी देती है। उनकी कविता 'दलित तारक एवं समुद्धारक त्रिया' का आश्रय खोजती हुई रश्मिरथी कर्ण तक पहुँचती है। 'बापू' की अहिंसा के प्रति श्रद्धानत होकर भी 'स्वत्व' माँगने नहीं छीनने में विश्वास रखती है। वह परम्परा का पाथेय लेकर आधुनिकता की यात्रा करती है। दिनकर की कविता परशुराम की माँ 'रेणुका' से चलकर 'परशुराम की प्रतीक्षा' तक के अनेक घात-प्रतिघातों को सहती, द्वन्द्व झेलती, गर्जन-तर्जन करती, कर्कश-कठोर पथ से जब थोड़ा विचलित होती है तब 'रसवन्ती' के सरस मार्ग से 'उर्वशी' लोक तक

पहुँच जाती है। अन्त में 'हारे को हरिनाम' का ओट सहारा बनता है। दिनकर का गद्य-लेखन भी ओजस्वी एवं प्रभावपूर्ण रहा है। निबन्ध, आलोचना, यात्रा-वृत्तान्त, डायरी, रिपोर्ताज आदि विधाओं में उनकी वैचारिक उष्मा का आलोक बिखरा पड़ा है। उनके गद्य-कर्म का सबसे बड़ा अवदान है–'संस्कृति के चार अध्याय'। यह संस्कृति-चिन्तन का अमर ग्रन्थ है।

'अज्ञेय : चिन्तन एवं सृजन' का प्रकाशन हिन्दी साहित्य कला परिषद से सन् 2012 में हुआ है। व्यास मणि त्रिपाठी ने इसका सम्पादन किया है। इसमें कुल 33 लेख शामिल हैं–'कीर्तिभाज्य अज्ञेय की यश-काया' (डॉ. कुमार विमल) 'कुशीनगर में अज्ञेय' (डॉ. अरुणेश नीरन), 'अज्ञेय-एक परिचय' (डॉ. रामकृपाल तिवारी) 'अज्ञेय-व्यक्तित्व एवं कृतित्व' (डॉ. सन्त प्रसाद राय), 'अरे यायावर! रहेगा याद' (डॉ. वशिष्ठ अनूप), 'अज्ञेय का काव्य-चिन्तन और दर्शन' (डॉ. अमर सिंह वधान), 'अज्ञेय का काव्य : व्यक्ति स्वातन्त्र्य का अन्वेषण' (डॉ. व्यास मणि त्रिपाठी), 'अज्ञेय-कविता में उत्तम पुरुष की तलाश' (डॉ. सुरेन्द्र वर्मा), 'अज्ञेय के काव्य में मुक्ति के सोपान' (डॉ. केशरी लाल वर्मा, डॉ. जयपाल सिंह प्रजापति), 'अभिनव प्रयोगों के यायावर' (कृष्ण कुमार यादव), 'प्रयोगवाद के पुरोधा : अज्ञेय' (राजेन्द्र परदेसी), 'अज्ञेय का काव्य : एक पुनर्मूल्यांकन' (डॉ. प्रभा दीक्षित), 'रोमांटिक भावुकता में रहकर पार जाने की कोशिश' (डॉ. परमानन्द श्रीवास्तव), ' 'आँगन के पार द्वार' में भारतीय चिन्तन परम्परा' (प्रो. शेर सिंह बिष्ट), ' 'कितनी नावों में कितनी बार' के बहाने अज्ञेय की काव्य-यात्रा' (प्रो. मृत्युंजय उपाध्याय), ' 'असाध्य वीणा' का आद्य बिम्बत्व' (प्रो. कृष्ण मुरारी मिश्र) 'कवि का अज्ञेय गीत-चरित्र' (डॉ. विनय कुमार पाठक) ' 'शेखर : एक जीवनी' : स्वप्न और यथार्थ' (डॉ. शैलेन्द्र कुमार त्रिपाठी), ' 'शेखर : एक जीवनी' : अन्तः संघर्ष का प्रामाणिक दस्तावेज' (डॉ. हरेराम पाठक), ' 'नदी के द्वीप' में नारी-दृष्टि' (प्रो. जगत सिंह बिष्ट), ' 'अपने-अपने अजनबी' : स्वतन्त्रता और सृजन' (प्रो. रामदेव शुक्ल) 'वैचारिक उपन्यास : 'अपने-अपने अजनबी' ' (डॉ. हरदयाल), 'अज्ञेय के उपन्यास : व्यक्ति स्वातन्त्र्य का अंकन' (विद्या प्रभाकर कनुप्रिया प्रचण्डिया), 'अज्ञेय की कहानियाँ : एक अनुशीलन' (जयबहादुर शर्मा), 'कहानीकार अज्ञेय की रचना-दृष्टि और रोज की मालती' (डॉ. राममूर्ति त्रिपाठी), 'जातीय अस्मिता और अज्ञेय का निबन्ध साहित्य' (प्रो. सदानन्द गुप्त), 'अज्ञेय के निबन्ध : मृण्यमय के द्वारा चिन्मय की खोज' (डॉ. अरुणेश नीरन), 'भारतीय सांस्कृतिक अस्मिता के चितेरे अज्ञेय' (डॉ. ममता अग्रवाल), 'अज्ञेय के साहित्य-चिन्तन में परिवेश-चेतना' (डॉ. ब्रह्मस्वरूप शर्मा), 'अज्ञेय का विचारशास्त्र' (प्रो. आदित्य प्रचण्डिया),

'मनोविश्लेषणवादी आलोचना और अज्ञेय' (डॉ. पशुपति नाथ उपाध्याय) 'ज्ञान की गरिमा और रहस्यमयता के पर्याय अज्ञेय' (डॉ. भगवती प्रसाद द्विवेदी), 'हिन्दी का वर्तमान और भविष्य : अज्ञेय के साक्ष्य पर' (डॉ. त्रिभुवननाथ शुक्ल)। इस तरह इस पुस्तक में अज्ञेय के कवि, कहानीकार, उपन्यासकार, निबन्धकार, आलोचक, संस्मरण और याता वृत्तान्तकार, सम्पादक, अनुवादक, डायरी तथा टीप लेखक के रूप में उनकी प्रतिभा का सम्यक् मूल्यांकन और विश्लेषण है। इन लेखों में अभिव्यक्त विचारों का सारांश यह है कि अज्ञेय की रचनाओं में चिन्तनशीलता का आग्रह प्रमुख होने के बावजूद हृदय की रागात्मिका वृत्ति का विलास कम नहीं है। वैचारिकता और भावुकता के अतिवादी छोरों से बचकर तथा उन्हीं में अन्तर्भुक्त होकर उनकी रचना धर्मिता सक्रिय रही है। सौन्दर्य की नवीन परिकल्पना तथा उसकी अभिव्यक्ति के लिए नूतन उपमानों की तलाश में रत अज्ञेय ने प्रेम और रोमांस को जिस भाव-भूमि पर खड़ा किया उसमें समर्पण और एकनिष्ठता के साथ-साथ आत्म-मन्थन और आत्मालोचन के लिए भी भरपूर अवकाश है। अन्तर्मुखता और 'मौन की दहाड़' ने उनकी रचनाशीलता को एक नया आयाम दिया है। अहंमन्यता और आत्म स्वीकार के बावजूद परोन्मुखता का भाव सर्वत्र विद्यमान है। व्यक्ति-स्वातन्त्र्य के अन्वेषण में समाज के प्रति विरोध नहीं बल्कि व्यष्टि और समष्टि के द्वन्द्व में व्यक्तित्व का सन्धान है। सामाजिक विसंगतियों के प्रति क्षोभ तथा उनसे टकराने की प्रबल आकांक्षा है। अकर्मण्यता, पलायन, नैराश्य और निष्क्रियता के विपरीत आस्था-आनन्द, सौन्दर्य और शिवत्व की कामना उनकी रचनाधर्मिता का प्रेरक तत्त्व है तो विद्रोह का अनल किरीटी बनना उनका स्वभाव। विरोध और विद्रोह प्रयोगशीलता के आधार हैं तो लीक से अलग चलने की प्रेरणा-भूमि भी हैं। इसी सन्दर्भ में वे प्रयोगों के पुरस्कर्ता बनते हैं किन्तु 'वादी' कहलाने का विनम्र विरोध करते हैं। इन्हीं विचारों और भावनाओं से समन्वित लेखों को 'अज्ञेय : चिन्तन एवं सृजन' पुस्तक में व्यास मणि त्रिपाठी ने संकलित/सम्पादित किया है।

'नागार्जुन : लोक संवेदना के यथार्थ सर्जक' पुस्तक व्यास मणि त्रिपाठी द्वारा सम्पादित एवं हिन्दी साहित्य कला परिषद द्वारा सन् 2012 में प्रकाशित। है। इसमें विभिन्न विद्वानों द्वारा लिखे 32 समालोचनात्मक लेख हैं–'कभी नहीं हकलाने वाला 'जनयुग का सैनिक' ' (डॉ. कुमार विमल), 'मैथिली माटी का सौन्दर्य-बोध : नागार्जुन' (डॉ. अमित कुमार झा), 'नागार्जुन : विचारधारा और विश्व दृष्टि' (प्रो. परमानन्द श्रीवास्तव), 'नागार्जुन की प्रगतिशील चेतना' (प्रो. मृत्युंजय उपाध्याय), 'नागार्जुन का काव्य : लोक संवेदना का सर्जनात्मक इतिहास' (डॉ. व्यास मणि त्रिपाठी), 'मानवीय काव्य-दृष्टि के नियामक-नागार्जुन' (प्रो. आदित्य प्रचण्डिया),

'सामाजिक सरोकारों के कवि नागार्जुन' (कृष्ण कुमार यादव) 'स्वाधीन भारत के जनकवि नागार्जुन (डॉ. अमर सिंह वधान), 'नागार्जुन के काव्य में जनबोध' (डॉ. केसरी लाल वर्मा, डॉ. जयपाल सिंह प्रजापति), 'जन-चेतना के प्रमुख हस्ताक्षर-नागार्जुन' (डॉ. पशुपतिनाथ उपाध्याय), 'जनवादी रचनाकार बाबा नागार्जुन' (डी. एम. सावित्री) 'लोक जीवन के मसीहा : नागार्जुन' (राजेन्द्र परदेसी), 'पर पीड़ा से पूर-पूर होकर लिखने वाले नागार्जुन' (डॉ. रामकृपाल तिवारी), 'सत्य को लकवा मार गया है' (प्रो. वशिष्ठ अनूप), 'बाबा नागार्जुन : राजनीति पर तीखे व्यंग्य करते कवि' (डॉ. योगेन्द्रनाथ शर्मा 'अरुण'), 'नागार्जुन के काव्य की मूलक-भावना-विद्रोह' (डॉ. ब्रह्म स्वरूप शर्मा), 'नागार्जुन के काव्य में तंज और तेवर' (डॉ. सुरेन्द्र वर्मा), 'नागार्जुन के काव्य में स्त्री' (डॉ. प्रभा दीक्षित), 'गीत की पक्षधरता के कवि : नागार्जुन' (डॉ. विनय कुमार पाठक), 'नागार्जुन के उपन्यासों की आंचलिकता' (डॉ. हरदयाल), 'नागार्जुन के उपन्यासों में हाशिये का समाज' (प्रो. जगत सिंह बिष्ट), 'नागार्जुन के उपन्याओं में सामाजिक यथार्थ और समाजवादी दृष्टि' (डॉ. वरुण कुमार तिवारी), 'नागार्जुन के उपन्यासों में मानवीय सम्बन्ध' (डॉ. अलका प्रचाण्डिया), 'उपन्यासों के आईने में नागार्जुन एक बेबाक चेहरा' (डॉ. राममूर्ति त्रिपाठी), 'रतिनाथ की चाची में स्त्री-विमर्श' (प्रो. शेरसिंह बिष्ट), ''बलचनमा' : एक सहज पाठ' (डॉ. शैलेन्द्र कुमार त्रिपाठी), 'भारतीय राजनीति का मार्गदर्शक आख्यान : 'बाबा बटेसर नाथ' ' (प्रो. रामदेव शुक्ल), ''बरुण के बेटे'-माटी और पानी के मौरुसी हक के लिए संघर्ष की दास्तान' (डॉ. हरेराम पठक), 'दुःख-मुक्ति की प्रयत्नशीलता का उपन्यास : 'दुःख मोचन' ' (जयबहादुर शर्मा), 'नागार्जुन की नारी चेतना और 'उग्रतारा' ' (डॉ. ममता अग्रवाल), 'जनकवि नागार्जुन का कथा साहित्य : विश्वसनीय यथार्थ के सर्जक और सृजन की महानता' (डॉ. भगवती प्रसाद द्विवेदी), 'नागार्जुन की कहानियाँ : मानवीय सहानुभूति और करुणा का दिग्दर्शन' (विद्या प्रभाकर कनुप्रिया प्रचण्डिया)।

'नागार्जुन : लोक संवेदना के यथार्थ सर्जक' पुस्तक में शामिल लेखों की पड़ताल से यह ध्वनित होता है कि सामाजिक सरोकारों के रचनाकार वैद्यनाथ मिश्र 'नागार्जुन' की संवेदना 'लोक' केन्द्रित रही है। यह अकारण नहीं है कि वे अपने को जन-धर्मी रचनाकार कहते हैं बल्कि इसके मूल में उनका वह भाव-बोध है जिसका विस्तार मिथिला के भूभाग से लेकर मुलुण्ड के सुदूर प्रदेश तक व्याप्त है। जिसमें अहल्या से लेकर लजवन्ती तक, दुखरन मास्टर से लेकर प्रेत के बयान तक, सिन्दूर तिलकित भाल से लेकर दन्तुरित मुस्कान तक, व्यक्तिगत जीवन-प्रसंगों से लेकर नर और नरेतर सुख-दुखों का समावेश तो है ही बाघिन, मोतिया नेवला, मधुमती गाय

और मादा सुअर की भी उपस्थिति है। बसन्त की अगवानी के लिए हरे-हरे नये-नये पात हैं तो नंगे तरु और नंगी डालें भी हैं। हेमन्ती बादल हैं, सोनिया समन्दर है, तालाब की मछलियाँ हैं और इन सबसे अलग नागार्जुन का वह सपना भी है जिसमें चन्दू का लाया नया कलेंडर है। अभाव है, गरीबी है, भूख है, बेकारी है, शोषित है, शोषक है, नेता है, व्यापारी है, मजदूर है, किसान है, खेतिहर-जमींदार है, विधवा है, वेश्या है, उपेक्षा है, अपमान है और इन सबके साथ 'दु:खमोचन' का प्रयास है। 'रतिनाथ की चाची' की दारुण व्यथा है, 'बलचनमा' की पीड़ा है, ग्रामीण जीवन का यथार्थ दस्तावेज लिये 'बटेसरनाथ' है, स्त्री जीवन का नरक 'कुम्भी पाक' है और इन सबकी अभिव्यक्ति के लिए सहजता में रची-बसी भाषा है। इस तरह व्यास मणि त्रिपाठी द्वारा सम्पादित 'नागार्जुन : लोक संवेदना के यथार्थ सर्जक' पुस्तक में शामिल सभी लेख नागार्जुन के व्यक्तित्व-कृतित्व की प्रामाणिक तस्वीर खींचने में सफल हैं।

साहित्य अकादेमी, रवीन्द्र भवन, फीरोजशाह मार्ग, नयी दिल्ली से 'अण्डमान का हिन्दी साहित्य' का प्रकाशन सून् 2013 में हुआ है। इसके सम्पादक हैं–व्यास मणि त्रिपाठी। यह एक तरह से गद्य-पद्य रचनाओं का संचयन है। इसमें द्वीप समूह में सृजित कहानियाँ, निबन्ध, साक्षात्कार और कविताएँ शामिल हैं। इस पुस्तक में शामिल आठ निबन्ध इस प्रकार हैं–'द्वीपों में रंगमंच और कला के अन्य रूप' (कृष्ण कुमार विश्वेन्द्र), 'रसे-रसे कर पिउबात' (निर्मल कुमार श्रीवास्तव), 'द्वीपों में हिन्दी की पहचान' (पुरुषोत्तम लाल वाशिष्ठ) 'साहित्य में परिवेश' (ब्रह्म स्वरूप शर्मा), 'प्रमाण हमारी एकता के' (मदन मोहन सिंह), 'रीति काल के उपेक्षित कवि : नानूराम कविसागर (रामकृपाल तिवारी) 'अनामदास का पोथा-औपनिषदिक ज्ञान का लोकोन्मुख आख्यान (डॉ. व्यास मणि त्रिपाठी), 'मीडिया और हिन्दी साहित्य : सम्बन्ध एवं सरोकार' (डॉ. व्यास मणि त्रिपाठी)। इस तरह इन निबन्धों में द्वीप समूह की सृजनात्मकता, एकता, रंगमंच के बारे में जानकारी है तो यहाँ अण्डमान में विकसित हो रही हिन्दी की अलग पहचान भी है। साहित्य में परिवेश की आवश्यकता का रेखांकन है तो अनामदास के पोथा का नूतन विश्लेषण है। रीतिकाल के उपेक्षित कवि नानूराम कविसागर के महत्त्व का निरूपण है तो मीडिया और हिन्दी साहित्य के सम्बन्धों की पड़ताल भी है। 'अण्डमान का हिन्दी साहित्य' के सम्पादक व्यास मणि त्रिपाठी ने एक लम्बी भूमिका, लिखी है जो अण्डमान की हिन्दी सृजनात्मकता का संक्षिप्त इतिहास है।

'भवानी प्रसाद मिश्र : अनुभव-वैविध्य के अप्रतिमसर्जक' का प्रकाशन सन् 2014 में वाणी प्रकाशन, दरियागंज, नयी दिल्ली से हुआ है। डॉ. व्यास मणि त्रिपाठी

ने इसका सम्पादन किया है। इस पुस्तक में शामिल लेख हैं–'बात मन में एक निर्गुण रूप है' (प्रेमशंकर रघुवंशी), 'कवि भवानी प्रसाद मिश्र का महत्त्व' (विजय बहादुर सिंह), 'चेतना की चिनगारियाँ : भवानी प्रसाद का कवि कर्म', (रमेशचन्द्र शाह), 'सरलता का आकाश' (प्रभाकर श्रोत्रिय), 'कविता मुझको लिखती है' (शम्भुनाथ), 'स्वाधीन चेतना के सहज कवि भवानी प्रसाद मिश्र', (रामदेव शुक्ल), 'महत्तर मूल्यों के कवि : भवानी प्रसाद मिश्र' (सूर्य प्रसाद दीक्षित), 'भवानी प्रसाद मिश्र का काव्य : जीवन-मूल्यों के परिप्रेक्ष्य में' (कृष्ण गोपाल मिश्र), 'भवानी प्रसाद मिश्र : एक मुकम्मल कवि' (ब्रजेन्द्र त्रिपाठी), 'जीवन-राग के सहज कवि भवानी प्रसाद मिश्र' (नन्द किशोर नन्दन), 'भवानी प्रसाद मिश्र : क्रान्ति और शान्ति के कवि' (अरुण होता), 'मानवतावादी कवि भवानी प्रसाद मिश्र' (वशिष्ठ अनूप) 'लोकवादी कवि भवानी प्रसाद मिश्र' (विनय कुमार पाठक), 'गांधी मार्ग और भवानीप्रसाद मिश्र' (श्रीप्रकाश शुक्ल), 'भवानीप्रसाद मिश्र की कविता : गांधी और अद्वैत की अक्षय मंजूषा' (विद्या प्रभाकर कनुप्रिया प्रचण्डिया), 'भवानी प्रसाद मिश्र का काव्य-दर्शन' और 'बुनी हुई रस्सी' (ममता अग्रवाल), 'सामाजिक यथार्थ की अभिव्यक्ति और भवानीप्रसाद मिश्र' (पशुपतिनाथ उपाध्याय), 'यथार्थ के ओजस्वी अनुगायक' (राजेन्द्र परदेशी), 'कविता में पर्यावरण की चिन्ता : सन्दर्भ भवानी प्रसाद मिश्र' (शैलेन्द्र कुमार त्रिपाठी), 'कालजयी हैं भवानी प्रसाद मिश्र की कविताएँ' (निर्मला एस. मौर्या), 'भवानी प्रसाद मिश्र की कविता समय के साथ भी समय के पार भी' (डॉ. व्यास मणि त्रिपाठी), 'भवानी प्रसाद मिश्र का साहित्यिक अवदान' (दान बहादुर सिंह), 'भवानी प्रसाद मिश्र का गद्य-लेखन' (आदित्य प्रचण्डिया), 'भवानी प्रसाद मिश्र की रचना-प्रक्रिया' (हरिश्चन्द्र मिश्र), 'भवानी भाई : अभिव्यक्ति की सहजता (कृष्ण मुरारी मिश्र), 'जैसे किसान फैलाता है बीजों को : भाषा' (मंजुरानी सिंह)। इन लेखों से भवानी भाई के व्यक्तित्व-कृतित्व को समझना आसान होगा।

'भवानीप्रसाद मिश्र : अनुभव-वैविध्य के अप्रतिम सर्जक' में संगृहीत निबन्धों से यह ध्वनित होता है कि मिश्र जी की रचनाधर्मिता बहुआयामी है। उसका न कोई एक कोण है और न कोई एक दिशा। उसका गन्तव्य काल-सापेक्ष भी है और निरपेक्ष भी। वह सहज समाधि मुद्रा में मिट्टी से जुड़कर ऊर्ध्वगामिनी होने की कला में पारंगत है। वह सन्नाटे में निर्भयता का सन्देश देती है तो सतपुड़ा के घने जंगलों में धँसने की आकांक्षा भी जगाती है। वह स्वतन्त्रता-संघर्ष-कॉल में गांधी जी के चरखे के साथ गुनगुनाती है तो आपातकाल में अंगारी चेतना बनकर 'त्रिकाल सन्ध्या' करती है। नर्मदा की कल-कल ध्वनि बनकर निरन्तर प्रवहमानता को

सार्थक होने का सूत्र मानती है तो हिम-धवल आचरण की अपेक्षा भी रखती है। वह गीत बेचने को पाप मानती है तो ईमान बेचने वालों को भी नहीं छोड़ती है। जड़ व्यवस्थाओं को उलट-पुलट डालने की ऊर्जा का संचार करती है, तो परम्परा और नवीनता में उचित-अनुचित की ग्रहणशीलता और त्याग का विवेक भी जगाती है। वह फूलों के मुस्कुराने तथा चिड़ियों के चहचहाने पर उल्लसित होती है तो पेड़ों के कटने और चिड़ियों के खाये जाने पर दुःखी और चिन्तित भी होती है। वह मानव की अदम्य जिजीविषा की प्रशंसा करती है तो युद्धों की विनाशलीला की भर्त्सना भी करती है। कहने का अभिप्राय यह है कि भवानी प्रसाद मिश्र की कविता का अनुभव-संसार व्यापक है। इस पुस्तक के सम्पादक व्यास मणि त्रिपाठी का मानना है कि "उनकी कविता में अपनी काव्य-परम्परा और भारतीय-चिन्तन का आलोक है तो दूसरी ओर पाश्चात्य साहित्य के अध्ययन-मनन से उपजा विवेक है। उसमें गांधी जी के सत्य-अहिंसा का दर्शन है तो मार्क्सवाद का समाज-चिन्तन भी है। जयप्रकाश नारायण और लोहिया की विचारधारा है, तो अरविन्द का ज्ञान-दर्शन भी है। तुलसी का लोकमंगल है तो रवीन्द्रनाथ टैगोर का विश्व बन्धुत्व भी है। उसमें लोक भी है और शास्त्र भी है। नर्मदा और सतपुड़ा के जंगल का प्राकृतिक परिवेश है तो मुम्बई और दिल्ली की चकाचौंध भी है। सबसे प्रभाव ग्रहण करके भी सबसे अलग रहने की कला है–भवानी प्रसाद मिश्र की कविता।" ('दो शब्द' से) जाहिर है, अलग राह चलने वाला किसी का पिछलग्गू नहीं होता। वह अपने ढंग से और अपने मन से चलता है। इसीलिए भवानी प्रसाद मिश्र न वादी हुए, न विवादी। हाँ, संवाद की भाषा बनाकर अपने रचे हुए को उन्होंने अमर कर दिया।

व्यास मणि त्रिपाठी की समीक्षा-कृति 'समकालीन संवेदना की परख' का प्रकाशन सन् 2016 में वाणी प्रकाशन, दरियागंज, नयी दिल्ली से हुआ है। इस पुस्तक में शामिल समीक्ष्य-कृतियाँ हैं–'नया चौराहा' (रामदरश मिश्र), 'फिर भी कुछ रह जायेगा' (विश्वनाथ प्रसाद तिवारी), 'पचास कविताएँ–नयी सदी के लिए चयन' (लीलाधर मंडलोई), 'राग और आग' (सुनीता जैन), 'खिली धूप' (आदित्य प्रचण्डिया), 'अपने होने का एहसास' (वरुण कुमार तिवारी), 'सूखि गइल नेह के नदी' (रामनवल मिश्र), 'सुरभि सप्तशती' (हरिशंकर आदेश), 'जीवन का इतिहास यही है' (नथमल झँवर), 'नवल हजारा' (रामनवल मिश्र), 'सूत्रधार है मौन' (महेश दिवाकर), 'बेघर बादशाह' (रामदेव शुक्ल), 'अयन-हिता (इन्दिरा), 'प्रेमचन्द की कहानियों का कालक्रमानुसार अध्ययन' (कमल किशोर गोयनका), 'कितनी बार' (सरयू शर्मा), 'नीलाम घर' (रामदेव शुक्ल), 'सन्त रविदास की रामकहानी' (देवेन्द्र दीपक), 'उठो अहल्या' (सरेन्द्र दुबे) 'पूर्वांचलीय राज्यों के साहित्यकारों का हिन्दी

को योगदान' (हरेराम पाठक), 'धरीक्षण मिश्र रचनावली' (वेदप्रकाश पाण्डेय), 'हिन्दी जाति' (अमरनाथ)। संवेदन-जगत में आयी परिवर्तनशीलता का प्रभाव समकालीन साहित्य में भी देखा-परखा जा सकता है। यह पुस्तक इसी निरीक्षण-परीक्षण का परिणाम है। जाहिर है, आज मानवीय संवेदनाओं में ह्रासोन्मुखता की विद्यमानता है। विसंगतियों और विडम्बनाओं की अधिकता से उपजे आज के द्वैध जीवन के वात्याचक्र में फँसे मानव के लिए आशा की कोई किरण नहीं है। टूटन, घुटन, विखण्डन और अलगाव के ऐसे आधुनिक समय में समूल नाश की आशंका उत्पन्न हो जाने के कारण कवि को यह कहना पड़ा है कि 'फिर भी कुछ रह जायेगा'। कोई 'शेष बहुत कुछ को बचाने की कोशिश में जुटा है तो कोई इस कठिन समय में 'अपने होने का एहसास' करा रहा है। कोई संघर्ष और जिजीविषा के बीच 'राग और आग' की कामना लिये हुए है तो किसी को 'स्नेह-नदी के सूखने का दर्द' है। किसी को 'सृष्टि-मंच पर कठपुतलियों का नर्तन और सूत्रधार का मौन' दिखाई देता है तो कोई 'जीवन-बोध एवं राग-विराग' का समाकलन करता है। किसी को 'जन-जीवन में सौरभ की आकांक्षा है तो किसी को वैचारिक उष्मा की दीप्ति में 'खिली धूप' पर भरोसा है। 'मूल्यों की तलाश में भटकती जिन्दगी का यथार्थ प्रस्तुत करने वाला लेखन है तो मनुष्यता को जीवन्त करता 'बेघर बादशाह' भी है। वस्तुतः ये ही वे विषय हैं जो समकालीन रचना-वृत्त में अपने को काफी हद तक समाहित किये हुए हैं या यों कहें कि इन्हीं संवेदनाओं/भाव बोधों/विचारधाराओं को केन्द्र में रखकर वर्तमान साहित्य सृजित हो रहा है तो कोई अत्युक्ति नहीं होगी। पौराणिक सन्दर्भ 'अहल्या' के माध्यम से समकालीन विमर्श प्रस्तुत करने का प्रयत्न हो अथवा 'कितनी बार' में अनुभव की विविधता एवं प्रामाणिकता उपस्थित करने की कोशिश, सभी का उद्देश्य समकालीन संवेदनाओं की जटिलता को उजागर करना ही रहा है। इन्हीं संवेदनाओं का निरीक्षण-परीक्षण किया है–व्यास मणि त्रिपाठी ने इस पुस्तक में।

'भारतीय साहित्य के निर्माता : जगन्नाथदास रत्नाकर' विनिबन्ध व्यास मणि त्रिपाठी द्वारा लिखित एवं साहित्य अकादेमी, रवीन्द्र भवन, 35 फीरोज शाह मार्ग, नयी दिल्ली से सन् 2017 में प्रकाशित है। इसमें कवि, सम्पादक, टीकाकार, अनुवादक और निबन्धकार के रूप में अपनी प्रतिभा का श्रेष्ठ निदर्शन कराने वाले जगन्नाथदास 'रत्नाकर' को भारतीय साहित्य के निर्माता के रूप में देखने का प्रयत्न है। जाहिर है महाकवि सूरदास के बाद आधुनिक युग में ब्रजभाषा काव्य को जो गौरव-गरिमा रत्नाकर जी से प्राप्त हुई वह अतुलनीय है। उनका अवदान बहुआयामी है। आरम्भ में उन्होंने 'ज़की' उपनाम से उर्दू में काव्य-लेखन किया। बाद में हिन्दी

को माध्यम बना लिया। उनका प्रथम काव्य 'हिंडोला' 1894 में प्रकाशित हुआ। रत्नाकर जी ने 'कल काशी' की रचना 141 छन्दों में की है। हरिश्चन्द्र, गंगावतरण तथा 'उद्धव शतक' उनके प्रबन्ध काव्य हैं। मार्मिक अनुभूति, कलात्मक चित्रण, रस चमत्कार, वाग्वैदग्ध्य, संगीतत्त्व तथा ललित मधुर भाषा ने 'उद्धव शतक' को जो उत्कर्ष प्रदान किया है वह अत्यन्त प्रशंसनीय है, रत्नाकर को मुक्तककार के रूप में अत्यधिक सफलता मिली है। इसका प्रमाण उनकी लहरी त्रय और प्रकीर्ण पदावली हैं। 'श्रृंगार लहरी' में कवि ने अपने इष्टदेव की आनन्दमयी लीला का वर्णन धार्मिकता की भावना से ओत-प्रोत होकर किया है। रीतिकाल के प्रमुख कवि पद्माकर से प्रेरित होकर रत्नाकर ने 'गंगा लहरी' तथा 'विष्णु लहरी' की रचना की है। उन्होंने 'सुधा सागर', 'कवि कुल कण्ठाभरण', 'दीप प्रकाश', 'सुन्दर श्रृंगार', 'हम्मीर हठ', 'रसिक विनोद', 'हित तरंगिनी', 'नखशिख', 'सुजान सागर' आदि का सम्पादन किया है। 'बिहारी सतसई' की सर्वाधिक प्रामाणिक और 'सर्वमान्य टीका रत्नाकर जी की 'बिहारी रत्नाकर' नाम से है। इस तरह रत्नाकर ने बहुविध रूपों में हिन्दी साहित्य को समृद्ध किया है। इस पुस्तक के माध्यम से व्यास मणि त्रिपाठी ने यह स्थापित किया है कि जगन्नाथदास 'रत्नाकर' सच्चे अर्थों में भारतीय साहित्य के निर्माता हैं।

मध्यकालीन भक्त कवि 'नन्ददास' पर व्यास मणि त्रिपाठी द्वारा लिखित विनिबन्ध का प्रकाशन सन् 2018 में साहित्य अकादेमी, रवीन्द्र भवन, फीरोजशाह मार्ग, नयी दिल्ली से हुआ है। जिस प्रकार किसी अत्यन्त प्रतिभा सम्पन्न व्यक्तित्व की तेजस्विता अन्य व्यक्तियों के आभामण्डल को पूर्णतया प्रकाश में नहीं आने देती। उसी प्रकार महाकवि सूरदास के विपुल सृजन-सँवलित प्रभाव ने अन्य अष्टछाप के कवियों को यथोचित यश-प्राप्ति से वंचित किया। फलतः नन्ददास आदि महत्त्वपूर्ण कवियों के अवदान की चर्चा बहुत कम हुई। इस कमी को पूरा करने की दृष्टि से व्यास मणि त्रिपाठी की यह कृति 'भारतीय साहित्य के निर्माता : नन्ददास' न केवल पठनीय है बल्कि कई भ्रान्तियों का निवारण करने वाली भी है। इस ग्रन्थ में जीवन-वृत्त, कृतित्व, दार्शनिक विचार, भक्ति भावना, आचार्यत्व, 'काव्य-कला' और उपसंहार सहित कुल सात अध्याय हैं। डॉ. त्रिपाठी ने नन्ददास की जन्मतिथि, जन्म स्थान एवं अन्य जीवन-सम्बन्धी तथ्यों पर गहन अध्ययन प्रस्तुत किया है। उन्होंने न केवल नन्ददास की रचनाओं में प्राप्त अन्तः साक्ष्यों की गम्भीर गवेषणा की है अपितु अन्य साहित्येतिहास परक ग्रन्थों में अंकित तथ्यों का युक्तियुक्त विश्लेषण भी किया है।" (द्वीपलहरी, अंक–59-60, जनवरी-दिसम्बर 2019 में प्रकाशित, डॉ. कृष्ण गोपाल मिश्र की समीक्षा, पृष्ठ 57)। जाहिर है नन्ददास पुष्टिमार्गीय भक्तों में अग्रणी

और विशिष्ट हैं इसीलिए उनका मूल्यांकन भी उसी रूप में अपेक्षित है जिसे इस कृति में पूरा होता हुआ देखा जा सकता है जिसकी और डॉ. कृष्ण गोपाल मिश्र ने संकेत भी किया है–"नन्ददास पर नाति विस्तृत किन्तु सारगर्भित ग्रन्थ लिखकर डॉ. व्यास मणि त्रिपाठी ने एक ओर नन्ददास के साहित्यिक प्रदेय का युक्तियुक्त मूल्यांकन किया है तो दूसरी ओर अपनी भावयित्री प्रतिभा सफलतापूर्वक प्रमाणित की है। नन्ददास की भक्तिभावना, सुचिन्तित दार्शनिकता, कारयित्री मेधा और जीवन-रेखा को समझने की दृष्टि से इस ग्रन्थ का महत्त्व सर्वथा असन्दिग्ध है और इसकी सृष्टि की प्रयोजनगत सफलता में डॉ. त्रिपाठी के समीक्षकीय श्रम की सार्थकता सन्निहित है।" (वही, पृष्ठ 58)

'शिवमंगल सिंह 'सुमन' की कविता के विविध आयाम' का सम्पादन व्यास मणि त्रिपाठी ने किया है। इसका प्रकाशन सन् 2020 में अनंग प्रकाशन, गली मन्दिर वाली, उत्तरी घोंडा, दिल्ली से हुआ है। इसमें शामिल आलेख हैं–'शिवमंगल सिंह 'सुमन' : युगधर्म और जीवन-गान' (उमेश कुमार सिंह), 'प्रगति, प्रेम और प्रवाह के प्रभावी कवि सुमन' (प्रेमशंकर त्रिपाठी), 'पुनर्नवा मिट्टीगाथा–शिवमंगल सिंह 'सुमन' ' (सुरेश गौतम), 'साहित्य जगत के अप्रतिम साधक' (महेश दिवाकर), 'शिवमंगल सिंह 'सुमन'–जीवन का गान गाने वाला कवि' (गिरीश पंकज तथा मंजुला उपाध्याय), 'सुमन का काव्य–सामाजिक चेतना का सरगम' (आदित्य प्रचण्डिया), 'शिवमंगल सिंह 'सुमन'–यथार्थ जीवन के कवि' (हरेराम पाठक), 'सुमन की कविता : उन्मुक्त मन की रागात्मकता एवं मंगलमयी जनपक्षधरता' (व्यास मणि त्रिपाठी), 'शिवमंगल सिंह 'सुमन' की प्रगतिशील चेतना' (सी. जयशंकर बाबू), 'शिवमंगल सिंह 'सुमन' के काव्य में राष्ट्रीय चेतना' (करुणाशंकर उपाध्याय) 'शिवमंगल सिंह 'सुमन' : कविता का समकाल और राष्ट्रीय स्वर' (शिवमंगल कुमार), 'सुमन के काव्य में राष्ट्रीय मूल्य' (विनय कुमार पाठक), 'ओज और प्रेम के अप्रतिम कवि–शिव मंगल सिंह 'सुमन' (सुभाषचन्द्र राय), शिवमंगल सिंह 'सुमन' के काव्य में प्रेमभाव' (अलका प्रचण्डिया), शिवमंगल सिंह 'सुमन' : काव्यशास्त्रीय अवधारणाएँ' (कृष्ण गोपाल मिश्र), 'शिवमंगल सिंह 'सुमन' का काव्य-मूल्य और मूल्यांकन' (कनुप्रिया प्रचण्डिया), 'सुमन जी और सोनांचल' (जितेन्द्र कुमार सिंह, 'संजय'), 'शिवमंगल सिंह 'सुमन' के कुछ पत्र कमल किशोर गोयनका के नाम' (कमल किशोर गोयनका) 'कालिदास की शेष कथा कहने की' अभिलाषा और 'शिप्रा की तरह तरल सरल बहने' की आकांक्षा वाले शिवमंगल सिंह 'सुमन' साहित्य-जगत में जिस गौरव-गरिमा और महिमा के अधिकारी हैं, वह उन्हें नहीं मिला। यही कारण है कि उनकी जन्म-शती के उपलक्ष्य

में पोर्टब्लेयर में आयोजित एक राष्ट्रीय संगोष्ठी में लगभग सभी वक्ताओं ने इस विडम्बना की ओर सभी का ध्यान आकृष्ट किया तथा इस बात की प्रशंसा भी की कि व्यास मणि त्रिपाठी ने देर से ही सही मुख्यभूमि से काफी दूर अण्डमान तथा निकोबार द्वीप समूह में सुमन जी को इतनी भव्यता और गरिमा के साथ याद करने का विधान बनाया जो हिन्दी-क्षेत्र में सम्भव नहीं हुआ। उनकी प्रशंसा ने उत्साहित तो किया ही साथ ही यह सोचने पर विवश भी किया कि क्यों नहीं सुमन जी पर एक पुस्तक सम्पादित की जाये जिससे उनसे सम्बन्धित साहित्यिक सामग्री के अभाव की एक सीमा तक पूर्ति हो सके। यह पुस्तक उसी उद्देश्य का परिणाम है।

'शिव मंगल सिंह 'सुमन' की कविता के विविध आयाम' में संकलित लेखों के निष्कर्षात्मक अवदान के रूप में यही कहा जा सकता है कि सुमन जी की कविताएँ परिवेश के अनुसार सहज ढंग से अपना मार्ग बना सकी हैं। वह मार्ग न तो बहुत ऊबड़-खाबड़ है और न ही पथरीला-कँकरीला। सहजता उसका स्वभाव है और सरलता उसकी नियति। वह विद्वत्मण्डली के लिए श्लाघ्य है तो जनसामान्य के लिए प्रशंसनीय। वह मंचीय कविता के रूप में सुशोभित होती है तो पाठ्य-पुस्तकों में शामिल होने की क्षमता से भी भरपूर है। उसमें एक लम्बी कालावधि के भावों की समाहिती है तो नित नवीनता से परिचालित होते रहने की अदम्य लालसा भी है। इसी से सुमन जी की छवि एक विविधवर्णी एवं बहुआयामी कवि की है और उनकी कविता का आकाश इन्द्रधनुषी आभा से सम्पन्न है। उनके यहाँ नवीन पथ के अन्वेषण और अनुसन्धान की व्यग्रता तथा आकुलता इतनी तीव्र है कि उनमें अनुसरणात्मक प्रवृत्ति नहीं के बराबर है। यह उनकी उस साधना से सम्भव हुआ है जिसमें वे अपने जीवन के सुख-दुख, आशा-निराशा के क्षणों में प्राणों को मथकर शब्द-नवनीत निःसृत करते हैं। तभी लोकमंगल और साधना के स्वरों के साथ यौवन, सौन्दर्य और प्रेम के गीतों का संगम हो सका है। जीवन के यौवन-पट से प्रिय को झाँक लेने का आवेग उमड़ पड़ा है। मन की 'हिल्लोल' तरंगायित हो उठी है लेकिन जब कवि धरती पर उतरता है तब 'जीवन के गान' में प्रवृत्त होता है। मनुष्य उसकी कविता का विषय और विचार बनता है। धरती जिनकी है और जो धरती की फसल हैं उनकी धरती छिन, जाने पर उसे दुःख होता है। जर्जर कंकालों पर वैभव का प्रसाद खड़ा करने वालों को वह कोसता है। यथार्थ के दुर्निवार सत्य का साक्षात्कार और स्वीकार की मानसिकता में 'प्रलय-सृजन' की रचना करता है। इसी से राष्ट्र और लोक-कल्याण की भावनाओं के प्रति सुमन जी का 'विश्वास बढ़ता ही गया' है। उसमें आत्म-संघर्ष और वैचारिक उद्वेलन की प्रबलता इतनी है कि युवामन

के अनगढ़ भावों के लिए कोई स्थान ही नहीं है। अन्त:विरोधों से मुक्त हो लोकचेतना और सैद्धान्तिकता को रचनात्मक धरातल पर जीना ही प्रवृत्ति और नियति बन गयी है। इसी में सुमन जी की भाव-यात्रा का विकास भी अन्तर्निहित है।

'मीडिया और हिन्दी साहित्य' का प्रकाशन सन् 2020 में इंडिया नेट बुक्स, सेक्टर-19, नोएडा, गौतमबुद्धनगर (उ.प्र.) से हुआ है। व्यास मणि त्रिपाठी द्वारा लिखित इस पुस्तक में मीडिया और हिन्दी साहित्य से सम्बन्धित कुल 19 निबन्ध संगृहीत हैं। इसका पहला लेख पुस्तक का शीर्षक है। अन्य निबन्ध हैं–'सांस्कृतिक प्रभुत्ववाद और हिन्दी मीडिया', 'हिन्दी पत्रकारिता और राष्ट्रीय आन्दोलन', 'भाषा-शिक्षण में सोशल मीडिया की भूमिका', 'रामविलास शर्मा और हिन्दी जाति की अवधारणा', 'केवल भाषा परिष्कारक नहीं थे आचार्य द्विवेदी', 'राष्ट्रीय एकता और हिन्दी', 'हिन्दी का भविष्य और भविष्य की हिन्दी', 'काव्य-प्रवाह और प्रतिमान', 'समकालीन कविता के सरोकार', 'रश्मिरथी में दलित-चिन्तन', 'हिन्दी साहित्य में दिव्यांग विमर्श', 'रामचन्द्रिका में लोकनाट्य तत्त्व', 'कथ्यगत विविधता और शिल्पगत नवीनता की लघुकथाएँ', 'आचार्य हजारी प्रसाद द्विवेदी की आलोचना-दृष्टि', 'दिनकर का संस्कृति-विचार : संस्कृति के चार अध्याय', 'भवानी प्रसाद मिश्र और गांधी-दर्शन', 'साहित्य में बाजारवाद'। इन लेखों का सार-संक्षेप यह है कि मीडिया और साहित्य दोनों के चिन्तन में 'मनुष्य' है। दोनों ही 'बेहतर मनुष्य' और 'बेहतर समाज' की संकल्पना को मूर्तित करने में जुटे हैं। एक जहाँ अपनी संचरणशीलता के व्यापक परिप्रेक्ष्य में जन-जागरण की पृष्ठभूमि तैयार करता है तो वहीं दूसरा भावना के धरातल पर मानवीय मूल्यों के संरक्षण और संवर्द्धन में समाज का मददगार बनता है। नियति और नीति में दोनों का लक्ष्य समान है तो क्या उनमें परस्पर पूरकता का भाव भी है, किसी खास बिन्दु पर क्षीण रेखा सदृश परस्पर अन्तर्ग्रथित होने के बावजूद क्या उनमें आपसी सहयोग भी है? शब्द पर गहराते संकट और निरन्तर क्षीण हो रही मानवीय संवेदना के प्रति क्या उनमें समान आकुलता और चिन्तनशीलता की कोई स्थिति है? जीवन और समाज के अन्तर्सूत्रों को जोड़ने में क्या वे अपनी-अपनी भूमिकाओं के सम्यक निर्वहन में संलग्न हैं? बदलते सरोकारों के कारण मीडिया क्या साहित्य के लिए कोई चुनौती है। प्रस्तुति-प्रदर्शन से लेकर चिन्तन और विचारधारा तक लघुमार्ग अपनाकर गतिशील मीडिया की चकाचौंध और जगरमगर के बीच क्या साहित्य के अस्तित्व का कोई संकट है? 'हिन्दुस्तानियों के हित के हेतु' जिस पत्रकारिता का अभ्युदय हुआ था वह क्या अपने उसी लक्ष्य पर अग्रगामी है? लगभग इन्हीं प्रश्नों से जूझने और टकराने का परिणाम है–यह पुस्तक–'मीडिया और हिन्दी साहित्य'। जाहिर है, साहित्य सोच का परिष्कार

है और मीडिया रुचिका। फिर भला दोनों लय-ताल बद्ध कैसे रह सकेंगे? वैसे भी मीडिया की कार्य-प्रणाली और तकनीक के अनन्त विस्तार में उसकी साहित्य के साथ जुगलबन्दी अब कठिन है।

'मीडिया और हिन्दी साहित्य' पुस्तक में पूर्वाग्रह तथा पूर्वराग से मुक्त होकर अचर्चित अथवा अल्प चर्चित विषयों को नवीनता के साथ प्रस्तुत करने का प्रयास किया गया है। दिव्यांगजन में आत्मविश्वास, आत्मबल, आत्मबोध और आत्मनिर्भरता भरने के उद्देश्य से 'हिन्दी साहित्य में दिव्यांग-विमर्श' शीर्षक लेख दिया गया है। रामधारी सिंह 'दिनकर' ने वर्तमान विमर्शकारों की भाँति दलित-चिन्तन भले न किया हो लेकिन 'रश्मिरथी' में इसकी मौजूदगी है जिसका विश्लेषण इस पुस्तक में है। हिन्दी के उज्ज्वल भविष्य को लेकर जो आश्वस्त हैं उन्हें भी हिन्दी के 'हिंग्लिश' होते जाने का भय है। हिन्दी की बोलियों को संविधान की आठवीं अनुसूची में शामिल करने की माँग भी हिन्दी को कमजोर करने की एक बड़ी साजिश है। ऐसे में 'रामविलास शर्मा और हिन्दी जाति की अवधारणा' से हिन्दी के पक्ष में एक उपयुक्त वातावरण बनाने में मदद मिल सकती है। 'राष्ट्रीय एकता और हिन्दी' तथा 'हिन्दी का भविष्य और भविष्य की हिन्दी' से हिन्दी को एक नया आयाम मिल सकेगा।

व्यास मणि त्रिपाठी की चर्चित आलोचनात्मक कृति 'कविता की नयी संवेदना' का प्रकाशन सन् 2020 में वाणी प्रकाशन, दरियागंज, नयी दिल्ली से हुआ है। इसमें 15 लेख संगृहीत हैं–'अज्ञेय : व्यक्ति स्वातन्त्र्य का अन्वेषण', 'नागार्जुन : लोक संवेदना का सर्जनात्मक इतिहास', 'शमशेर : सत्य और सौन्दर्य का सन्धान तथा उन्मक्ति का आह्वान', 'केदारनाथ अग्रवाल : लोकरंग और श्रम सौन्दर्य', 'भवानी प्रसाद मिश्र : समय के साथ समय के पार', 'मुक्तिबोध : अंगारी चेतना का क्रान्ति-स्वर', 'त्रिलोचन : देसी परम्परा और नवीन काव्य-सर्जना', 'गिरिजा कुमार माथुर : देह का रस-राग तथा आत्मा का संगीत', 'नरेश मेहता : मानवीय औदात्य का आलोक पर्व', 'सर्वेश्वर दयाल सक्सेना : सार्थक जिन्दगी की तलाश', 'महेन्द्र भटनागर : जिजीविषा और जयबोध', 'रघुवीर सहाय : कविता में समाज और समाज में कविता', 'कुँवर नारायण : जीवन के यथार्थ से साक्षात्कार', 'केदारनाथ सिंह : ग्राम्य संवेदना और नगरीय-बोध'। यों तो अनाहत और अबाधित काव्य-धारा के प्रवाह में नवीनता का पाथेय हर काल में साथ रहा है, रहना भी चाहिए लेकिन आजादी के बाद के कालखण्ड में हिन्दी कविता के साथ 'नया' विशेषण का जुड़ाव और स्वीकार उन नवीन भाव-दशाओं के आगमन का संकेतक है, जो जीवन-जगत में आये बदलावों के परिणाम थे। मूल्यों के अध:पतन, सांस्कृतिक प्रदूषण तथा

रागात्मक सम्बन्धों में कृत्रिमता के सम्मिश्रण से उपजी अनास्था एवं अविश्वास आदि की भावना ने कविता को जो जमीन प्रदान की उसमें नवता का ही विधान था। जीवन ऊबड़-खाबड़ है तो उसमें सहजता और सरलता का समावेश कैसे हो सकता है? जाहिर है कविता जीवन की पगडंडियों से होकर गुजरती है इसीलिए स्वतन्त्र्योत्तर काल की कविता में यथार्थ के साथ-साथ जटिलताओं और कृत्रिमताओं का आगमन अस्वाभाविक नहीं था। यह सब कुछ चित्तवृत्ति में बदलाव का ही परिणाम था। व्यक्ति-स्वातन्त्र्य की खोज तथा लघु मानव की प्रतिष्ठा का सवाल भी उसी जमीन से उपजा था। जिन्दगी की सार्थकता की तलाश की प्रयत्नशीलता भी वहीं से आयी थी। विसंगतियों और विडम्बनाओं के विरुद्ध क्रान्ति-स्वर की मुखरता के लिए जमीन वहीं से तैयार हुई थी। कविता का लक्ष्य यदि सत्य और सौन्दर्य का सन्धान तथा उन्मुक्ति का आह्वान था तो यह भी विचारणीय था कि कविता में समाज और समाज में कविता अपने-अपने दायित्व निर्वहन में कितने और किस रूप में अन्योन्याश्रित हैं? जिजीविषा और जयबोध की अनगूँज ने कविता को कितना प्राणवान बनाया है? देह का रस-राग तथा आत्मा का संगीत ही सब कुछ है अथवा दोनों की उपस्थिति कविता को एक नयी आभा और नयी ऊर्जा प्रदान करती है? ये प्रश्न ही नयी कविता में उत्तर के रूप में विद्यमान हैं। कथ्य और प्रस्तुति के धरातल पर जिस नवीनता का सृजन हुआ है वह आजादी के बाद की कविता के लिए एक बड़ी उपलब्धि है।

स्वातन्त्र्योत्तर हिन्दी कविता में जिस नवीनता को रेखांकित किया गया, वह एक तरह से संवेदना की ही नवीनता है। काविता की नयी संवेदना में जीवन का हर क्षण अपनी उपस्थिति दर्ज करता हुआ मौजूद है। उसमें नगर भी है, गाँव भी है और लोक भी। कृत्रिमता और जटिलता है तो सहजता और सरलता भी है। इन सबके केन्द्र में है बेहतर मनुष्य और बेहतर समाज की संकल्पना। इसी की चरितार्थता कविता का प्रयोजन है।

'सन्त साहित्य का पुनर्पाठ' का प्रकाशन-वर्ष 2023 है। यह व्यास मणि त्रिपाठी द्वारा सम्पादित एवं शान्ति प्रकाशन, नवा, वाडज, अहमदाबाद, गुजरात से प्रकाशित है। मानवीय मूल्यों के अध:पतन और सांस्कृतिक क्षरण के इस भयावह युग में सन्तों की कविता का पाठ और पुनर्पाठ स्नेह, सौहार्द तथा शान्ति का वातावरण रचने में अपनी महत्त्वपूर्ण भूमिका निभा सकता है। इसी उद्देश्य से यहाँ इन द्वीपों में हमने एक राष्ट्रीय संगोष्ठी के आयोजन की सारी तैयारियाँ कर ली थीं लेकिन निर्धारित तिथि पर विद्वानों/साहित्यकारों के पहुँचने के पहले ही कोविड–19 की दस्तक और लॉक डाउन के चलते संगोष्ठी नहीं हो सकी। संगोष्ठी नहीं हुई लेकिन सन्तों की

वाणी के मूल्यांकन/पुनर्मूल्यांकन तथा पुनर्पाठ/पुनर्विचार के हमारे संकल्प को डिगाया नहीं जा सका तो इसलिए कि हमारे भीतर उन्हीं का भरा हुआ साहस, धैर्य तथा कर्तव्य पथ पर अग्रसरित होने का उत्साह विद्यमान है। इसी से प्रेरित जब हमने विद्वानों/साहित्यकारों के समक्ष 'सन्त साहित्य का पुनर्पाठ' पुस्तक के प्रकाशन का विचार रखा तो उन्होंने न केवल प्रोत्साहित किया बल्कि लेखकीय सहयोग से हमारे मार्ग को सुगम बना दिया। उसी का परिणाम है–यह पुस्तक। इसमें कुल 19 लेख शामिल हैं–'सन्त साहित्य का पुनर्पाठ' (उदय प्रताप सिंह), 'सन्त कवियों की 'अमृत वाणी' जीवनदायिनी' (योगेन्द्रनाथ शर्मा 'अरुण'), 'सन्त साहित्य परम्परा और प्रभाव' (भगवान स्वरूप शर्मा 'चैतन्य'), 'आधुनिक सन्दर्भ में सन्त काव्य की प्रासंगिकता' (आदित्य प्रचण्डिया), 'सन्तकाव्य में शौर्य के स्वर' (कृष्णगोपाल मिश्र), 'सन्त साहित्य : वर्तमान परिप्रेक्ष्य' (संजय मिश्र), 'सन्त काव्य में युग बोध (पुष्पा खण्डुरी), 'सन्त-संस्कृति और धर्म निरपेक्षता' (कनुप्रिया प्रचण्डिया), 'कबीर : व्यक्ति और समाज की मुक्ति की आकांक्षा' (व्यास मणि त्रिपाठी), 'ढाई आखर प्रेम का' (राजेन्द्र परदेसी), 'कबीरदास एवं शंकरदेव : वैचारिक समानता के क्रान्तिकारी सन्त' (हरेराम पाठक), 'रविदास की प्रासंगिकता' (रत्ना कुशवाह), 'मलूकदास का जीवन-दर्शन' (विनय कुमार पाठक), 'गुरुनानक काव्य में सामाजिक क्रान्ति के स्वर' (अमर सिंह वधान), 'शेख फरीद के काव्य में मानवतावादी चिन्तन' (अमर सिंह वधान), 'दादू दयाल का समाज-चिन्तन' (आनन्द प्रकाश त्रिपाठी), 'सहजो बाई का सहजभाव' (त्रिभुवननाथ शुक्ल), 'दयाबाई का मानुष-भाव' (त्रिभुवननाथ शुक्ल) और 'सन्त काव्य का महत्त्व' (अलका प्रचण्डिया)।

'सन्त साहित्य का पुनर्पाठ' में शामिल लेखों का सार-संक्षिप्तीकरण यह है कि सन्तों और भक्तों के सामने परिस्थितियों की अनुकूलता नहीं थी। अपनी साधना, त्याग और तपस्या के बल पर उन्होंने प्रतिकूल को भी अनुकूल बनाया। बड़े-बड़े सामन्तों और बादशाहों के अभिमान को धूलि-धूसरित किया। साधारण ता में अपनी असाधारणता के द्वारा सामान्यजन के भीतर जगह बनायी। सत्य, ईमानदारी, नैतिकता और आचरण की पवित्रता से उन्होंने अपनी महानता की जो रेखाएँ 'खिंची' उनको कोई दूसरा अतिक्रमित नहीं कर सका। कथनी और करनी में अभेद के कारण वे मार्गदर्शक के रूप में प्रतिष्ठित हुए तो शुचिता और सहजता ने उन्हें जनता में अपार लोकप्रिया प्रदान की। गार्हस्थ्य जीवन जीते हुए भी माया के बन्धन से मुक्त रहे तो कर्म में लीन आजीविका की व्यवस्था करते हुए ईश्वर से उतना ही माँगा जितने में उनका गुजर हो सके और कोई अतिथि द्वार से भूखा न जाये। परदुःखकातरता और

करुणा ने उनकी आँखों में विरक्ति का जो संसार रचा उसकी व्यापक परिधि में जीव की मुक्ति की भावनाओं ने अध्यात्म की डगर दिखा दी। शास्त्र और लोक में से लोकानुभव और देखी की काव्यानुभूति ने प्रामाणिकता और विश्वसनीयता का ऐसा वातावरण निर्मित किया कि वह आज भी लोक की साँस में समाहित है। एक लम्बा कालखण्ड बीत जाने के बावजूद उनके हृदय के उद्गारों ने अपना वही प्रभाव बनाये रखा जो उनके जीवन-काल में था। उनकी वाणी आज भी उसी क्षमता के साथ आलोक वाहक बनी हुई है जैसे वह उस तमसाच्छन्न युग में थी। यही सन्त साहित्य की प्रासंगिकता है। यही सब बातें व्यास मणि त्रिपाठी द्वारा सम्पादित 'सन्त साहित्य का पुनर्पाठ' के लेखों में भी सन्निहित हैं।

व्यास मणि त्रिपाठी द्वारा सम्पादित 'फणीश्वरनाथ 'रेणु' : लोक संवेदना के यथार्थ सर्जक' का प्रकाशन सन् 2023 में शान्ति प्रकाशन, नवा वाडज, अहमदाबाद, गुजरात से हुआ है। इसमें शामिल लेख हैं–'रेणु से संवाद' (त्रिभुवननाथ शुक्ल), 'रेणु : लोक जीवन में समरस क्रान्तिदर्शी (गिरीश पंकज) ' 'रेणु' का आत्म-संघर्ष और उनकी औपन्यासिक चेतना' (वरुण कुमार तिवारी), 'फणीश्वरनाथ रेणु : व्यक्तित्व-कृतित्व-एक रेखांकन' (संजय मिश्र) 'रिपोर्ताज परम्परा और रेणु के रिपोर्ताज' (अलका प्रचण्डिया), 'रेणु का ऋण जल-धन जल अर्थात् अस्तित्व बचाने की जद्दोजहद' (भारत यायावर), 'फणीश्वरनाथ रेणु का कथा साहित्य : जख्मी हिरण-सी मानवता को पनाह' (आनन्द प्रकाश त्रिपाठी), 'फणीश्वरनाथ रेणु का औपन्यासिक नवोद्भव' (सुरुचि मिश्र), 'फणीश्वरनाथ रेणु के उपन्यास द्वय' (आदित्य प्रचण्डिया), 'रेणु के उपन्यास : आंचलिकता के निकष पर' (कृष्णगोपाल मिश्र), 'रेणु के उपन्यासों में विकलांग चरित्र' (विनय कुमार पाठक), 'मैला आँचल : मुरझाये ओठों पर मुस्कान लाने की कामना' (व्यास मणि त्रिपाठी), 'मैला आँचल : आंचलिक उपन्यास राष्ट्रीय समस्याएँ' (हरेराम पाठक), 'मैला आँचल के राजनैतिक एवं सामाजिक सन्दर्भ' (राजेन्द्र परदेसी), 'रेणु की कविताएँ' (जितेन्द्र प्रताप सिंह) 'फणीश्वरनाथ रेणु की कहानियाँ' (कनुप्रिया प्रचण्डिया)। फणीश्वरनाथ रेणु की रचनाएँ अगर लोकप्रियता और पठनीयता के शिखर पर हैं, तो इसका श्रेय उनकी उस संवेदना को जाता है जो अपनी यथार्थता और प्रस्तुति से सबको अभिभूत कर लेती है। वे लोक को साहित्य के फैशन के रूप में नहीं अपनाते बल्कि लोक उनके हृदय में इस तरह रचा बसा है कि वे जब भी अपना हृदय-कोष खोलते हैं, तब कोई-न-कोई रत्न बहिर्मुख हो उठता है। इसका कारण सिर्फ यही है कि उन्होंने लोक को जिया है, उसकी संवेदनाओं को आत्मसात किया है और लोक शैली में ही उसे व्यक्त भी कर दिया है। इस पुस्तक में शामिल लेखों के विचारों/भावों का सारांश यही है।

'कविता की समकालीन संवेदना' व्यास मणि त्रिपाठी की चर्चित आलोचनात्मक कृति है। इसका प्रकाशन 2023 में वाणी प्रकाशन, दरियागंज, नयी दिल्ली से हुआ है। यों तो हर काल और परिवेश में कविता की भूमिका वाद-विवाद और संवाद के घेरे में रही है किन्तु क्षण-क्षण बदलती दुनिया और परिवेश के इस ह्रासोन्मुख संवेदनशीलता वाले भयावह समय में उसे और भी अधिक चुनौतियों का सामना करना पड़ रहा है। कविता के केन्द्र में भले ही 'मनुष्य' है लेकिन विडम्बना यह है कि आज मनुष्य के केन्द्र में कविता नहीं है। कविता को बौद्धिक विलास मानकर उसके महत्त्व को नकारने वाले अगर बहुत हैं तो भौतिकता की अन्धी सुरंग में दौड़ लगाकर हर चीज में 'फायदा' खोजने वाली मानसिकता में भी कविता के लिए कोई स्थान नहीं बचा है। यही कारण है कि समकालीन कवि को बार-बार कविता की ताकत का एहसास कराना पड़ रहा है। उसे यह कहना पड़ रहा है कि कविता हर उस आँख की दरख्वास्त है जिसमें आँसू है। कविता पर मँडराते संकट के बारे में उसे आश्वासन देना जरूरी लगता है कि अँधेरे में चिड़ियों की तरह चहचहाती और गूँजती रहेंगी कविताएँ। किसी को पृथ्वी की बासन्ती आँख से देखे हुए सपने को कहने की इच्छा जागती है तो किसी को राजनीति के धूल-धक्कड़ के बीच कलम की हिफाजत से होने का भरोसा देना पड़ता है। यह सब इसलिए कि कविता मानवीय उदात्तता की संवेदनशील आकांक्षा की अभिव्यक्ति का सबसे सशक्त माध्यम है। समकालीन कवियों ने उसे किस रूप में प्रकट किया है उसे इस पुस्तक में शामिल लेखों से समझा जा सकता है। वे लेख हैं–'रामदरश मिश्र : अनुभव की बहुरंगी और आत्मीय दुनिया', 'श्रीकान्त वर्मा : राजनीति के धूल-धक्कड़ के बीच हिफाजत वाली कलम', 'चन्द्रकान्त देवताले : पृथ्वी का देखा हुआ सपना कहने की अभिलाषा', 'विश्वनाथ प्रसाद तिवारी : मानवीय उदात्तता की संवेदनशील आकांक्षा', 'सुनीता जैन : जिजीविषा और आस्था का उत्सव', 'लीलाधर जगूड़ी : विस्तृत अनुभव-सत्य और विचार-वैविध्य', 'राजेश जोशी : वर्तमान से मुठभेड़ और भविष्य का स्वप्न', 'वरुण कुमार तिवारी : क्षितिज की पगडंडी पर उजास की आस', 'मंगलेश डबराल : अनुभूति का यथार्थ और संघर्ष का ताप', 'आदित्य प्रचण्डिया : वैचारिक ऊष्मा और सघन संवेदना', 'अरुण कमल : मनुष्यता के उज्ज्वल पक्ष की तलाश', 'लीलाधर मंडलोई : चुनौती भरे समय में एक सार्थक वक्तव्य', 'संजीव कुमार : पौराणिक सन्दर्भ-समकालीन विमर्श', 'अनामिका : स्त्रीवाद का कविता से सार्थक गठबन्धन।

'कविता की समकालीन संवेदना' की अभिव्यक्ति में प्रश्नों की बड़ी भूमिका है। प्रश्न समय से है, जीवन से है, समाज से है और सबसे अधिक प्रश्न राजनीति

के झण्डाबरदारों से है। इसका कारण यह है कि सूचना के विस्फोट काल में जब कुछ भी निजी और गुप्त नहीं है, तब भी लोग अन्याय और अत्याचार के विरुद्ध चुप हैं। वाल्मीकि की करुण संवेदना के मूल में क्रोध और विरोध था। कविता की समकालीन संवेदना में भी क्रोध और विरोध है लेकिन वहाँ शाप का विधान था और यहाँ संघर्ष का। समकालीन कविता अपनी संवेदना में जूझने और संघर्ष करने की प्रेरणा देने वाली कविता है।

साहित्य अकादेमी, रवीन्द्र भवन, फिरोजशाह मार्ग, नई दिल्ली से 2024 में प्रकाशित 'भारतीय साहित्य के निर्माता : परमानन्द दास' विनिबन्ध के लेखक व्यास मणि त्रिपाठी हैं। नन्ददास और परमानन्ददास अष्टछाप के महत्त्वपूर्ण कवि हैं। जिन्होंने पुष्टिमार्गीय वल्लभ सम्प्रदाय के सिद्धान्तों को जनवाणी देने का कार्य किया है। डॉ. त्रिपाठी ने इन दोनों पर विनिबन्ध लिखकर उनके सन्देशों को जन-जन तक पहुँचाने की कोशिश की है।

डॉ. कृष्ण गोपाल मिश्र की आलोचनात्मक पुस्तक 'शब्द साधक-डॉ. व्यास मणि त्रिपाठी' का प्रकाशन सर्वभाषा ट्रस्ट, राजापुरी मेन रोड, उत्तम नगर, नई दिल्ली से वर्ष 2024 में हुआ है। इसमें डॉ. मिश्र ने व्यास मणि त्रिपाठी के व्यक्तित्व-कृतित्व का सम्यक् मूल्यांकन परिशिष्ट सहित छह अध्यायों–'जीवन-पथ : कर्म अनुष्ठान के पावन वरदान', 'काव्य-पथ पर प्रगति-रथ', 'कहानी संवेदना और शिल्प', 'समीक्षा : दृष्टि और सृष्टि', 'साहित्यिक प्रदेय के अन्य पक्ष' में किया है। अण्डमान निकोबार के किसी रचनाकार के जीवन और साहित्य पर लिखी यह पहली पुस्तक है। अद्‌भुत और अनूठी।

वाणी प्रकाशन से 2024 में प्रकाशित 'संस्कृति और संवेदना' पुस्तक में व्यास मणि त्रिपाठी ने भारतीय संस्कृति के विविध पहलुओं पर गम्भीरता से विचार किया है। भारतीय साहित्य में अन्तर्निहित जीवन-मूल्यों की पड़ताल की है। मुरझाये ओठों पर मुस्कान लाने की कामना से प्रेरित साहित्यिक सरोकारों की दुनिया को उजागर किया है।

अन्य गद्य-विधाएँ

अण्डमान तथा निकोबार द्वीप समूह के लेखकों की रुचि अन्य गद्य-विधाओं में भी देखी जा सकती है। द्वीपों के प्रसिद्ध कवि डॉ. श्रीकान्त उपाध्याय (जिनकी प्रसिद्ध कविता 'पर्वत घाटी बसा नगर' कभी द्वीपवासियों का कण्ठहार बनी हुई थी) ने निजी अनुभवों पर आधारित अण्डमान-निकोबार द्वीप समूह का अद्वितीय रोचक संस्मरण लिखा है–'दस डिग्री चैनल'। यह पुस्तक सन् 2017 में नेशनल पब्लिशिंग हाउस, अंसारी रोड, दरियागंज, नयी दिल्ली से प्रकाशित हुई है। 'दस डिग्री चैनल' अर्थात् बंगाल की खाड़ी का एक दुर्गम दुरूह प्रवाह जो दस अंश उत्तरी अक्षांश पर पूर्व-पश्चिम स्थित है। यह 145 किलोमीटर चौड़ा और 2,400 फुट गहरा है। ऐसा विक्षुब्ध सागर का जल जिसमें छोटे-मोटे जहाज उतरने की हिम्मत नहीं करते और बड़े जहाज रात के अँधेरे में इसे इसलिए पार करते हैं जिससे उनके यात्रियों को पानी के उत्थान-पतन का एहसास कम हो। यह पानी का वह प्राचीर है जो अण्डमान को निकोबार से अलग करता है। अण्डमान के द्वीपों में बसी नीग्रोवंशी श्यामवर्णी जनजातियाँ पानी की इसी दीवार के कारण अपनी अलग पहचान रखती हैं तथा निकोबार के द्वीपों में बसी मंगोलवंशीय गौरवर्णी जनजातियाँ अपनी अलग। इस संस्मरणात्मक पुस्तक में 25 निबन्ध हैं–'पूर्वसन्ध्या', 'प्रस्थान', 'कलकत्ता', 'बंगाल की खाड़ी', 'फूले हैं कनेर', 'सड़क जहाँ से मुड़ती है', 'निष्कासन', 'लार्ड टेनीसन के शोकगीत', 'हंसराम वैष्णव', 'माउंटबेटेन टॉकीज', 'गोलघर', 'यक्ष प्रश्न', 'अनुपस्थित हैं सागर पाखी', 'दस डिग्री चैनल', 'कार निकोबार', 'नाम में क्या है', 'रम डे', 'बोतलें', 'पत्र दिवस', 'मगरमच्छ की आँखें', 'ये आदिम वाशिन्दे', 'अण्डमान : इतिहास के वातायन से', 'ऑक्टोपस की बाँहों में'। डॉ. श्रीकान्त उपाध्याय ने इसके माध्यम से अपने कालखण्ड के इतिहास और कल्पना का सजीव चित्र खींचा है

'दस डिग्री चैनल' पुस्तक की शुरुआत लेखक इलाहाबाद की उस सन्ध्या से करता है जिसमें उसे पण्डित नेहरू के निधन की सूचना मिलती है। जून 1964 में

वह प्रतापगढ़ स्टेशन से कलकत्ता होते हुए पोर्टब्लेयर जाने के लिए प्रस्थान करता है। कलकत्ता पहुँचने पर वहाँ का रोमांचक दृश्य उसे संस्मरण का शीर्षक बनाने के लिए विवश करता है। 20 जून 1964 को एम.वी. अण्डमान जहाज से वह पोर्टब्लेयर के लिए प्रस्थान करता है। पोर्टब्लेयर और उसके आसपास के द्वीपों तथा सुदूर ग्रेट निकोबार के कैम्पवेल बे में अपने प्रवास के दौरान जिये-भोगे अनुभवों को डॉ. उपाध्याय ने जिस तरह प्रस्तुत किया है उसमें रोमांच है, दुःख है, पीड़ा है, गैर-बराबरी की अनुभूति है, चिन्तन है, अण्डमान से बाहर निकलने की अभिलाषा है। पुणे स्थित खड़कवासला की राष्ट्रीय रक्षा अकादमी में अध्यापक नियुक्त होकर जाने से पहले (यानी सन् 1982) के अण्डमान निकोबार का जीवन-यथार्थ (जो कुल 17 वर्षों का है) इस संस्मरणात्मक पुस्तक में विद्यमान है। भाषा का लालित्य देखते ही बनता है।

डॉ. ब्रह्मस्वरूप शर्मा का 'आँखो देखा अण्डमान' भी एक संस्मरणात्मक कृति ही है किन्तु इसकी भूमिका में ललित निबन्धों का संग्रह कहकर इसकी संस्मरणात्मक छवि को धूमिल कर दिया गया है। यही कारण है कि मैंने इस पुस्तक को निबन्ध वाले संवर्ग में रखकर जाँचा-परखा है। मूल्यांकन किया है। यहाँ यह उल्लेखनीय है कि डॉ. ब्रह्मस्वरूप शर्मा इन द्वीपों में डॉ. श्रीकान्त उपाध्याय के बाद आये थे। दोनों के आगमन की तिथियों में पाँच-छह वर्ष का अन्तराल रहा है और इसीलिए अण्डमान-निकोबार को देखने की दोनों की दृष्टियों में यत्किंचित अन्तर है। जहाँ तक भाषा की बात है तो श्रीकान्त उपाध्याय की भाषा दण्डी के गद्य का लालित्य लिए हुए है जबकि ब्रह्म स्वरूप शर्मा की भाषा में सपाटबयानी की अधिकता है।

साक्षात्कार विधा आकाशवाणी, पोर्टब्लेयर से फलती-फूलती रही है लेकिन उसका पुस्तकाकार प्रकाशन देखने को नहीं मिलता। व्यास मणि त्रिपाठी द्वारा सम्पादित पुस्तक 'अण्डमान का हिन्दी साहित्य' में कुछ साक्षात्कार संगृहीत हैं जिनका विवरण इस प्रकार है–'द्वीपों के नाट्यकर्मी नवीन चन्द्रा 'नवीन' के साथ मदन मोहन सिंह की भेंटवार्ता', 'शोम्पेन आदिवासियों के बीच सामाजिक कार्यकर्ता रामकृपाल तिवारी से पुरुषोत्तम लाल वाशिष्ठ की बातचीत', 'तेलुगु और हिन्दी के सेतु बालशौरि रेड्डी से व्यास मणि त्रिपाठी की बातचीत 'साहित्य-मनीषी निर्मल कुमार श्रीवास्तव से सन्त प्रसाद राय की भेटवार्ता'।

इतिहास को केन्द्र में रखकर लिखी गयी पुस्तक 'भारतीय स्वाधीनता संग्राम और अण्डमान' का प्रकाशन सन् 2023 में प्रकाशन विभाग, सूचना एवं प्रसारण मन्त्रालय, भारत सरकार, नयी दिल्ली से हुआ है। इसके लेखक हैं व्यास मणि त्रिपाठी। इस पुस्तक में ऐतिहासिक तथ्यों को लालित्यपूर्ण काव्यमयी भाषा में प्रस्तुत

किया गया है। इसे पढ़ते हुए कविता-पुस्तक की सी अनुभूति का होना इसके महत्त्व को द्विगुणित करता है।

अण्डमान तथा निकोबार द्वीप समूह में मुकम्मल उपन्यास की कोई पुस्तक देखने को नहीं मिलती है। कृष्ण कुमार 'विश्वेन्द्र' की एक किताब 'अन्ततः' हिन्दी साहित्य सदन, करोल बाग, नयी दिल्ली से सन् 2017 में छपी है। यह पुस्तक इतिहास और उपन्यास का सम्मिश्रण है। यह न तो इतिहास है और न ही उपन्यास। ऐतिहासिक उपन्यास की श्रेणी में इसे रखना भी उचित इसलिए नहीं लगता कि स्वयं लेखक ने इसके मुख-पृष्ठ पर 'अन्ततः एक रोमांचक इतिहास' लिखा है। उसी पृष्ठ पर आगे यह भी लिखा है, "एक हिन्दुस्तानी सैनिक के जीवन से जुड़ी रोमांचक, विस्मयकारी एवं भावपूर्ण गाथा'। सम्भव है लेखक स्वयं दुविधा में हो कि इस कृति को क्या कहा जाय? हालाँकि अपने दो शब्द में उसने उसे ऐतिहासिक कथा माना है–'ईस्ट इंडिया कम्पनी के एक हिन्दुस्तानी सैनिक के जीवन से जुड़ी रोमांचक सत्य घटना पर आधारित इस ऐतिहासिक कथा का विस्तृत ताना-बाना बुनते मेरा प्रयास रहा है कि इसमें पाठकों को कोरी कल्पना नहीं, बल्कि तथ्यपरक सच्चाई झलके और अहसास हो सके कि कदाचित, ऐसा या इसी तरह कुछ घटित हुआ होगा और वे इसे पढ़ते हुए तत्कालीन ऐतिहासिक तथ्यों से अवगत होते, माहौल और परिस्थितियों को समझते और किरदारों की भावनाओं से जुड़ते हुए घटी-घटनाओं को जीवन्त महसूस कर सकें।" यही कारण है कि इस कृति का नायक दूधनाथ तिवारी होते हुए भी आजादी का वह कालखण्ड नायकत्व प्राप्त कर लेता है जिसमें तिवारी विद्रोही और भगोड़ा होने के लिए विवश हुआ था। कम्पनी की फौज का एक सिपाही दूधनाथ तिवारी सन् 1857 का प्रभाव ग्रहण करते हुए बागी हो गया। उसे 'कालापानी' भेजा गया। यातनामय नारकीय जीवन से ऊब कर वह भी अपने कुछ साथियों के साथ जंगल की ओर भागा। उसके साथी अन्न-जल के अभाव में अथवा आदिवासियों के विषबुझे तीरों के निशाने पर आकर काल कवलित हो गये। संयोग से दूधनाथ तिवारी पर आदिवासियों की कृपा हो गयी। उसे मारने के बजाय दल का सदस्य बना लिया गया। इतना ही नहीं उसकी शादी भी कर दी गयी।

अण्डमानी आदिवासियों के बीच दूधनाथ तिवारी लगभग एक वर्ष तक रहा। वह उनका विश्वासपात्र बन गया। उनकी भाषा/बोली सीख लिया। इधर अंग्रेज दण्डीबस्ती बनाने के उद्देश्य से लगातार जंगलों की सफाई और कटाई का कार्य करा रहे थे। भोले-भाले आदिम मानवों को यह उनकी जमीन पर अतिक्रमण जैसा लगा। यों तो उन्होंने पहले भी अंग्रेजों के इस कृत्य का छिट-फुट विरोध किया था किन्तु अपनी संगठित शक्ति के बल पर एक भीषण आक्रमण की योजना बनायी।

इस जानकारी को दूधनाथ तिवारी से छिपाया नहीं गया था बल्कि वह भी इस आक्रमण का हिस्सा था किन्तु उसके मन में और ही खिचड़ी पक रही थी। वह सजा माफ कराकर अपने गाँव जाना चाहता था। यही कारण है कि उसने आदिवासियों के आक्रमण की योजना अंग्रेजों से बता दी। आदिवासियों ने जब अबरडीन पर आक्रमण किया तब अंग्रेज सतर्क और सावधान हो गये थे। उन्होंने नृशंसतापूर्वक अण्डमानी आदिवासियों का संहार किया 'अबरडीन की लड़ाई' में अंग्रेज जीते लेकिन दूधनाथ तिवारी के कारण! उसे माफी देकर उसके गाँव भेज दिया गया। उसके विश्वासघात ने आदि मानवों की कमर तोड़ दी। अपनी जमीन बचाने का उनका सपना अधूरा रह गया। यही वह कथानक है जिस पर कृष्ण कुमार 'विश्वेन्द्र' ने 'अन्ततः' की रचना की है। 'अन्ततः' में उनकी सहानुभूति का झुकाव दूधनाथ तिवारी की ओर है फिर भी उसके कृत्य को जायज नहीं ठहराया गया है। लेखक ने दूधनाथ तिवारी के माध्यम से सन् सत्तावन के बाद के परिवेश को उभारने में सफलता प्राप्त की है। दण्डीबस्ती और उसकी यातनाओं के वर्णन में भाषा ने भरपूर सहयोग किया है।

संस्मरण की दृष्टि से डॉ. व्यास मणि त्रिपाठी द्वारा सम्पादित पुस्तक 'स्मृतियों में अण्डमान' पठनीय है। यह अनंग प्रकाशन, उत्तरी घोण्डा, दिल्ली से सन् 2024 में प्रकाशित है। सम्पादक की अभिलाषा यह रही है कि लेखक/रचनाकार जिन्होंने अण्डमान की यात्रा की हो और इससे जुड़ी स्मृतियों को कलमबद्ध किया हो उसे पुस्तकाकार पाठकों तक पहुँचाया जाए। इसी का परिणाम है यह पुस्तक। इसमें प्रताप सहगल, त्रिभुवन नाथ शुक्ल, बलराम अग्रवाल, ऋता शुक्ल, श्रीकान्त उपाध्याय, व्यास मणि त्रिपाठी, मधुरिमा मिश्र, करुणाशंकर उपाध्याय, आनन्द प्रकाश त्रिपाठी, ब्रह्म स्वरुप शर्मा तथा नीरज नैथानी के बड़े ही रोचक तथा ज्ञानवर्द्धक संस्मरण हैं।

पद्य-साहित्य

अण्डमान तथा निकोबार द्वीप समूह में सर्वाधिक रची और पढ़ी-सुनी जाने वाली विधा है–कविता। सन् 1960 में प्रकाशित देवता प्रसाद त्रिपाठी का काव्य 'शिशु' को द्वीप समूह का प्रथम प्रकाशित काव्य होने का गौरव प्राप्त है। इसमें शिशुता की अनेक रूपों की कल्पना की गयी है। जन्म के कारणों, उद्देश्यों तथा क्रियाकलापों का बड़ा ही मनोहारी वर्णन हुआ है। दो आत्माओं के मधुर मिलन का साक्षी शिशु अतिशय कोमल, सौन्दर्य-सुषमा का सागर, माता-पिता के लिए ही नहीं बल्कि सारे संसार के लिए आनन्द की उज्ज्वल तरंग है। कवि उसे चित्रकार की रुचिर कला एवं स्नेह विधाता कहता है–"चित्रकार की रुचिर कला, स्वयं यह स्नेह विधाता" (पृष्ठ 3)। इतना ही नहीं, वह उसे अन्तरिक्ष की विशद कला का दिव्य प्रत्यक्ष प्रमाण मानता है जो अनन्त देव की अनन्तता का निर्माण करता रहता है–"अन्तरिक्ष की विशद कला का, दिव्य प्रत्यक्ष प्रमाण/अनन्त देव की अनन्तता का करता है निर्माण।" (पृष्ठ 4) माँ उसमें अपना प्रतिबिम्ब निहारती रहती है। अपना शैशव ढूँढ़ती है। शिशु के हाथ-पैर पटकने, मुस्कुराने, ताकने, देखने की क्रियाओं से वह फूले नहीं समाती। इतना ही नहीं, वह उसके अवांछित कार्यों को असह्य अथवा असुविधाजनक नहीं मानकर आनन्द का कारक मानती है। उधर शिशु भी अष्टसिद्धि नवनिधि के सुख से बड़ा सुख माँ की गोद में पाता है–

शिशु के असह्य कार्य का प्रतिफल
माँ हित रहा विनोद
अष्टसिद्धि नवनिधि से बढ़कर
सुखदा माँ की गोद।

(वही, पृष्ठ 6)

शिशु का ज्ञानी होकर कर्मक्षेत्र में उतरना सुयश का आधार बन सकता है। विद्या व्यक्ति को ज्ञानी और विनयी बनाती है। इसलिए वही सुयश की पीठिका है–"*विद्या*

ही आधार सुयश का, जिसकी लम्बी रेख/अन्तरिक्ष की संचित सम्पत्ति, यश का सरल सुलेख। (वही, पृष्ठ 12), गीतात्मकता एवं नाद-सौन्दर्य की दृष्टि से यह काव्य प्रशंसनीय है। आलंकारिकता एवं बिम्बधर्मिता से काव्य-सौष्ठव में चारुता आयी है। जहाँ दार्शनिकता का पुट है, वहाँ भाषा में क्लिष्टता है लेकिन जहाँ भाव-प्रवणता है, वहाँ सहजता एवं सरलता, विद्यमान है।

देवता प्रसाद त्रिपाठी ने 'शिशु' के बाद सन् 1962 में 'भारत प्राण नेहरू' की रचना की थी। यह भारत-चीन युद्ध को आधार बनाकर लिखा हुआ काव्य है। इसकी भाषा ओजमयी तथा पौरुषपूर्ण है। वीर रस का पूर्ण परिपाक इसमें द्रष्टव्य है।

नव परिमल, पोर्टब्लेयर द्वारा सन् 1979 में प्रकाशित 'कृति' में हिन्दी और अहिन्दी भाषी 22 कवियों की कविताएँ संगृहीत हैं। सम्पादक-मण्डल विशेषतः मदन मोहन सिन्हा 'मनुज' ने रचनाओं के चयन से लेकर उसकी प्रस्तुति तक जिस गाम्भीर्य और सौन्दर्याभिरुचि का परिचय दिया है, उससे यह संकलन अपने आप में विशिष्ट बन पड़ा है। इसकी कविताओं में सुख-दुःख, आशा-निराशा, संघर्ष-आक्रोश की मौजूदगी इस बात का प्रमाण है कि रचनाकारों की संवेदना उस परिधि तक जाती है, जहाँ कवि सामान्यजन की पीड़ा एवं दुःख को दूर करने की न केवल कामना करता है बल्कि उससे मुक्ति हेतु स्वयं संघर्ष के लिए प्रस्तुत भी रहता है। सामान्यजन की विडम्बनाओं को व्यक्त करने में संग्रह की कविताएँ सफल हैं, इसके लिए कहीं हास्य-व्यंग्य को माध्यम बनाया गया है तो कहीं सपाटबयानी को। श्रीमती गीता कृष्णार्ती की कविताओं 'फिर वही खिड़की', 'प्रतिद्वन्द्वी' और 'मुदित लता' में सौन्दर्य के प्रति रुझान भी है और विकर्षण भी, आह्लाद भी है और नश्वरता के बोध से उत्पन्न वैराग्य की अनगूँज भी। विजय बहादुर की 'आपबीती' शीर्षक कविता उस जिजीविषा और उस संघर्ष को अभिव्यक्त करती है, जिसमें कवि अपने जीवन से हार नहीं मानता–"अभी तक जीवन से हारा नहीं हूँ।" राजेन्द्र प्रताप सिंह की 'मेरे कवि', 'कह दो', 'शोर', 'दायरा' शीर्षक कविताओं में जीवन-संघर्ष और विषम परिस्थितियों का उल्लेख है। मदन मोहन सिन्हा 'मनुज' की 'मैं' मनुज हूँ', 'सुधियों की साँझ', 'हर सफर मेरे लिए सन्धान है', 'द्वीप' शीर्षक कविताएँ जीवन-संघर्ष में निरन्तर गतिशीलता की प्रेरणा देती हैं। मनुज की प्रसिद्ध कविता 'मैं मनुज हूँ' की निम्नलिखित काव्य-पंक्तियाँ द्रष्टव्य हैं जिसमें मैं और तुम के माध्यम से अमीर-गरीब, सम्भ्रान्त-सामान्यजन के बीच की खाई का मार्मिक चित्र खींचा गया है–

मैं मनुज हूँ धूल में लिपटा हुआ
तुम नये आकाश से उजले धुले।

मैं धरा को प्यार करना चाहता
तुम धरा से नित उबरना चाहते।
मैं जहाँ हूँ जिन्दगी के पास हूँ
जिन्दगी से दूर तुम होते गये।
मैं अभावों आह से भरपूर हूँ
तुम सुखों की सेज पर सोये हुए।
मैं जिया हूँ गलतियों में हार में
तुम पले हो प्यार में मनुहार में
मैं जिया हूँ जिन्दगी से जूझकर
तुम जिये हो जी लगाने के लिए।

(कृति, पृष्ठ 35

'कृति' में ही संकलित नवीन चन्द्रा 'नवीन' की दोनों कविताएँ–'विद्रोही' और 'मेरा देश' में आधुनिक राजनीति की कलई खोलने की कोशिश की गयी है। विनोद तिवारी का गीत 'तारे आसमान के' तथा 'या कुछ और शीर्षक' कविताओं ने इस संकलन की गरिमा को और बढ़ा दिया है। डॉ. बी.जी. मातापुरकर की 'रारस्वती नमन', 'उष:काल', 'जीवन'; निर्मल कुमार श्रीवास्तव की 'अण्डमान-आत्मकथा', 'अविराम युद्ध', 'खलिहान', 'द्वीप पहचान'; सी.डी. इलियास कुन्दन की 'जिन्दगी एक फूल', 'यह संसार एक उलझन', 'अगर हम एक हो जायें' कविताएँ द्वीपीय काव्य-सृजन के सन्दर्भ में बहुत कुछ आशाएँ बँधाती हैं। आनन्दवल्लभ शर्मा 'सरोज' की खड़ी बोली की कविताएँ–'मधुर गीत', 'सूर के प्रति', 'विजय वीणा', 'फाल्गुन का फाग' तो मनोहारी हैं ही इनकी ब्रजभाषा में रचित 'अण्डमान' कविता ने भी पाठकों को आत्मविभोर किया है। 'अण्डमान' शीर्षक कविता का एक छन्द यहाँ प्रस्तुत है जिससे कवि की ब्रजभाषा पर पकड़ का अन्दाजा लगाया जा सकता है–

कदली फल नारिकेल, पुंगी तरु पुंजन की,
मंजुल निकुंजन ज्यों कुन्द कली विकसी।
कैंधों मात भारत के प्यार कौ परस पाइ,
बन्दिनी बनी है प्रेम पंजर में पिकसी
धाराधर धारनि पहारन के ढारन पै,
पगन पसार के गयी है पुनि टिक सी

सुकवि 'सरोज' अण्डमान की धरा त्यौं लसे,
सागर सौं गागर लै नागर ज्यों निकसी॥

('कृति', पृष्ठ 62)

लाखन सिंह कुशवाह की 'नयी पौध सजग है', 'परिस्थितियाँ बदलेंगी ,'प्रह्लाद कौन', 'आधुनिक परिवेश और रचनाकार' शीर्षक कविताओं ने 'कृति' काव्य-संग्रह की शोभा तो बढ़ाई ही है कवि की सृजनशीलता का प्रमाण भी दिया है। ओमप्रकाश वर्मा की 'कितने प्यारे-प्यारे द्वीप', 'उस वीणा के तार बदल दो', 'चाँद धरती का', 'संकल्प' 'चमचे' कविताएँ भी काफी सराहनीय हैं। मंजीत सिंह आजाद, अजय कुमार सिंह, राजेन्द्र यादव 'प्रसून' की कविताओं में सहजता है, सरलता है और कथा की गम्भीरता भी। कुमारी रोशनआरा 'दिलवर' की 'जनता' शीर्षक कविता में समाज की विसंगतियाँ बेबाक ढंग से प्रस्तुत हैं। अहिन्दी भाषी रचनाकार मद्दाल सत्यनारायण मूर्ति की 'अण्डमान में सूरदास' और 'शिखर निर्णय' कविताओं ने 'कृति' की गरिमा में अभिवृद्धि की है। इस तरह इस काव्य संग्रह के द्वारा जो पथ प्रशस्त हुआ, वह यहाँ के हिन्दी साहित्य के लिए एक महत्त्वपूर्ण अवदान है।

नव परिमल द्वारा प्रकाशित 'शंख-सीपी' का भी कम महत्त्व नहीं है। यह भी मदन मोहन सिन्हा 'मनुज' के रचनात्मक चिन्तन का परिणाम है। शंख-सीपी अण्डमान के सागर-वैभव के प्रतीक हैं। इस प्रतीकात्मकता में ही अण्डमान की भाव-सम्पदा का विन्यास है।

जंग बहादुर सिंह 'भ्रमर' कृत 'मुक्ति-मन्त्र' का प्रकाशन लोक भण्डार, जनता मॉर्केट, पोर्टब्लेयर से सन् 1985 में हुआ है। इसमें विभिन्न विषयों पर छोटी-बड़ी 183 कविताएँ संगृहीत हैं। इन कविताओं का मुख्य स्वर विद्या-बुद्धि-विवेक की वृद्धि द्वारा अज्ञानता, अन्याय, अत्याचार का समूल नाश तथा सत्य, ईमानदारी, नैतिकता के पोषण से राष्ट्र का उत्थान है। काव्य-चिन्तन की रूपरेखा स्वयं कवि के शब्दों में–"ज्ञान क्या है? मुक्ति क्या है? शिक्षा क्या है? योग क्या है? अनुशासन क्या है? कर्तव्य क्या है। चरित्र क्या है? विवेक क्या है? आत्मा और परमात्मा का रहस्य क्या है? धर्म क्या है? जीवन क्या है? जीवन की सार्थकता क्या है? विध्वंस के कगार पर खड़े विश्व को कैसे बचाया जाये?...इन प्रश्नों का समाधान पाने के लिए 'मुक्ति-मन्त्र' का पाठ जरूरी है।' ('दो शब्द')। 'मुक्ति-मन्त्र' में संगृहीत कविताएँ इतिवृत्तात्मक होते हुए भी गम्भीर चिन्तन के लिए प्रेरित करती हैं। मानव जीवन में नैतिकता की प्रतिष्ठा तथा किशोरों के चरित्र-निर्माण की दृष्टि से यह काव्य-संग्रह अवश्य पठनीय है। भ्रमर ने सरल-सुबोध भाषा में बहुजन हिताय और बहुजन सुखाय मुक्ति-मन्त्रों का उद्घोष किया है। उनका आह्वान है–

प्रेम की गंगा बहाता हुआ चल
दोनों को गले लगाता हुआ चल
त्याग-सेवा-पथ अपनाता हुआ चल
अमृत की वर्षा कराता हुआ चल
चरित्र ऊँचा उठाता हुआ चल!!

(मुक्ति-मन्त्र, पृष्ठ 215)

हिन्दी साहित्य कला परिषद द्वारा 1988 में प्रकाशित 'अण्डमान के हिन्दी कवि' में पाँच रचनाकारों की कविताएँ संगृहीत हैं। इनमें आनन्द वल्लभ शर्मा 'सरोज' की 'जीवन', 'युग-व्याकरण' 'जय भारती', 'सच कहता हूँ', 'हे ग्रामदेव,' 'प्रार्थना', 'वाणी वन्दना', 'मातृभूमि' तथा 'बापू विरुदावली' कविताएँ हैं। इन कविताओं में खड़ी बोली का ओज है तो ब्रज के वैभव का विपुल आनन्द भी है। गेयता इनकी कविताओं की प्रमुख विशेषता है। युग व्याकरण में व्यंग्य है, तो 'प्रार्थना' में हास्य। 'जयभारती' अप्रकाशित खण्डकाव्य का अंश है। इसमें अण्डमान का नैसर्गिक सौन्दर्य' इस तरह अभिव्यक्त है–

भारत-भूषण देश द्वीप महिमा, मण्डित हे अण्डमान,
उद्दीप्त चतुर्दिक यश : सूर्य गौरव गर्वित गाथा महान।
जल प्रलय समुद्भव अगम सिन्धु वक्षस्थल पर शोभित विराट,
डग डग सुरभित पग-पग प्रसून पल्लव प्रभूत प्राकृतिक हाट?
कटुतावश गौरवर्णियों ने हे मेरे जन गण मन मयंक,
करना चाहा कलुषित तुझको 'कालापानी' का दे कलंक।
पर लिप्त न कर पाया किंचित गोरों का, गर्हित पाप पंक,
भुज भेंट तुरन्त माँ ने भर लिया अंक में निज निशंक।

(पृष्ठ 8)

'अण्डमान के हिन्दी कवि' में शामिल ईश्वरी प्रसाद गौड़ की कविताएँ हैं– 'अण्डमान द्वीप', 'अहम् नहीं बेचूँगा', 'गंगा मैली कर डाली', 'गीत', 'नये वर्ष का सवेरा', 'शिशिर की रात', 'मन कंचन आँसू बनता है' और 'साजन घर जाऊँ'। द्वीप समूह में गीत और समकालीन कविता की परम्परा के सहज विकास का श्रेय ईश्वरी प्रसाद गौड़ को जाता है। कृतियों को लेकर नयी दृष्टि, स्थानीयता, समकालीन यथार्थ-बोध, वैश्विक चिन्ताओं का स्वर, पर्यावरण संरक्षण उनकी कविता के मुख्य सरोकार हैं। सामाजिक, आर्थिक विसंगतियाँ उन्हें झकझोरती हैं इसीलिए उनका मन कंचन आँसू बनता है। 'अण्डमान के हिन्दी कवि' के तीसरे कवि जगदीश नारायण

राय की 'अण्डमान', 'नरकंकाल', 'नशा', 'आतंकवाद', 'आम आदमी', 'तब याद तुम्हारी आती है', 'रंग मत दो', 'संकेत मत दो', 'प्रगति', धर्मराज से' शीर्षक कविताओं ने संग्रह को महत्त्वपूर्ण बनाने में भूमिका निभाई है। इनमें सामाजिक परिवर्तन की युवा आकांक्षा को सहज परिलक्षित किया जा सकता है। यहाँ तक कि प्रेयसी के रंग-संकेत को अस्वीकार करते हुए कवि ने अपनी सामाजिक प्रतिबद्धता और राष्ट्र-चिन्तन की भावना में बह जाने की आकुलता दिखाई है। प्रिया के आमन्त्रण को ठुकराते हुए वह आतंकवाद तथा देश की विभिन्न समस्याओं से जूझने को तत्पर है। निर्मल कुमार श्रीवास्तव की 'कौन जीतता है', 'दोस्तों! इस द्वीप को कहते हैं यहाँ', 'बड़े बाबू का आदेश', 'यह लड़ाई', 'वसीयतनामा', 'वसन्त से', 'चिकना घड़ा' और 'अब तक' कविताएँ इस संग्रह में हैं। इन कविताओं में जीवन संघर्ष तथा जीवन की जटिलताओं को उभारकर कवि ने आम आदमी के प्रति अपनी पक्षधरता तो व्यक्त की है, उसे आशा और आस्था से भरपूर होने की कामना भी की है। इस संग्रह के पाँचवें कवि हैं–सुरेश नन्दन प्रसाद सिंह। इनकी कविताओं 'नीलकण्ठ', 'शहीदों की धरती' 'राष्ट्रीय शिक्षा नीति', 'यादें', 'अपना गाँव', 'कामना कमल' और 'चार दशक बीत गये' में सरलता भरी विविधता है। पुरातन के प्रति मोह और वर्तमान विसंगतियों के प्रति आक्रोश से भरी ये कविताएँ अपनी सहजता में बहुत कुछ कहती हैं। सुरेश नन्दन प्रसाद सिंह की 'शहीदों की धरती अण्डमान' की निम्नलिखित काव्य-पंक्तियों से उनके भाव-बोध को समझा जा सकता है–

नीले जल पर हरित-कमूल से
फैले द्वीप जो प्यारे-प्यारे,
अण्डमान और निकोबार के
वे ही द्वीप हैं न्यारे-न्यारे।
भारत माँ के युगल-पदों पर
प्रेम-सुमन फैले ये ऐसे
कमल दलों पर बिखरे दिखते
चन्द्र-सुधा प्रति-प्रातः जैसे।

('अण्डमान के हिन्दी कवि' पृष्ठ 75)

'घिरी शिशिर की रात' ईश्वरी प्रसाद गौड़ की 30 कविताओं का संग्रह है। यह सन् 1989 में हिन्दी साहित्य कला परिषद द्वारा प्रकाशित है। इसकी भूमिका में लीलाधर मंडलोई ने लिखा है–"रचना मुख्य भूमि से हजारों मील दूर प्रकृति के उस

आँगन में अपनी आँख खोले जहाँ समुद्र का विस्तार है, तो आसमान के अनगिनत रंग भी हैं, मौसम की अनिश्चितता है तो जीवन की निश्चितता भी है, साम्प्रदायिक सद्भाव भी है तो व्यक्तिगत ईर्ष्या ने भी जन्म लिया है। इन तमाम विसंगतियों के बीच में श्री ईश्वरी प्रसाद गौड़ सतत रचनाशील रहे और अपने खट्टे-मीठे अनुभवों को व्यावहारिकता की कसौटी पर कसकर भावुकता के प्रबल प्रवाह से उस खारे पानी से घिरे द्वीपों में कहीं मीठे पानी का दरिया, कहीं झरना और कहीं सीप के लिए मोती बन गये तो यह उनकी ही क्षमता है।" (भूमिका) सहज और सरल शब्दावली में सृजित गौड़ की कविताएँ जनमानस को प्रभावकारी ढंग से आन्दोलित करती हैं। यद्यपि उनकी कविताओं में सपाटबयानी है फिर भी बिम्बों और प्रतीकों की यथास्थान मौजूदगी मनमोहक है। वर्ग-संघर्ष की चेतना से आप्लावित इनकी कविताओं का व्यंग्य सराहनीय है–

हमने माँगा नहीं स्वर्ग भी
धरती स्वर्ग बनाते! कष्ट अनेकों
सहकर भी हम हरदम ही मुस्काते!!
सब कुछ दिया जगत को हमने
मिला न हमको मान
माटी-तिलक लगाने वाले
हम मजदूर-किसान।

('घिरी शिशिर की रात', पृष्ठ 23)

ईश्वरी प्रसाद गौड़ का भाव-विस्तार द्वीप समूह से लेकर मुख्य भूमि तक है। यही कारण है कि उनकी कृति 'घिरी शिशिर की रात' विविधांगी है। उसमें द्वीप समूह भी है और मुख्यभूमि भी। अण्डमान-निकोबार समशीतोष्ण जलवायु का क्षेत्र है। यहाँ ठण्डक नहीं पड़ती है, जबकि शिशिर ऋतु अपनी शीत-लहर के कारण प्रसिद्ध है। ईश्वरी प्रसाद गौड़ जब अपने काव्य-संग्रह का नाम 'घिरी शिशिर की रात' रखते हैं तब निश्चित रूप से वे मुख्य भूमि के अपने अनुभव को कविता में उतारते हैं–

काँप रहे हैं गात सिहरकर
पत्ते सिकुड़े
पीली पड़ी फसल खेत
पाले जकड़े
जमी धरा पर परत
बर्फ कोहराम मचाया

घिरी शिशिर की रात
धरा पर कोहरा छाया॥

('घिरी शिशिर की रात', पृष्ठ 34)

आनन्द वल्लभ शर्मा 'सरोज' का 'द्वीप दर्पण' हिन्दी साहित्य कला परिषद, पोर्टब्लेयर द्वारा सन् 1990 में प्रकाशित हुआ है। यह अण्डमान की ऐतिहासिक पृष्ठभूमि पर आधारित प्रथम कथा-काव्य है। यों तो द्वीपों के इतिहास-भूगोल, समाज-संस्कृति पर कई काव्येतर ग्रन्थ लिखे गये हैं लेकिन यहाँ के समग्र इतिहास की प्रमुख घटनाओं को पद्यबद्ध किये जाने का हिन्दी जगत में यह पहला प्रयास है। इतिहास और कल्पना के सुन्दर समन्वय के कारण यह पुस्तक अपने ढंग की अनूठी है। इसमें इतिहास अपनी सच्चाई के साथ है तो काव्यत्व अपने पूर्ण कौशल के साथ।

लोकल बॉन एसोसिएशन द्वारा प्रकाशित एवं मदन मोहन सिंह द्वारा सम्पादित 'द्वीप अण्डमान के' में कुमारी रेहाना की कविता 'प्यारा अण्डमान' राजेश कुमार 'निराश' की कविता 'प्रियतमा एक रेखाचित्र', अनस्ताशिया की कविता 'द्वीप ज्योति', राम प्रसाद 'निर्दोष' की कविता 'द्वीपों की उत्पत्ति' कुमार श्रीधर की कविता 'यह देश जिसका नाम हिन्दोस्तान है', राजेन्द्र प्रसाद मिश्र की कविता 'युवा मित्रों से दो शब्द' आदि कविताएँ संगृहीत हैं। इनमें अधिकांश कविताएँ अण्डमान-निकोबार द्वीप समूह के इतिहास, भूगोल और नैसर्गिक सौन्दर्य पर हैं। जहाँ कहीं रचनाकार द्वीपों के मोह से मुक्त हुआ है वहीं कविता में सामाजिक विद्रूपताओं और विडम्बनाओं को सशक्त अभिव्यक्ति मिली है।

डॉ. उमेश प्रसाद के काव्य-संग्रहों के नाम हैं–'प्राणगान', 'विश्व फूल', 'हे विश्वनाथ'। इनके माध्यम से उन्होंने जीवन-जगत की जटिलताओं संघर्षों, दुरभि-सन्धियों का यथातथ्य वर्णन और समाज, धर्म, राजनीति में व्याप्त भ्रष्टाचार के विरुद्ध सचेतन अभियान चलाना अपना कर्तव्य समझा है। एक सहृदय और भावुक रचनाकार अपने समय से आँखें बचाकर रचना नहीं कर सकता। उसे अपने समय से निरन्तर साक्षात्कार करना पड़ता है। उमेश प्रसाद की कविताएँ समय का साक्षात्कार भी हैं और हस्तक्षेप भी। इसीलिए उनकी कविताओं को भरपूर सराहना मिली है। उनके व्यक्तित्व कृतित्व पर आधारित 'उमेश प्रसाद : जीवन और साहित्य' तथा 'उमेश प्रसाद : अभिनन्दन ग्रन्थ' प्रकाशित हो चुके हैं। यह किसी रचनाकार वह भी मुख्यभूमि से हजारों मील दूर सृजनरत व्यक्ति के लिए कम महत्त्वपूर्ण उपलब्धि नहीं है। यह गौरवास्पद बात मानी जायेगी।

ईश्वरी प्रसाद गौड़ कृत 'चश्मदीद गवाह है यह' का प्रकाशन ज्ञान साहित्य घर, मढ़ाताल, जबलपुर से सन् 1991 में हुआ है। यह संग्रह समर्पित है–प्रयाग शुक्ल,

नरेश सक्सेना, मंगलेश डबराल और राजेश जोशी को। इसकी भूमिका 'साक्षात्कार' पत्रिका के तत्कालीन सम्पादक हरि भटनागर ने लिखी है। उनका मानना है कि "स्मृतियों को लेकर, नयी दृष्टि, स्थानीयता, समकालीन यथार्थबोध और वैश्विक चिन्ताओं का स्वर, श्री गौड़ की कविताओं में कौंध की तरह उपस्थित होकर वहाँ के जनसमुदाय को मद्धिम ही सही प्रकाशित करने की क्षमता रखता है। द्वीप समूह के समूचे हिन्दी परिदृश्य में इसी विश्वसनीय चमक से हिन्दी की नयी कविता के रास्ते खुलने की आस्था बलवती होने की उम्मीद बनती है।" (भूमिका से) इस काव्य-संग्रह में लगभग दर्जन भर गीत ऐसे हैं जो उत्तर प्रदेश की लोकधुन पर आधारित हैं, जिससे यह अन्दाजा लगाया जा सकता कि अण्डमान में रहते भी कवि की चेतना में उत्तर प्रदेश कितना रचा-बसा है–

अब के सरसों बेच सजनवा
मोकूँ ला दे चुनरी।
खेतन में गेहूँ लहराये
कुठलन में ना धान समाये
बोरे में बौराय अरहरी
फूली राई सबरी
अब के सरसों बेच सजनवा
मोकूँ ला दे चुनरी॥

('चशमदीद गवाह है यह', पृष्ठ 26)

'चशमदीद गवाह है यह' काव्य-संग्रह में 'सागर : रंग, अनेक', 'अण्डमान-सागर' और 'सागर तट : दोपहर' शीर्षक कविताएँ हैं तो 'गंगा मैली कर डाली' शीर्षक कविता भी है। कवि ने 'आतंकवाद' और 'चीर हरण करने वाले सब' को भी अपनी कविता का विषय बनाया है और 'नयनों में मस्ती का काजल' तथा 'सरसे मन में प्यार' को भी। होली और फगुआ भी कविता के विषय बने हैं। लेकिन सबसे खास बात यह कि चाहे जो भी परिस्थिति हो कवि का धर्म बचा रहना चाहिए। ईश्वरी प्रसाद गौड़ इस संग्रह की पहली ही कविता लिखते हैं। 'कवि का धर्म नहीं बेचूँगा' शीर्षक से–

चाँदी के बदले बिक जाये
ऐसी मेरी नीति नहीं,
आँख मूँद हो लूँ मैं पीछे
ये पुरखों की रीति नहीं।

जग चाहे तो लटका दे शूली
अपनी आन नहीं बेचूँगा
सर्वस्व लुटा दूँगा मैं अपना
लेकिन अहम् नहीं बेचूँगा।

(वही, पृष्ठ 7)

जंग बहादुर सिंह 'भ्रमर' की काव्य- कृति 'राष्ट्र प्रहरी' का प्रकाशन लोक भण्डार, जनता मार्केट, पोर्टब्लेयर, अण्डमान से सन् 1993 में हुआ है। इसमें कुल 28 कविताएँ संगृहीत हैं जो राष्ट्र नायकों पर केन्द्रित हैं। कवि का कहना है कि "हिमालय एवं हमारे देश के सागर हमारे सबसे बड़े राष्ट्र प्रहरी हैं जिससे हमारा राष्ट्र सरसब्ज एवं रक्षित होता रहा है। इसी से ही हम सबका जीवन सार्थक एवं गरिमामय बना हुआ है। इन्हीं सीमाओं में निहित नैतिकता, देश, राष्ट्र, मानवता के प्रति तन-मन जीवन उत्सर्ग करने वाले प्रहरी सांस्कृतिक विरासत बौद्धिक चिन्तन की गहन धारा के प्रणेता, नेता मनीषी, वैज्ञानिक, सूरवीरों के संघर्षमय जीवन की झलक इसमें मिलेगी।" ('किशोरों से', भूमिका) जिन उद्‌देश्यों को लेकर जंगबहादुर सिंह ने 'राष्ट्र प्रहरी' की रचना की है वे आज के समय में और भी जरूरी तथा प्रासंगिक हैं। संवेदनाओं की निरन्तर ह्रासोन्मुखता, नैतिक मूल्यों का अध:पतन, देश के प्रति कर्तव्य-निष्ठा का अभाव, ईर्ष्या, द्वेष तथा वैमनस्य की निरन्तर बढ़ती प्रवृत्ति वाले इस युग में कवियों का यह दायित्व है कि वे अपने काव्यों के प्रतिपाद्य विषयों में व्यापकता लाकर उनकी परिधि में विश्व तथा विशेष रूप से अपने राष्ट्र के विचारकों, चिन्तकों, समाज-सुधारकों, वीरों, देश-भक्त, बलिदानियों तथा उदात्तकोटि के राजनीतिज्ञों के जीवन-वृत्त तथा अनुकरणीय क्रिया-कलापों का भी समावेश करें जिससे निरंकुश एवं दिशाहीन मानवीय गतिविधियों को एक सही दिशा मिल सके। कवि की दृष्टि में परमार्थी वह है जो दूसरों की पीड़ा अपनी मान उससे मुक्ति के लिए प्रयत्नशील होता है किन्तु ऐसे लोग आज विरल हैं–

पर पीड़ा ही निज पीड़ा
परमार्थ धर्म है जिनका
ऐसे जन विरल जगत में
हरते रहते जो पर पीड़ा।

('राष्ट्र प्रहरी', पृष्ठ 1)

'वन्दना के गीत' ईश्वरी प्रसाद गौड़ का गीत-संग्रह है। इसका प्रकाशन ज्ञान साहित्य घर, मढ़ाताल, जबलपुर से सन् 1995 में हुआ है। इसमें कुल 27 गीत

संगृहीत हैं। कवि गौड़ ने 'अपनी बात' लिखते हुए समाज में व्याप्त भय, भूख, भ्रष्टाचार, दुराचार, स्वार्थ, घृणा-द्वेष, हिंसा आदि से मुक्ति हेतु चरित्र-निर्माण की आवश्यकता पर जोर दिया है जिससे मनुष्य में शिष्टता, सत्यवादिता, सुशीलता, नम्रता, क्षमा, उदारता, बन्धुत्व, कर्तव्यनिष्ठा का भाव उत्पन्न हो सके और यह तभी सम्भव है जब भक्ति-भाव जाग्रत होगा, ईश्वर के प्रति दृढ़ आस्था होगी। इसी उद्देश्य से उन्होंने 'वन्दना के गीत' की रचना की है। इन गीतों में आराध्य के प्रति निष्ठा एवं पूर्ण समर्पण के साथ-साथ प्रगति एवं आत्म-निवेदन भी है। सांसारिक दुखों से मुक्ति की कामना करता गीतकार गोस्वामी तुलसीदास की तरह *अबलौं नसानी, अब न नसैहौं* की भूमिका में दिखाई देने लगता है–

विषयों में भरमाकर मैंने
तेरी राह न जानी
माया-मोह फँसा मैं ऐसा
कोई बात न मानी
अपनेपन में रहा घूमता
मन पापी भरमाया।
द्वार तिहारे आया प्रभु जी
द्वार तिहारे आया॥

(वन्दना के गीत, पृष्ठ सं.43)

सुमन सिंह की कविताओं का संग्रह 'काव्य-कुंज' स्वाधीनता की स्वर्ण जयन्ती के अवसर पर भगवान सिंह एंड संस, जंगलीघाट, पोर्टब्लेयर से प्रकाशित है। यह अण्डमान-निकोबार द्वीप समूह सन्दर्भित है फिर भी कई कविताएँ द्वीप समूह के बाहर के परिवेश पर रचित हैं। कवयित्री ने इस धरती की पावनता, शहीदों के त्याग और बलिदान को अनेक रचनाओं में उभारा है। स्वाधीनता की स्वर्ण जयन्ती के अवसर पर इस संग्रह के प्रकाशन की सार्थकता भी इसी में है। अन्यान्य विषय भी कविता के शोभावर्द्धक हैं। इस काव्य संग्रह को 'देश-प्रेम', 'प्रकृति-प्रेम', 'अपनत्व', 'क्षणिकाएँ', 'हास्य-विनोद', 'भक्ति-गीत' शीर्षकों में विभक्त किया गया है, जो इस बात के प्रमाण हैं कि कवयित्री की भाव-धारा का उच्छल प्रवाह किन्हीं खास विषयों के तटों में सीमित होकर बहने वाला नहीं है। उनकी अनेक कविताएँ अण्डमान केन्द्रित हैं, जो उनके द्वीपीय अनुराग को दर्शाती हैं। सम्भवत: यही कारण है कि वे चाहती हैं कि अण्डमान आकर बसने वाला हर व्यक्ति इन द्वीपों की प्रशंसा करे, यहाँ के बारे में सोचे–

जिस जगह हैं आप वहीं की सोचिए
अण्डमान में रखे डाब को छोड़कर
कश्मीर के बादाम की न सोचिए।

('काव्य-कुंज', पृष्ठ सं -2)

सुमन सिंह की कविताओं में भौतिकता की अन्धी सुरंग में फँसने वाली मानवता के प्रति चिन्ता और चिन्तन का भाव है। यांत्रिक जीवन कवयित्री को पसन्द नहीं है और इसीलिए वे उनसे उबरने का तरीका ढूँढ़ने पर जोर देती हैं। वे चाहती हैं कि ईर्ष्या और विद्वेष मिटाकर मानवता तथा देश-प्रेम का विकास होना चाहिए। अतिशय चतुराई तथा सयानापन ने उल्लास और उमंग छीन लिया है। हृदय की सहजता और सरलता नष्ट कर दिया है इसीलिए वे सयानों की दुनिया से बच्चों की दुनिया में आना चाहती हैं–

मैं बड़ों की दुनिया से
बच्चों की दुनिया में आना चाहती हूँ
जिनकी आत्मा परमात्मा से मिली होती है
जिनकी हर बात में मिस्त्री घुली होती है।

(वही, पृष्ठ 38)

अण्डमान-निकोबार प्रशासन के युवा कार्य, खेल एवं संस्कृति निदेशालय द्वारा सन् 2001 में 'द्वीपांजलि' का प्रकाशन हुआ है। देश की आजादी के लिए कठोरतम यातनाएँ सहने वाले ज्ञात-अज्ञात समस्त क्रान्तिकारियों की पुण्य-स्मृति को समर्पित इस काव्य संकलन के सम्पादकीय में मदन मोहन सिंह ने द्वीप समूह के ऐतिहासिक, सामाजिक एवं सांस्कृतिक परिप्रेक्ष्य में उन संवेदनाओं का संकेत दिया है जिनसे यहाँ की रचनाधर्मिता सबल और पुष्ट है। 64 पृष्ठों के इस नाति-विस्तृत काव्य-संकलन में नयी और पुरानी रचनाओं के दो उपवर्ग हैं। नयी रचनाओं के वर्ग में 16 कविताएँ हैं जबकि पुरानी रचनाओं के वर्ग में सात कविताएँ हैं। कुल 23 कविताओं का यह संकलन द्वीप समूह सन्दर्भित है। अण्डमान-निकोबार के इतिहास, भूगोल, समाज और संस्कृति को आत्मसात करने वाली इन कविताओं में स्वतन्त्रता-सेनानियों के त्याग-बलिदान और शौर्य गाथाओं का अमर आख्यान है। इनमें अमानवीयता, क्रूरता, नृशंसता, आसुरी दमनवृत्तियों के आगे न झुकने वाले देश-भक्तों के चरण-रज से पावन इस धरा-धाम का स्तवन है। इनमें अंग्रेजों और जापानियों के कारनामों का दुखद वृत्तान्त है। इनमें आजादी के पहले और बाद की सामाजिक चेतना और बदलते जीवन-मूल्यों के प्रति चिन्ता का भाव है। इनमें प्रदूषणमुक्त, कालुष्यरहित,

सुन्दर और स्वस्थ समाज की कामना है। इनमें स्नेह, सौख्य और सद्भाव की इस धरती पर किसी तरह की विसंगति के पल्लवन-पुष्पन का दृढ़ निषेध है। इन्हीं भावोच्छ्वासों को प्रकट करने वाली 'द्वीपाजंलि' की कविताएँ अपने आप में महत्त्वपूर्ण और विचारणीय अनुभव हैं–डॉ. आकुल की 'द्वीप कथा' कविता की कुछ पंक्तियाँ यहाँ द्रष्टव्य हैं–

दशकों तक ओढ़ी है जिसने दारुण मर्म-व्यथा।
उसी द्वीप की व्यथा-कथा दोहराती द्वीप-कथा
द्वीप जहाँ पर सन्न खड़ी हैं अत्याहत दीवारें
द्वीप जहाँ पर चीख रही हैं अब तक दृढ़ जंजीरें
द्वीप जहाँ पर घुली हवा में जोशीली जयकारें
बलिदानों का बोध दे रहीं अब तक हैं हुंकारें
जिसका सागर जल नीला है कर विषपान यथा।
उसी द्वीप की व्यथा-कथा दोहराती द्वीप कथा॥

('द्वीपांजलि', पृष्ठ 45)

'द्वीपांजलि' में शामिल कविताएँ हैं–'द्वीपों की उत्पत्ति' (रामप्रसाद निर्दोष), 'अण्डमां' (रशीदा इकबाल 'सना'), 'द्वीप-एक रेखाचित्र' (राजेश कुमार निराश), 'पावन माटी' (दीपिका), 'वक्त की करवट' (शारदा राम), 'दुआएँ' (सकीना सिराज), 'अ-लोकल से' (रोशन आरा दिलबर), 'शहीद सात सपूत' (मंगत राम), 'द्वीप ज्योति' (अनस्तासिया), 'यह तो जन्नत का' (गोविन्द राम अभिलाषी), 'आजादी का मन्दिर' (विजय कुमार शर्मा) 'हमारा प्यारा अण्डमान' (सुमन सिंह), 'मूक साक्षी पीपल' (केशर मेश्राम), 'जी हाँ दीवारें' (खुशाल कुमार), 'द्वीप कथा' (डॉ. आकुल), 'पत्र' (अनिरुद्ध कुमार पाण्डे) 'सुन्दर जज़ीर' (राधा कृष्ण), 'हम अण्डमानवासी' (राजनारायण बिसारिया), 'ये अण्डमान हमारा' (विनोद कुमार तिवारी), 'फूल वेणी के' (मदन मोहन सिन्हा 'मनुज'), 'द्वीप वन्दन' (आनन्द वल्लभ शर्मा 'सरोज') 'शहीदों की धरती' (सोहन सिंह) और 'धरती पुत्र' (डॉ. सुरेश नन्दन प्रसाद सिन्हा 'नीलकण्ठ')। इनमें अधिकांश कविताओं का वर्ण्य-विषय अण्डमान तथा निकोबार द्वीप समूह ही है।

मदन मोहन सिन्हा 'मनुज' का काव्य-संग्रह 'सुधियों की साँझ' का प्रकाशन नवपरिमल प्रकाशन, लखनऊ से सन् 2004 में हुआ है। इसमें मनुज की 63 कविताएँ संगृहीत हैं। यहाँ यह उल्लेख्य है कि मनुज ने लगभग एक दशक तक आकाशवाणी, पोर्टब्लेयर में अपनी सेवाएँ दी थीं। उन्होंने अण्डमान-निकोबार को

काफी नजदीक से, अनुभूति की सघन गहराइयों को देखा था। यही कारण है कि इस संग्रह में उनकी कई कविताएँ अण्डमान केन्द्रित हैं। अन्य कविताओं में पूरा भारतवर्ष समाया हुआ है। प्रसारण सेवा से जुड़े होने के कारण उन्हें कई राज्यों को देखने-सुनने का अवसर मिला है किन्तु उनके मन-मस्तिष्क पर जो प्रभाव अण्डमान-निकोबार का है, वह अन्य का नहीं है। अण्डमान की धरती साहस, त्याग और बलिदान की धरती है। न झुकने और न टूटने की, संकल्प और आस्था की धरती है। ब्रिटिश साम्राज्य की क्रूरता और अन्यायपूर्ण शासन-व्यवस्था के प्रतिकार और विरोध की धरती है लेकिन आजादी मिलने के बाद यहाँ के लोगों में न वह साहस रहा और न वह शौर्य। सब कुछ सहते जाने की नियति पर प्रहार करते हुए मनुज ने लिखा है–*समय की धार को तोड़कर/अण्डमान में आये लोगों ने समय के साथ बहना/कब से सीख लिया?/कानून की कठोर दुधारी आरी पर/अपना सर्वस्व वार/मौत को धता बताकर नियति को झुठलाने वाले/व्यवस्था के आगे/घुटने कब से टेकने लगे? क्या उनकी अस्मिता ने समझौते कर लिये?* ('सुधियों की साँझ') जाहिर है अण्डमान की धरती स्वतन्त्रता सेनानियों के गौरव-गाथा की धरती है। स्वाभिमान और सम्मान की धरती है और वही धरती जब अन्याय और अत्याचार को सहने लगे तो सहृदय कवि को पीड़ा तो होगी ही और वह लिखने से नहीं चूकेगा–

हुंकारती हवाएँ
आती हैं चली जाती हैं
सागर के वक्ष पर उभरे
शिखरों पर कोई स्पन्दन नहीं होता
अण्डमान के बेहया आदिम वन
अनन्त हरीतिमा की चादर ओढ़े,
लहराते रहते हैं लहलहाते रहते हैं।

('सुधियों की साँझ', पृष्ठ 10)

'अण्डमान की हिन्दी कविता' 29 कवियों की कविताओं का संग्रह है। यह व्यास मणि त्रिपाठी द्वारा सम्पादित एवं हिन्दी साहित्य कला परिषद द्वारा सन् 2004 में प्रकाशित है। आजादी पर सभी भारतीय भाषाओं में कविताएँ लिखी गयी हैं। इस काव्य-संग्रह में अशोक कुमार श्रीवास्तव, कृष्ण कुमार 'विश्वेन्द्र' एवं जयबहादुर शर्मा की आजादी पर कविताएँ हैं। जीवन की सहजता, सरलता, त्याग एवं समर्पण आदि मूल्यों एवं नैतिकता के प्रबल आग्रह में भरकर सन्त प्रसाद राय पूछते हैं–

मित्र धर्म पर अचल रहा जो
लोभ मोह में नहीं पड़ा जो
वह सूरज सन्तान कहाँ है
मेरा हिन्दुस्तान कहाँ है?

('अण्डमान की हिन्दी कविता', पृष्ठ 199)

अनिरुद्ध त्रिपाठी ने अपनी कविताओं 'भूख' एवं 'शोषण' में भूखी-नंगी पीढ़ी की विशेषताओं का उल्लेख किया है। आज आदमी कहाँ जा रहा है? उसकी दिशा क्या है? उसकी दशा क्या है? उसकी नियति और गति क्या है? आदि अनेक प्रश्नों से जुड़ी कविता 'आदमी' में डॉ. रामकृपाल तिवारी ने वर्तमान मानव का बड़ा ही मार्मिक चित्र खींचा है। आचार-विचार की क्षरणशीलता, स्वार्थ की तीव्र मानसिकता, भाई-भतीजावाद एवं लूट-पाट की बढ़ती प्रवृत्ति के दौर में दुर्ग विजय सिंह 'दीप' का कवि-मन पूछ बैठता है–*रोशनी के घर में अँधेरा/किसको कहें साथी सबेरा।* (वही, पृष्ठ 109) कृष्ण कुमार 'विश्वेन्द्र' की कविता 'मजदूर' तो मार्मिक है ही शोषितों/बुभुक्षितों तथा उपेक्षितों पर भी कविताएँ इस संग्रह में मिलेंगी। व्यास मणि त्रिपाठी 'सत्यम्, शिवम्, सुन्दरम्' के शब्द ढूँढ़ना चाहते हैं किन्तु समय के शब्दकोश में उन्हें जो शब्द मिल रहे हैं वे हैं–

गरीबी और भूख
शोषण और लूट
मौत और बेकारी
विवशता और लाचारी
आतंक और भय
दुविधा और लय
गबन और घोटाला
भ्रष्टाचार और हवाला।

('अण्डमान की हिन्दी कविता', पृष्ठ 158)

इस काव्य-संग्रह में सेवाराम सेतिया, रशीदा इकबाल सना, रोशन आरा 'दिलबर', हरिनाथ शुक्ल, अनिरुद्ध पाण्डेय की गजलें भी संगृहीत हैं। डी.एम. सावित्री, अमरजीत कौर सेतिया की नारी-विषयक कविताएँ स्त्री-विमर्श की दिशा में एक सार्थक पहल हैं। देश की प्रगति के अवरोधक तत्त्वों की खोज जयबहादुर शर्मा की कविता 'चल झूठे' में मिलती है।

'द्वीपायन' जगदीश नारायण राय की 112 कविताओं का संग्रह है। यह हिन्दी साहित्य कला परिषद्, पोर्टब्लेयर से सन् 2004 में छपा है। इस संग्रह में जो कविताएँ शामिल हैं उनमें अण्डमान-निकोबार का नैसर्गिक सौन्दर्य है, स्वाधीनता संघर्ष की प्रतीक सेल्यूलर जेल है। आदिवासियों के साहस और शौर्य का अनुपम उदाहरण 'अबरडीन की लड़ाई है' है, सर्व प्रथम तिरंगा फहराये जाने का गवाह जिमखाना मैदान है, 'वन्दे मातरम' का जयघोष करता उत्ताल तरंगाघात वाला सागर है। प्राणों की बाजी लगाकर लार्ड मेयो की हत्या करने वाला शेर अली है, वाइपर और हम्फ्रीगंज, की बलिदान वेदी है, समरसता और समन्वय की संस्कृति है। स्नेह सौरव्य तथा सौहार्द का वातावरण है। इनके अलावा और भी बहुत कुछ है इस संग्रह में जिनसे 'द्वीपायन' शीर्षक को सार्थकता मिलती है। वर्तमान समय और समाज में विश्वास के पखेरु उड़ने, करुणाधार का लावा की तरह दहकने, अपनत्व का लँगड़ा और बौना होने, आतंक और अलगाव की नागिन के फुफकार मारने से कवि आहत और दु:खी हुआ है। उस समय उसके स्वर में आक्रोश और तल्खी देखते ही बनती है। वह ईश्वर से याचना भी करता है–

भगवान भारत भाल पर सत्यम्, शिवम् लिख दीजिए,
सुन्दरम् अंकित धरा की गोद में कर दीजिए।
सूर्य की किरणों से स्वर्णिम अक्षरों से प्यार से,
हिम-शिखर की श्वेतिमा पर इति शुभम् लिख दीजिए॥

('द्वीपायन', पृष्ठ 79

रमेशचन्द्र श्रीवास्तव की 43 कविताओं का संग्रह 'भूले-बिसरे पल' वर्ष 2009 में कैपिटल बिज़नेस सर्विस एंड कंसलटेंसी, भुवनेश्वर से प्रकाशित होकर आया है। 'आत्म कथ्य' में कवि ने कविता को अपने आसपास फैली विसंगतियों तथा घटनाओं से उपजे आक्रोश को व्यक्त करने का माध्यम माना है। इस संग्रह का रचना-काल 30 वर्षों का विस्तार लिये हुए है। इन वर्षों में कवि ने राजनैतिक एवं सामाजिक बदलाव को एक आदमी की नजर से देखा है और उसी की प्रतिक्रिया स्वरूप इन कविताओं का जन्म हुआ है। कुछ कविताएँ निजी पीड़ा एवं सुख की अनुभूति हैं तो कुछ प्रकृति की लीला से उठे भावों का प्रदर्शन। कुछ में समय की धड़कन है तो कुछ में जीवन मूल्यों के संरक्षण का संघर्ष। इन कविताओं में परम्परा और प्रगति के द्वन्द्व में मानव की जयगाथा के पक्ष में बयान है तो सांस्कृतिक संक्रमण काल में भारतीयता के प्रति अटूट आस्था भी! 'हिन्दी का सेवक' और 'हिन्दी पखवाड़ा' शीर्षक कविताएँ हिन्दी की दुर्दशा के जिम्मेदार लोगों को कठघरे

में खड़ा करने का प्रयत्न है तो 'मेरा धर्म' में धर्म के ठेकेदारों पर करारा प्रहार। सपाटबयानी में भी बहुत कुछ कहने की ताकत इस संग्रह की विशेषता है। विसंगति और विडम्बना को नजरअन्दाज करने के क्षणों में कवि-मन चाँदनी और लहरों के सौन्दर्य पर मुग्ध हुआ है। अहमन्यता और आत्ममुग्धता से परे होकर जन-कल्याण की कामना में रची हुई ये कविताएँ इस संग्रह को विशिष्टता प्रदान करती हैं। अभाव में जीता 'आँकड़े और रेडियो' शीर्षक कविता का मजदूर यह सोचता है कि रेडियो जो खबर देता है उसमें यथार्थ क्यों नहीं होता–

रेडियो सच क्यों नहीं कहता
क्यों नहीं कहता
मैं और मेरे जैसे करोड़ों
आज भी आधे पेट
सोते हैं
ये आँकड़े
सच नहीं बोलते
बल्कि सच पर
परदा डालते हैं।
('भूले बिसरे पल', पृष्ठ 68)

'अण्डमान के द्वीप' शकुन्तला शिवराम की 13 कविताओं का संग्रह है। इसका प्रकाशन कान्फलुएंस इंटरनेशनल, ग्रेटर कैलाश, नयी दिल्ली से सन् 2012 में हुआ है। शकुन्तला शिवराम का जन्म 1938 में पोर्टब्लयर में ही हुआ था। यहाँ की धरती पुत्री होने के कारण अण्डमान को उन्होंने बिगड़ते-बनते, टूटते-सँवरते देखा है। इसीलिए इस संग्रह की कविताओं की संवेदना की भूमि को उन्होंने बहुत नजदीक से स्पर्श किया है। द्वीपों में घटित बहुत-सी घटनाओं का साक्षात्कार किया है। इसके बावजूद उन्होंने अण्डमान के बारे में बुजुर्गों से सुना है। पुस्तकों को पढ़ा है और तब जाकर 'अण्डमान के द्वीप' की कविताओं को आकारित किया है–"इन कविताओं में वर्णित बहुत-सी ऐतिहासिक घटनाओं को मैंने खुद देखा और अपने बुजुर्गों से सुना है किन्तु बहुत-सी जानकारियाँ मैंने विभिन्न पुस्तकों और रिपोर्टों से एकत्र की हैं।" (प्रस्तावना, पृष्ठ 10) इस संग्रह में सम्मिलित कविताएँ हैं 'अण्डमान के द्वीप', 'मजार बाबा', 'चाथम द्वीप', 'रॉस द्वीप', 'वाइपर द्वीप', 'होप टाउन की घटना', 'घण्टाघर,' 'नेताजी हॉल', 'यादें', 'बलिदान वेदी', हैवलाक द्वीप की त्रासदी', 'गवर्नमेंट हाई स्कूल' और 'राष्ट्रीय स्मारक सेल्यूलर जेल'। द्वीप समूह पर जापानी आधिपत्य की क्रूरता को याद करते हुए उन्होंने लिखा है–

अण्डमान-निकोबार के द्वीप सारे ही
महायुद्ध के समय अधिकार में जापानियों के थे
मेरे बचपन की यादों में
बसी ये क्रूर यादें हैं,
महायुद्ध के जमाने की
जिनको याद करके आज भी
दिल काँप जाता है।

(अण्डमान के द्वीप, पृष्ठ 61)

व्यास मणि त्रिपाठी की 64 कविताओं का संग्रह 'कालापानी संज्ञा मुझको खलती है' का प्रकाशन सन् 2012 में अनंग प्रकाशन, गली मन्दिर वाली, नियर रबड़ फैक्टरी, उत्तरी घोंडा, दिल्ली से हुआ है। इस संग्रह की कविताओं के सम्बन्ध में कवि-कथन है–" अण्डमान-निकोबार में सेवा-कार्य करते हुए मुझे यहाँ की प्राकृतिक सुषमा और अक्षत सौन्दर्य से साक्षात्कार करने का अवसर मिला। यहाँ की हरीतिमा, प्रदूषणमुक्त वातावरण, सुरम्य समुद्र तट, मूँगा-प्रवाल का अद्भुत संसार, हरी-भरी पहाड़ी और स्वागत-साधना में झूमते-नाचते नारियल के वृक्ष किसी के भी मन को सहज आकृष्ट करने में समर्थ हैं। समुद्र का अनन्त विस्तार और उसकी गोद में विकसित पुष्प वाटिका सदृश द्वीपों की सुन्दरता किसी को भी मोहित कर सकती है किन्तु न जाने क्यों अंग्रेजों के मन में उसके प्रति अनुराग भाव नहीं उपजा और उन्होंने इसे 'कालापानी' की संज्ञा दे डाली। यह अण्डमान की सौन्दर्य-राशि पर कलंक- कालिमा है जिसकी पीड़ा अण्डमान के आत्मकथ्य के रूप में लिखित कविता 'कालापानी संज्ञा मुझको खलती है' में अनुभव की जा सकती है।" ('कविता से पहले')

आधुनिक युग में परिवार एवं सामाजिक मूल्य साहित्य की परिधि से भी बाहर धकेले जा रहे हैं। उत्तर आधुनिक व्यक्ति के परिवार एवं समाज का दायरा सीमित है। पति, पत्नी एवं बच्चों को मिलाकर आज के व्यक्ति का 'परिवार' एवं 'समाज' निर्मित होता है। व्यास मणि त्रिपाठी परिवार एवं समाज के दायरे को विस्तार देते हैं। उनकी कविताओं में बाबूजी, माँ, भाई-बहन और पूरा समाज आता है। कवि सम्बन्धों के महत्त्व को जानता है और यह अकारण नहीं है कि हताशा, निराशा, दु:स्वप्न, दुराशा, कायरता, हार, भय एवं अन्धकार में उसे आशा की किरण के रूप में 'बाबू जी' याद आते हैं। बाबू जी 'जागरण एवं बिहान' की तरह लगते हैं। यह इस संग्रह की सर्वाधिक पठनीय कविता इसीलिए भी है।

'कालापानी संज्ञा मुझको खलती है' की समीक्षा करते हुए डॉ. शशि कुमार सिंह ने लिखा है–"व्यास मणि त्रिपाठी ने इस संग्रह में एक भी कविता बेटों पर नहीं लिखी है। इसके विपरीत कई कविताएँ बेटियों पर हैं। कई अन्य कविताओं में परोक्षत: बेटियाँ आती हैं। यह संग्रह इस बात के लिए स्तुत्य है कि कवि बेटियों की सफलता एवं उनके महत्त्व को रूपायित करते हुए सामाजिक मन:स्थिति का भी विश्लेषण करता है। कवि अपनी कविताओं में स्त्री की नियति की ओर भी संकेत करता है। कवि उस लड़की को भी देखता है, जो *दाँतों से नाखून काटती/नाखूनों से धरा खोदती/हाथों की रेखाओं में/किस्मत का स्थान खोजती है।* (पृष्ठ 25) 'लड़की-एक' शीर्षक कविता पिता की बेबसी और स्त्री नियति का यथार्थ आख्यान है। ('द्वीप लहरी', अंक–48, जनवरी-जुलाई–2013, पृष्ठ 57) इसी परिप्रेक्ष्य में 'बेटियाँ' शीर्षक कविता द्रष्टव्य है जो चन्दन की तरह सुगन्ध बिखेरती माँ-बाप का सिर गर्वोन्नत किये हुए हैं–

बेटियाँ
कोमलता का अवतार होती हैं
विनम्रता का आगार होती हैं
वे पछुआ की तेजी नहीं
पुरुआ बयार होती हैं।
बेटियाँ
दृढ़ता की दीवार होती हैं
दूब सी लचकदार होती हैं
वे करुणा की कहानी नहीं
पत्थर के बीच का जलधार होती हैं।
बेटियाँ
घर का शिष्टाचार होती हैं
संस्कृति-संस्कार होती हैं
वे सिर का बोझ नहीं
बुढ़ापे का आधार होती हैं।
बेटियाँ
बाप की पगड़ी
माँ का रुमाल होती हैं
अनुजों की धाय

दादी का खयाल होती हैं।
बेटियाँ
चन्दन होती हैं
चिराग होती हैं
सृष्टि का अनुपम
विधान होती हैं।

('कालापानी संज्ञा मुझको खलती है', पृष्ठ 16)

इस संग्रह के बारे में डॉ. शशि कुमार सिंह लिखते हैं–"मनुष्यता को बचाये रखने की कोशिश व्यास मणि त्रिपाठी की कविताओं में दृष्टिगोचर होती है। आज के इस भयावह समय में लोगों की संवेदनाएँ पथरा गयी हैं। अब किसी को दूसरे का दुख प्रभावित नहीं करता। इस स्थिति को देखकर कवि भी परेशान हो उठता है– *'स्नेह, दया, सद्भाव, ममत्व की/सरिता सदा उफनती थी/आर्त्र-त्राण के लिए हमारी/करुणा सदा मचलती थी/परहित प्राणों के अर्पण में/त्यागी वृत्ति विलसती थी/ फिर न जाने क्यों मनुज पर/आसुरता आरूढ़ हुई/यह भी कोई बात हुई?* कवि बचाये रखना चाहता है–*शब्दों में ताकत/फूलों में महक/तितलियों में रंग/चिड़ियों में चहक।* कवि हताश नहीं होता और उन्हें भरपूर चुनौती देता है–*जो मारने में लगे हैं/मनुष्यता/ दूब की तरह।* ('द्वीप लहरी', अंक–48, पृष्ठ 57)

'सागर बाला' डी.एम. सावित्री की कविताओं का संग्रह है। इसका प्रकाशन ग्वालियर साहित्य अकादमी, ग्वालियर से सन् 2013 में हुआ है। इसमें सागर का विस्तार है। अनन्त आकाश, नीचे सागर पर रचे इन पृष्ठों में कवयित्री का असीम रचना संसार है। सावित्री का सागर बहुत गहरा और गम्भीर है और हो भी क्यों नहीं जबकि सागर के सागर बने रहने में ही उसकी गम्भीरता का बने रहना सुनिश्चित है। सागर अपनी लहरों के जरिये तटों से टकराता है, बतियाता है, सागर तट के बीच चलते उस निरन्तर संवाद को सुनकर लहरें सागर के विस्तार में खो जाती हैं, उसकी गोद में सो जाती हैं, उन्मुक्त प्यार में दोनों खोये रहते हैं। सागर बाला स्वयं कवयित्री ही है जो सागर और द्वीपों के सौन्दर्य पर मुग्ध है–

ऐ द्वीप/तुम्हारी स्नेहिल धरती ने/जब से हृदय तन्तु को छुआ/न जाने क्यों रग-रग में जीवन फूट पड़ा/नयनों में अनगिनत गुलाब खिल उठे/ऐ द्वीप! तुम्हारी हरियाली देह की/मदमाती गन्ध ने जब से दिशा तिमिर में/सुगन्ध बिखेरी/न जाने क्यों जन-जीवन दूर-दूर तक सिहर उठी/और कण-कण में शब्द फूट पड़े/ऐ द्वीप! तुम्हारा दूर-दूर तक फैला/सागर का विस्तार/मानो मुक्ति का प्रयाग तट है/पानी संग पानी होकर, जीवन सरल हो गया। ('सागर बाला', पृष्ठ iv)

'सागर बाला' की रचनाकार सावित्री के पास एक धड़कता हुआ दिल है। इन्सानी दर्द के प्रति गहरी मानवीय संवेदना है और जीवन के सरोकारों से भी ऊपर जीवन-दर्शन का एक व्यापक फलक है जिस पर उभरती 'सागर बाला' की कल्पनाओं और समृतियों को नये-नये आयाओं में उभरा हुआ देखा जा सकता है।

दुर्गविजय सिंह 'दीप' की 99 कविताओं का संग्रह 'प्रयास' का प्रकाशन हिन्दी साहित्य कला परिषद, पोर्टब्लेयर से सन् 2017 में हुआ है। इसकी भूमिका में डॉ. व्यास मणि त्रिपाठी ने लिखा है–"दुर्गविजय सिंह 'दीप' की कविता का आकाश अत्यन्त विस्तृत है। उसमें सूर्य का प्रखर आलोक है तो चन्द्र की चाँदनी भी है। झिलमिलाते तारों की प्रभा है तो सघन अमावस का अन्धकार भी है। काले-घने बादलों की उपस्थिति है तो इन्द्रधनुष की रंगीन आभा भी है। इन सबसे संयुक्त उनकी कविता का पैर धरती से जुड़ा है। वह वातानुकूलित कक्ष से झोंपड़ी की गाथा नहीं है बल्कि झोंपड़ी की जमीन से उपजी कविता है और इसीलिए उसमें अनुभव की प्रामाणिकता एवं विश्वसनीयता है। उनकी कविता का संसार अगर अपना लगता है तो इसलिए कि उसमें जीवन-जगत को बहुत नजदीक से देखने-परखने का कौशल विद्यमान है। समय की धड़कन सुनने का साहस और संकल्प है।" (भूमिका, पृष्ठ XI)। अपने काव्य-संग्रह का नाम 'प्रयास' रखकर दीप ने एक तरह से विनम्र-भाव ही प्रकट किया है।

मात्र विसंगति, विडम्बना, कुरूपता, भयावहता, व्यंग्य-विरोध ने दीप को रचना-प्रेरित किया हो, ऐसी बात नहीं है। 'प्रयास' में इनकी उपस्थिति इसलिए अधिक है ताकि इन्हें माँज-धोकर, झाड़-पोंछकर (जरूरत पड़े तो हटाकर) स्वस्थ समाज का निर्माण किया जा सके। मानवीय मूल्यों की पुनर्प्रतिष्ठा की जा सके। जहाँ कवि उन विद्रूपताओं से तटस्थ हुआ है वहाँ उसकी सौन्दर्यग्राही-दृष्टि नारी तथा प्राकृतिक सौन्दर्य को निरखने-परखने में व्यस्त रही है। फागुन में गोरी का रसभरी गगरी हो जाना उसकी विलक्षण सौन्दर्य-दृष्टि से ही सम्भव हुआ है–

गोरी भई रस भरी गगरी, फगुनवा में मत कोई टोके
देखि-देखि झूमे सारी नगरी, फगुनवा में मत कोई रोके
गोरी के नयन से लगन रस टपके
लाल-लाल ओठ से मिलन रस टपके
जब-जब अँचरा के चले लहराई के
पोर-पोर गगरी से मदन रस टपके,
सबके नजर आके ठहरी, फगुनवा में मत कोई रोके।

('प्रयास', पृष्ठ 60)

व्यास मणि त्रिपाठी की 69 कविताओं का संग्रह 'सड़क पर रोटी' का प्रकाशन सर्वभाषा ट्रस्ट, राजापुरी, मेन रोड, उत्तमनगर, नयी दिल्ली से सन् 2021 में हुआ है। इसमें समय और समाज को देखने-परखने का अलग-अलग कोण है। अनुभव की विविधता है। अभिव्यक्ति की सहजता और सपाटता है तो वक्रता भी है। कोरोना-काल में मनुष्य की दुर्दशा का करुण आख्यान है तो प्राकृतिक उपादानों में जीवन का उल्लास ढूँढ़ने की प्रयत्नशीलता का भाव भी है। इस संग्रह की कविताओं में रस और राग है तो विद्रूपताओं के विरुद्ध आक्रोश और आग भी है। मानव के लिए मानव द्वारा रचित षड्यन्तों का पर्दाफाश है तो मनुष्यता की रक्षा में सन्नद्धता का संकल्प भी है। अन्धकार है तो प्रकाश भी है। अवसाद है तो आनन्द भी है। निराशा है तो आशा भी है। संघर्ष और जिजीविषा के साथ बहुत कुछ को समाहित करने वाली ये कविताएँ अपने समय का मूर्तिमान छन्द हैं। देश-काल तथा परिस्थितियों का साक्षात्कार हैं। 'सड़क पर रोटी' की विडम्बना की गवाह हैं।

'सड़क पर रोटी' काव्य-संग्रह की समीक्षा करते हुए डॉ. आदित्य प्रचण्डिया ने लिखा है–"व्यास मणि त्रिपाठी के काव्य का एक सशक्तपक्ष यह है–सामाजिक विकृतियों को उभारना। कवि ने सामाजिक रूढ़ियों और परम्परागत मान्यताओं को काव्य में अंकित ही नहीं किया है वरन् सामाजिक तथा आर्थिक दु:ख-दैन्य से सम्बन्धित पक्षों को भी सजीव रूप में चित्रित किया है। कवि को घनघोर धुन्ध, काली घटाएँ, भटकी हवाएँ साजिश रचती नजर आती हैं। चिन्ता-चिन्तन में डूबी दिशाएँ, सहमी-सी कलियाँ, डरी-सी लताएँ, भटकती-सी आँखें तथा अहिंसा के द्वारे हिंसा का तांडव वाला परिवेश दु:खदायक है। कवि को आस्था का सूरज दिखाई नहीं देता। विश्वास का दीप जलता नजर नहीं आता। स्नेह की बाती रो रही है। ऐसे में सम्बन्धों की थाती कैसे सँभलेगी? यह प्रश्न कवि को चिन्तित करता है।" ('शोध दिशा', हिन्दी साहित्य निकेतन, 16 साहित्य बिहार, बिजनौर, उत्तर प्रदेश, अंक–59, जुलाई-सितम्बर 2022, पृष्ठ 465)

इस संग्रह में विभिन्न मूड और परिवेश से जुड़ी कविताओं का होना जहाँ इसकी समसामयिकता का रेखांकन है वहीं वर्तमान के प्रकटीकरण की अभिलाषा का द्योतक भी। डॉ. लव कुमार ने 'सड़क पर रोटी' काव्य-संग्रह की समीक्षा में लिखा है–"वैज्ञानिकता और तार्किकता के रंगीन चशमे से परे हटकर समीक्ष्य काव्य-कृति की कविताएँ अपनी संवेदना और प्रकृति, अभिव्यक्ति की शैली, समसामयिकता की दृष्टि तथा कोरोना काल की दहशत भरी जिन्दगी का अनुभवगम्य नमूना पेश करती हैं। इसे कवि के काव्य-जीवन की प्रतिनिधि रचनाएँ मान सकते हैं जो विभिन्न मन:स्थितियों में लिखी जाने के कारण विविधरंगी हैं और पाठकों को प्रभावित करने

में सक्षम भी। त्रिपाठी का यह प्रयास इसलिए महत्त्वपूर्ण माना जायेगा कि इन्होंने समय के साथ पाठकों की बदलती चित्तवृत्ति और तदनुरूप बदलती काव्य-प्रवृत्तियों को ध्यान में रखकर काव्य-सर्जना की है।" ('संवदिया', फारबिसगंज, अररिया बिहार, अंक–2, जनवरी-मार्च-2023, पृष्ठ 51)

'सड़क पर रोटी' संग्रह की कोरोना काल की भयानक त्रासदायक पीड़ा से जुड़ी कविताएँ अपनी रचनात्मक संवेदना और आँखों देखे अनुभव पर आश्रित होने के कारण मर्मस्पर्शी हैं। महामारी संकट की अनकही दास्तान प्रस्तुत करने वाली 'कोरोना', 'दोहे-चीन के नाम', 'कोरोना के साये में होली', 'कोरोना काल में श्रृंगार गीत', 'नया रक्तबीज', 'सड़क पर रोटी', 'इक दीया जलाएँ', 'पलायन–एक', 'पलापन–दो' और 'पलायन–तीन' ऐसी ही अनुभवमूलक और वर्तमान दौर से गुजरी कविताएँ हैं जिनका भावपूर्ण आख्यान कोरोना के संकट की यथार्थ अभिव्यक्ति है–'कोरोना के साये में होली' की काव्य-पक्तियाँ यहाँ द्रष्टव्य हैं–

यूँ ही रही सन् बीस की होली
उल्लास उमंग रहा बस फीका,
अनेक थे भाव थी बात अनेक
पर हो न सका कुछ भी मन जी का,
अँगिया चुनरी नहीं भीग सकी,
मुख, माथ लगा न गुलाल व टीका
कोरोना का खौफ रहा इतना
कि हाथ भी छू न सकी वह पी का।
पिय आने की बात सुनी जब से
कलि कुन्द समान रही मुसकाई,
करनी थी बात पिया संग ढेर
पर एक नहीं जिह्वा पर आयी,
दुष्ट कोरोना ने जैसा किया
कहे पर भी न कोई पतियाई,
आलिंगन, चुम्बन तो दूर रहा
वह छू न सकी पिय की परछाईं।

('सड़क पर रोटी', पृष्ठ 24)

विजय अंडमानी की 'काव्य-लहरियाँ' का सम्पादन व्यास मणि त्रिपाठी ने किया है। इसका प्रकाशन सर्व भाषा ट्रस्ट, राजापुरी, मेन रोड, नयी दिल्ली से सन्

2022 में हुआ है। इस संग्रह में कुल 59 कविताएँ हैं। 'काव्य-लहरियाँ' शीर्षक से यह प्रकट हुए बिना नहीं रहता कि इसमें विविध भावों का प्रस्फुटन हुआ है। जीवन-जगत की अनेक समस्याओं का समाधान पाने की लालसा में कवि की बेचैनी का प्रतिफलन ये कविताएँ अपने उद्‌देश्य में अगर सफल हैं तो इसलिए कि उनमें भोगा हुआ यथार्थ है। अनुभव की पाठशाला का शब्दाभ्यास है। अगर कवि को कबीर ने अधिक प्रभावित किया है तो यह अकारण नहीं है बल्कि उसमें आँखिन देखी की छटपटाहट और अभिव्यक्ति की कामना का नैकट्य-बोध है। व्यक्ति और समाज को सर्वोत्तम रूप में देखने की अभिलाषा है।

'काव्य लहरियाँ' में गीत, ग़ज़ल, नज्म, दोहा, कव्वाली आदि विभिन्न अभिव्यक्ति पद्धतियों का सहारा लिया गया है जो कवि की छन्द प्रयोक्ता की छवि को मुखरित करता है। यहाँ प्रस्तुत हैं कुछ काव्य पंक्तियाँ–

सागर से गागर भर अपनी श्यामल मेघ चले,
गगन डगर पर इठलाते बलखाते मेघ चले।
हँसी-ठिठोली करते मेघा जब तक जल छलकायें,
जल की बूँदें धरती पर गिर सौंधी महक जगायें
जीवन रस बरसाते आस जगते मेघ चले
किसी तरुण ने हर्षित होकर बँसी मधुर बजाई
झूले डारन बालाएँ लो दौड़ चलीं अमराई
सावन का सन्देशा देते ढोल बजाते मेघ चले॥

('काव्य-लहरियाँ', पृष्ठ 65)

एन. लक्ष्मी के काव्य-संग्रह 'शून्य से लौटा हूँ' का प्रकाशन सृजन-लोक प्रकाशन, दिल्ली से हुआ है। इस संग्रह की कविताएँ विविधवर्णी तथा बहुआयामी हैं। सामाजिक विसंगतियों और विडम्बनाओं को उभारने में कवयित्री को काफी सफलता मिली है। अण्डमान-निकोबार की विभिन्न छवियों को भी कविता में प्रस्तुत करने का कार्य एन. लक्ष्मी ने किया है। इस मिट्टी की जयगाथा लिखकर उन्होंने शहीदों का पावन स्मरण किया है। इस संग्रह में प्रेमानुभूति की भी कविताएँ हैं।

व्यास मणि त्रिपाठी द्वारा सम्पादित एवं साहित्य अकादेमी, रवीन्द्र भवन, 35 फीरोजशाह मार्ग, नयी दिल्ली द्वारा प्रकाशित 'हिन्दी कविता में अण्डमान' का प्रकाशन-वर्ष 2023 है। इसमें अश्विनी पारासर ('अण्डमान एक द्वीप, आज'), आनन्द प्रकाश त्रिपाठी (*वन्दनीय है अण्डमान की धरती, तर्पण के लिए इन्तजार है, तुमको भुला न पायेंगे*), ईश्वरचन्द्र तिवारी (*इस जलधि मध्य जो आयेगा, हैं तेरे*

कितने नाम? हे अण्डमान की पावन धरती), ऋता शुक्ल (*कालापानी, पुनर्जन्म लेना होगा, नमन करो*), कनक लता (*पथिक की जुबानी, वन की हिरणी, सागर की चाह*), करुणा पाण्डे (*अण्डमान की जमी से, भारत का गौरव–अण्डमान*), कृष्ण कुमार यादव (*अण्डमान के आदिवासी, सेल्यूलर जेल की आत्माएँ, सभ्यता की आड़ में*), गिरीश पंकज (*स्वर्ग यहाँ ज्यों पसरा दिखता, जेल नहीं यह तीर्थधाम है*), जगदीश नारायण राय (*तीर्थ-शीर्ष, रूपाम्बरा, छल*), जय बहादुर शर्मा (*सुनामी लहर हूँ, शहीदों की धरती-अण्डमान*), जतरू बड़ाइक (*अण्डमान का क्या कहना, तीर्थ-स्थल सेल्यूलर जेल*), जितेन्द्र कुमार सिंह (धन्य धरा अण्डमान), जितेन्द्र प्रताप सिंह (*द्वीप-पाँच शब्द चित्र, मैं जेल सेल्यूलर बोल रहा हूँ*) दुर्गविजय सिंह 'दीप' (*मैं लघु भारत, पश्चात्ताप, अण्डमान की, हवा*) धीरेन्द्र तिवारी (*अध्याय कालापानी का, समरसता के द्वीप*), नीरज नैथानी (*पोर्टब्लेयर की धरती, यहाँ फिर-फिर आना होगा, सागर*), प्रताप सहगल (*अण्डमान की धरती पर नेताजी सुभाष बोस, आइलैंड, सेल्यूलर जेल में*) प्राणेन्द्रनाथ मिश्र (*मन करता है फिर प्यार करें, मैं सेल्यूलर कह रहा कुछ, एक बार इसे देखा जिसने*), बलराम अग्रवाल (*सेल्यूलर जेल, कालापानी, जलांजलि*), मदन मोहन सिन्हा 'मनुज' (*द्वीप*), मधुरिमा मिश्र (*पारावार, आत्मीय, एकान्त का अन्त*), पाधन कौशिक (*सेल्यूलर जेल, वंडूर बीच पर*), योगेन्द्रनाथ शर्मा 'अरुण' (*सावरकर तो कोई बिरला ही होता है, शहीदों के लिए, कालापानी की सेल्यूलर जेल*), रमेशचन्द्र श्रीवास्तव (*कालापानी, लहरें, चाँदनी और लहरें*), रशीदा इकबाल (अण्डमान), राहुल (*तुम इतिहास पुरुष हो, यादें कालापानी की*), व्यास मणि त्रिपाठी (*वन्दना-भूमि है–अण्डमान, कालापानी संज्ञा मुझको खलती है, अण्डमान की शोभा-सुषमा*), विजय कुमार शर्मा (देशप्रेमियों *की धरती, यादें, कुछ बात है अण्डमान की*), विद्याबिन्दु सिंह (*कालापानी, सागर*), विनोद बब्बर (*मैं फिर-फिर आऊँगा*), शकुन्तला शिवराम (*रॉस द्वीप, यादें*), शमा खान (*दिल के शहर में, ख्वाब की ताबीर, जिन्दगी का पैगाम*), शारदा प्रसाद (*कालापानी, बेमिसाल अण्डमान, प्यारी धरती*), सत्यप्रकाश मिश्र (*हे अण्डमान, वीर सावरकर*),

एस. रजिया बेगम (*हैवलॉक, कालापानी, पधारो हमारे अण्डमान*), सन्त प्रसाद राय (*सागर और मैं, मैं फूल चढ़ाने आया हूँ*), त्रिभुवननाथ शुक्ल (*मैं अण्डमान हूँ, अण्डमान कीर्तिधाम*), श्रीकान्त उपाध्याय (*मैं सागर में खड़ा हुआ हूँ, पोर्टब्लेयर*), श्रीधरन 'चन्द्र' (*द्वीप, खाड़ी के द्वीप*) की कविताएँ शामिल हैं। इस संग्रह के 39 कवियों ने अण्डमान तथा निकोबार को जिस रूप में देखा, सुना, समझा और रूपायित किया है उससे इस द्वीप समूह को व्यापक फलक पर उपस्थित होने में मदद मिलेगी। इसी उद्देश्य से इस संग्रह का प्रकाशन हुआ है।

अण्डमान-निकोबार द्वीप समूह की विभिन्न छवियों को उपस्थित करने वाला यह संग्रह इसलिए पठनीय और महत्त्वपूर्ण है कि इसके माध्यम से द्वीप समूह का समाज, संस्कृति, परिवेश तथा कालापानी की त्रासदी को बहुत नजदीक से देखा, सुना और महसूस किया जा सकता है। यहाँ यह उल्लेख्य है कि इस संग्रह में कवियों ने ब्रिटिश साम्राज्य की क्रूरता, अन्याय, अत्याचार तथा दमनकारी प्रवृत्ति का अधिक चित्रण किया है। स्वतन्त्रता संग्राम के नायकों का अदम्य साहस, शौर्य, वीरता, त्याग और बलिदान की भास्वरता उसी परिप्रेक्ष्य में और अधिक भास्वर हो उठी है। 'कालापानी' की यातना से विचलित हुए बिना हमारे महानायकों ने 'वन्देमातरम' का जयघोष करते हुए अंग्रेजों से जिस तरह लोहा लिया उसकी अनगूँज इस संग्रह की कविताओं में सर्वाधिक है। उन्होंने इस धरा-धाम को अपने चरण रज से पावन करने का जो कार्य किया उसे भी कवियों ने बहुत आदर के साथ याद किया है। गिरीश पंकज ने तो सेल्यूलर जेल को तीर्थ धाम कह उसका स्तवन किया है–

जेल नहीं यह नया तीर्थ है
इसको कोटि प्रणाम
आजादी के परवानों का यह तो पावन धाम/जेल नहीं? यह
यहाँ हजारों दीवानों की कैद हुई तरुणाई
टूट गये पर झुके नहीं वे, ऐसी हिम्मत पायी
कालापानी बना सभी का गंगाजल अभिराम/
...जेल नहीं यह

('हिन्दी कविता में अण्डमान', पृष्ठ 87)

'हिन्दी कविता में अण्डमान' में कवियों ने यहाँ की सामाजिक समरसता, स्नेह–सौख्य तथा सौहार्द की छवियाँ भी अंकित की हैं। आदिम समाज का जीवन-संघर्ष तथा उनकी संस्कृति-सरोकार भी कविता के वर्ण्य विषय बने हैं। यहाँ की लुभावनी प्राकृतिक सुन्दरता तो अद्‌भुत है ही यहाँ की शोभा सुषमा निरखते हुए व्यास मणि त्रिपाठी ने यहाँ तक लिखा है–

अण्डमान की शोभा सुषमा, त्रिभुवन अनुपम प्यारी है,
मानो ब्रह्मा ने सागर बीच, सृजी कोई फुलवारी है
वर्ण-वर्ण के खिले फूल सम, आदिम नागर अधिवास यहाँ
जन-मन की डाली पर हरदम छाया रहता मधुमास जहाँ।

('हिन्दी कविता में अण्डमान', पृष्ठ 181)

डॉ. मन्जू नायर का काव्य-संग्रह 'आभास' हिन्दी साहित्य कला परिषद, पोर्टब्लेयर से 2024 में प्रकाशित हुआ है। विभिन्न विषयों को अपनी काव्य-संवेदना का संस्पर्श देकर उन्होंने अपनी कवित्व शक्ति की सार्थकता प्रमाणित की है। उनकी कविता की जमीन स्थानीयता के रंग से रँगी हुई है। उसमें कल्पना के लिए बहुत स्थान नहीं है। सामाजिक समस्याओं को उभारकर जीवन-जगत को बेहतर करने की लालसा उनकी कविता का मुख्य प्रयोजन है। निजी सुख-दु:ख समष्टि के हित-चिन्तन की व्यापकता में कविता को ऊँचाई प्रदान करते हैं। भाषा की सहजता और कथन की सादगी डॉ. मन्जू नायर की कविता के विशिष्ट आयाम हैं।

बाल-साहित्य

मनोरंजन के साथ बालकों का व्यक्तित्व-विकास बाल साहित्य का उद्देश्य है। पहले दादी-नानी की कहानियों, लोरियों एवं खेल-गीतों में बच्चों के व्यक्तित्व-निर्माण की प्रचुर सामग्री होती थी। आज न तो उस जमाने की दादियाँ और नानियाँ रहीं और न ही बीते जमाने का अल्हड़ और मस्ती भरा बचपन। भागमभाग और आपाधापी के युग में सब कुछ जल्दी पा जाने की होड़ में जहाँ बचपन दाइयों, नर्सों और शिशु-गृहों में व्यतीत होने के लिए अभिशप्त हुआ है वहीं दूसरी ओर बाल साहित्य-सृजन की ओर रचनाकारों का काफी ध्यान गया है। विभिन्न बाल पत्रिकाओं, साप्ताहिकों एवं दैनिक समाचार पत्रों के अलावा बाल-कविता, कहानी, नाटक आदि के एकल संग्रहों अथवा संचयनों के माध्यम से परोसी गयी रचनाएँ इसका प्रमाण हैं। जहाँ तक अण्डमान-निकोबार में सृजित हिन्दी बाल साहित्य की बात है तो उसमें भी अब प्रौढ़ता आ रही है।

द्वीप समूह में ही नहीं बल्कि किसी भी प्रदेश, देश अथवा संसार के किसी कोने में सृजित बाल साहित्य दो रूपों में बच्चे को प्राप्त होता है–वह जिसकी सृष्टि उसने स्वयं की और वह, जो दूसरों द्वारा उसके लिए सृजित हुआ। द्वीपों में रचित हिन्दी की बाल रचना कौन सी है? उसका रचनाकार कौन है? उसका प्रकाशन वर्ष क्या है? आदि प्रश्न किसी भी साहित्यान्वेषी की जिज्ञासा के प्रश्न हो सकते हैं। मेरी जिज्ञासा का शमन करने के लिए कोई इतिहास-ग्रन्थ तो उपलब्ध नहीं हुआ लेकिन सन् 1976-77 में प्रकाशित 'देश गीतांजलि' मुझे अवश्य मिली। इसमें अन्य गीतकारों के साथ-साथ द्वीप समूह के कुछ गीतकारों के गीत भी संकलित हैं। इस संकलन का उद्देश्य विद्यार्थियों में देशभक्ति के साथ-साथ चरित्र-निर्माण की शिक्षा देना रहा है। यहाँ के विद्यालयों में विभिन्न अवसरों पर ये गीत गाये जाते रहे हैं। इस संकलन के गीत जहाँ बालकों को राष्ट्रधर्म, नैतिकता, सदाचार, त्याग और बलिदान का पाठ पढ़ाते हैं, वहीं द्वीप समूह की सुन्दरता, सागर-पहाड़, वन-प्रान्तर की मनोरम झाँकी के साथ-साथ 'कालापानी' की भयंकरता के बावजूद स्वतन्त्रता सेनानियों के अदम्य

उत्साह और स्वाभिमान से परिचित कराते हैं। विनोद तिवारी का प्रसिद्ध गीत 'ऐसा मुझे लगता है–*तारे आसमान के/धरती पे आये बने द्वीप अण्डमान के।*' अण्डमान-निकोबार की नैसर्गिक सुषमा की झाँकी है। यह अपने सृजन-काल से लेकर आज तक विद्यालयों में उमंग के साथ गाया जाता है। बच्चे सहज ढंग से इसे गाते और अपने परिवेश से परिचित होते हैं। राजनारायण बिसारिया का निम्नलिखित गीत अपनी गत्वरता में जो बिम्ब प्रस्तुत करता है। वह बाल-वृन्द के लिए न केवल सहज ग्राह्य है बल्कि खेल-खेल में द्वीप समूह की विशेषताओं को जानने-समझने में मददगार भी है–

काले-काले बादल
नीला है जलधि-जल
जादू वाले टापुओं की
हवा बड़ी चंचल...
धूप है सुनहली, चाँदनी रुपहली
भोर है अंगूरी, शाम है सिन्दूरी
खड़े-खड़े नाचते हैं नारियल के जंगल...

('कृति', पृष्ठ 19)

बालक के चारों ओर फैला संसार ही बाल साहित्य का विषय है। इसकी परिधि में पेड़-पौधे, फूल-तितली, वर्षा-बादल, सूरज-चाँद, तारे आसमान, हाथी, शेर, चूहा बिल्ली आदि के साथ सर्दी, गर्मी, पाला-पत्थर सब शामिल हैं यानी एक पक्षी से लेकर अनन्त आकाश और घास-फूस से लेकर नारियल-सुपारी के वृक्ष तक का संसार बाल साहित्य का विषय है। किन्तु उसकी एक बड़ी शर्त यह है कि वह बोधगम्य हो और वह बालक को प्रेरित-प्रोत्साहित करे। खेल-खेल में हँसते-गाते हुए बच्चों को शिक्षित करना आज की शिक्षां नीति की प्रधान विशेषता है। बाल साहित्य का कर्तव्य भी इसी प्रकार का होना चाहिए। बालक ज्यों-ज्यों बड़ा होता जाता है वह अपने परिवेश को जानना-समझना चाहता है, उसे पकड़ना चाहता है। उसमें आत्मीयता की गन्ध भरने की ललक जागती है। अपना-पराया का भाव जागता है। एक सच्चा इन्सान बनने की भूमि तैयार होती है। इस भूमि में जैसा बीजारोपण होगा वैसा ही बालक का चरित्र निर्मित होगा। बालक को परिवेश का बोध कराने वाली कविताएँ यहाँ कुछ अधिक ही लिखी गयी हैं। ओम प्रकाश वर्मा द्वारा रचित 'कितने प्यारे-प्यारे द्वीप' अण्डमान-निकोबार द्वीप समूह की झाँकी प्रस्तुत करने वाला गीत है–

कितने प्यारे-प्यारे द्वीप
सब द्वीपों से न्यारे द्वीप
आसमान के तारे द्वीप
सीमा के रखवारे द्वीप।
इसकी भोर सुहानी कितनी
और सलोनी कितनी शाम
पल-पल इनका रूप बदलता
क्षण-क्षण होता वेश ललाम
कभी धूप के कभी छाँव के
तनते रहते यहाँ वितान
मानसरोवर के हंसों से
सागर मध्य विचरते द्वीप
कितने प्यारे-प्यारे द्वीप।

(कृति, पृष्ठ 74)

यह है–द्वीपों का प्राकृतिक सौन्दर्य। गीत का शब्द-चयन माधुर्य उपस्थित करने के साथ-ही-साथ बोझिलता से मुक्त गतिशील बिम्ब का सृजन करता है। पल-पल बदलती प्रकृति का साकार रूप प्रस्तुत होने में इससे काफी मदद मिलती है। गीत का अगला चरण द्वीप समूह में पैदा होने वाली फसलों तथा खाद्य-पदार्थों की सूचना देता है–

यहाँ नारियल और सुपारी
नैसर्गिक परिवेश में
खड़े हुए हैं वीर सिपाही
मानो सैनिक वेश में
केला, काजू और पपीता
आँगन-आँगन गाते गान
पवन-पालना झूल रहे हैं
खेतों में हरियाले धान
नन्दन वन से होड़ लगाते
सुन्दर श्यामल कारे द्वीप
कितने प्यारे-प्यारे द्वीप॥

(कृति, पृष्ठ 74)

अण्डमान का हिन्दी साहित्य कविता और कहानी विधा से ही अधिक समृद्ध हुआ है। बाल साहित्य में भी इन्हीं दो विधाओं की मौजूदगी सर्वाधिक है। उसमें भी द्वीप समूह के प्राकृतिक सौन्दर्य के प्रति रुझान कुछ अधिक ही है। जगदीश नारायण राय 'अण्डमान के गाँव' शीर्षक कविता के द्वारा बच्चों को द्वीप समूह की प्रमुख विशेषताओं से सहज ढंग परिचित करा देते हैं–

सागर तीरे गाँव हमारा, सघन नारियल छाँव है।
नीलम जैसे प्यारे लगते, अण्डमान के गाँव हैं।
अजगर जैसी पगडंडी है, लहरदार हरियाली है
झूम रही मस्ती में अपनी, सीधी खड़ी सुपारी है
चुपके-चुपके चन्द्र किरण के छम-छम पड़ते पाव हैं
नयी नवेली दुल्हन जैसी भोली-भाली नाव है
बूढ़े दादा जैसा सागर, निशि दिन लोरी गाता है
बालू के पलने के ऊपर थका गाँव सो जाता है
सूरज के पलने पर सोकर लगता गाँव अमीर है
बाँदी बनकर पंखा झलती सागर मन्द समीर है
समाधिस्थ संन्यासी जैसे छोटे-बड़े पहाड़ हैं
बच्चों की किलकारी जैसे हँसते प्यारे गाँव हैं।

('द्वीपायन', पृष्ठ 110)

"आओ बच्चो! तुम्हें दिखायें झाँकी हिन्दुस्तान की" गीत जिस प्रकार त्याग और बलिदान की गाथा से सबको रोमांचित करुणार्द कर देता है, उसी प्रकार यहाँ रचित गीत/कविताओं में भी श्रद्धा, सम्मान और रोमांच उत्पन्न करने की क्षमता है। अण्डमान की शहीदी 'पावन माटी' के प्रति शीश झुकाने का अनुरोध करती दीपिका की ये पंक्तियाँ किसी-न-किसी रूप में "उस मिट्टी से तिलक करो यह धरती है बलिदान की" का स्मरण करा जाती हैं–

ये माटी है पावन मेरा अण्डमान, चलो सर झुकायें करें इसका मान।
जरा याद कर लें वो गुजरा जमाना
शहीदों के खूँ से लिखा था फसाना
गुलामी में जकड़ी थी माँ भारती सभी ओर आतंक, न थी शान्ति।

('द्वीपांजलि', पृष्ठ 20)

कविता के निर्माण में स्मृति और कल्पना का महत्त्वपूर्ण योगदान है। बाल कविता में कल्पना की कुछ अधिक ही अपेक्षा रहती है। बिना सींग-पूँछ की कल्पना

इसलिए की जाती है ताकि बच्चे हँसे-खिलखिलायें और यह जानने के लिए उत्सुक हों कि यह कैसे हो सकता है? बच्चों में कल्पना शक्ति का विकास कराना भी उद्‌देश्य है। ईश्वरी प्रसाद गौड़ की कल्पना है–"चाँद ने है बीन छेड़ी/नाचती है चाँदनी।" एक अन्य कविता में गौड़ लिखते हैं–

जमी धरा पर परत
बर्फ कोहराम मचाया
घिरी शिशिर की रात
धरा पर कोहरा छाया
ठण्डी-ठण्डी हवा बदन में तीर चुभाती
फटे-फटे सब होंठ पपड़िया जलन मचाती
साँस उगलती भाप
धरा ने चैन न पाया
घिरी शिशिर की रात
धरा पर कोहरा छाया।

('घिरी शिशिर की रात', पृष्ठ 34)

अण्डमान-निकोबार द्वीप समूह सागर की गोद में स्थित है। यहाँ के लोगों का सागर से गहरा नाता है। सागर-तट पर विचरण करते, मौज-मस्ती करते बच्चों को सागर दुलारता है तो डराता भी है। वह मुक्ता-माणिक्य लुटाता है तो लूटता भी है। उसके कई रूप हैं। कभी वह सुरमई नजर आता है तो कभी सिन्दूरी, कभी रुपहला और नीला तो है ही। वह वर्षा का कारण भी है। विजय कुमार शर्मा वर्षा का चित्र खींचते हुए सागर की इस भूमिका का स्मरण कराते हैं–

सागर से गागर भर अपनी श्यामल मेघ चले
गगन डगर पर इठलाते-बलखाते मेघ चले
हँसी ठिठोली करते मेघा जब तक जल छलकायें
जल की बूँदें धरती पर गिर सोंधी महक जगायें
जीवन-रस बरसाते आस जगाते मेघ चले
सागर से गागर भर अपनी श्यामल मेघ चले
देख मेघ हरषे किसान हल-बैल सँवारन लागे
इन्द्र देवता की किरपा से उनके भाग हैं जागे

सुख-सपनों के गीत सुनाते जोगी मेघ चले
सागर से गागर भर अपनी श्यामल मेघ चले।

('काव्य-लहरियाँ', पृष्ठ 65)

बाल साहित्य में प्रकृति की विभिन्न मुद्राओं का वर्णन किया जाता है ताकि बच्चे प्रकृति को अच्छी तरह जान और समझ सकें। प्रकृति मनुष्य की सहचरी के रूप में कल्पित है। मनुष्य को ऐसा लगता है कि उसने प्रकृति को अच्छी तरह जान लिया है, जबकि ऐसा नहीं है। प्रकृति मनुष्य की शिक्षिका भी है। वह सिखाती है, समझाती है। सागर मर्यादा और अनुशासन के साथ गम्भीरता का आख्यानक है। वह अपनी सीमा में रहकर लोगों को मर्यादा की सीख देता है। व्यास मणि त्रिपाठी ने 'सुना आपने' कविता में बच्चों को एकता का सन्देश देने के लिए लहरों को ही आधार बनाया है–

उछल कूदतीं, नर्तन करतीं
नित सागर में साँसें भरतीं
रुन-झुन करती, नित्य थिरकतीं
मचल-मचलकर तृषा बुझातीं
हिल-हिल मिल संगीत सुनातीं
किन्तु कभी क्या सुना किसी ने
किन्तु कभी क्या सुना आपने
दुबली, पतली, मोटी, तगड़ी
आपस में बँटती हैं लहरें
ईर्ष्या से जलती हैं लहरें।

('कालापानी संज्ञा मुझको खलती है', पृष्ठ 89)

विषय के आधार पर बाल कविता का वर्गीकरण निरंकार देव सेवक ने इस प्रकार किया है–बच्चों के प्रतिदिन के सम्बन्ध में आने वाली वस्तुओं से सम्बन्धित, बच्चों के परिचय के सम्बन्ध में आने वाले जीव-जन्तु, पशु-पक्षियों से सम्बन्धित, पेड़-पौधों और फल-फूलों से सम्बन्धित, आकाश, चाँद, सूर्य, हवा, पृथ्वी, जल, नदी, सागर, मैदान, पहाड़ से सम्बन्धित, ऋतुओं और प्राकृतिक दृश्यों से सम्बन्धित, अभिनय अथवा प्रयाणगीत, सामूहिक गीत या सहगान तथा राष्ट्रीय बालगीत। डॉ. राज किरन दीक्षित ने अपने शोध-प्रबन्ध 'आधुनिक युग के प्रमुख हिन्दी बालगीतकार' में बालगीतों का जो विषयगत वर्गीकरण प्रस्तुत किया उसमें उपर्युक्त निरंकार देव सेवक के वर्गीकरण के अतिरिक्त तीन विषय और हैं–त्योहारों के गीत, विज्ञान के

गीत, शिक्षाप्रद गीत। (सन्दर्भ–'बालवाटिका', अक्टूबर 2010, पृष्ठ 30) अण्डमान की बाल कविता में उपर्युक्त सभी विषयों का समावेश भले न हुआ हो लेकिन अधिकांश का प्रतिनिधित्व देखा जा सकता है।

तीन से चौदह वर्ष तक की अवस्था के लिए लिखी गयी कविताएँ बाल कविता का बोध कराती हैं। जाहिर है शिशुओं तथा बालकों से सम्बन्धित साहित्य अलग-अलग रूप, आकार, उद्देश्य का होकर भी बाल साहित्य के अन्तर्गत ही आयेगा। शिशु के लिए लिखी गयी रचनाओं में प्रेरणा-प्रोत्साहन और सन्देश के लिए उतनी गुंजाइश नहीं होगी जितनी किशोर अवस्था के लिए लिखी गयी रचनाओं में होगी। बच्चों में साहस, संकल्प, निर्भयता, परिश्रम आदि का भाव जगाना बाल साहित्य का लक्ष्य होना चाहिए। यदि किशोरों को उनकी भीतरी शक्ति से परिचित नहीं कराया जायेगा तो वे एक सक्षम मनुष्य कैसे बन पायेंगे? सहज, सरल, शब्दों में शिशु और बाल को भी आगे बढ़ने के लिए प्रेरित-प्रोत्साहित करना चाहिए। व्यास मणि त्रिपाठी की 'नन्हे हाथ' शीर्षक कविता एक प्रेरक कविता है–

नन्हे हाथों से डरकर
नभ खुद ही झुक जायेगा,
जीवन के मरुस्थल में भी
फूल सदा मुस्कायेगा।
नन्हे हाथों के बल से
शिला चूर हो जायेगी,
धीर-वीर पतवार देख
सरिता राह बतायेगी।

हमारे देश के बच्चे ध्रुव, प्रह्लाद और अभिमन्यु बनते हैं तो इसलिए कि वे सीधे-सादे और सरल मन के होते हुए भी साहसी कर्मठ और वीर होते हैं। जयबहादुर शर्मा भारत के बच्चों की पहचान कराते हुए लिखते हैं–

हम हैं भारत के बच्चे, सीधे-सादे मन के सच्चे
सही राह पर चलते हैं हम, नहीं विघ्न से डरते हैं
दुश्मन आँख उठाता हम पर, उसको मार भगाते हैं हम
नहीं किसी का खौफ हमें है, मैत्री-भाव का शौक हमें है
जो भी हमसे टकराता है, वही परास्त हो जाता है,
बड़े-बड़ों का मान है सीखा, गीता कर्म का ज्ञान है सीखा
हम हैं भारत के बच्चे, सीधे-सादे मन के सच्चे।

('द्वीपलहरी', अंक-34, पृष्ठ 51)

अण्डमान के हिन्दी कवियों ने देश-भक्ति सम्बन्धी बाल-गीतों की भी रचना की है। सन् 1976-77 में प्रकाशित 'देश गीतांजलि' में शारदा राम, ओम प्रकाश मल्होत्रा, सुरेशनन्दन प्रसाद सिंह की रचनाएँ संकलित हैं। आनन्दवल्लभ शर्मा 'सरोज' द्वीपों के जाने-माने गीतकार हैं। उन्होंने देशभक्ति सम्बन्धी कई बाल गीतों की रचना की है। उमेश प्रसाद, जंगबहादुर सिंह 'भ्रमर', निर्मल कुमार श्रीवास्तव, श्रीनिवास शर्मा के नाम भी इस दृष्टि से उल्लेखनीय हैं। देश की विशेषताओं को रेखांकित करते हुए व्यास मणि त्रिपाठी ने जो गीत लिखा है उसकी कुछ पंक्तियाँ यहाँ प्रस्तुत हैं–

सबसे प्यारा मेरा देश
सबसे न्यारा मेरा देश
मुकुट हिमालय पहन खड़ा है
सागर धोता पाँव
गंगा-यमुना के कल-कल से
शीतल हरियल गाँव
राम, कृष्ण, गौतम, गांधी की
कर्मभूमि यह देश
शान्ति, स्नेह, सद्भाव, अहिंसा
कण-कण को सन्देश
सबसे प्यारा मेरा देश/सबसे न्यारा मेरा देश॥

('भारतीय बाल साहित्य कोश', पृष्ठ 3982)

बाल साहित्य के अन्तर्गत लोरियाँ एवं प्रभातियाँ भी आती हैं। ये शिशु को सुलाने और जगाने से सम्बन्धित हैं। माँ, दादी, नानी और कभी-कभी पिता द्वारा इनका गायन किया जाता है। सृष्टि की उत्पत्ति के समय से ही माँ द्वारा लोरी सुनाने की शुरुआत हुई होगी। लोरी की रचना के लिए किसी खास पढ़ाई-लिखाई की आवश्यकता नहीं होती। शिशु को सुलाते समय माँ के मुँह से प्रवाहित सहज उद्गार ही लोरी का रूप ले लेते हैं। लोरी और प्रभाती बच्चों को संस्कारित करने में काफी भूमिका निभाती हैं। अण्डमान में भी लोरियाँ/प्रभातियाँ गायी-सुनाई जाती हैं लेकिन उनका लिखित रूप कम ही मिलता है। अमरजीत कौर सेतिया की लोरी की कुछ पंक्तियाँ यहाँ प्रस्तुत हैं–

सो जा साँझ पकाया धुँआ धुंधला
तेरी अम्मा पकायी मीठी खीर

जिये रे तेरा वीर
सो जा री मेरी लाडली
मैं तो सुबह गयी थी कर्मकार में
फिर भी भूली नहीं मैं तेरे प्यार में
तेरी याद में बीता दिन सारा
फिर भी न मन हारा
सो जा री मेरी लाडली
तेरी झोली में भर दूँ खुशियाँ आज री
कल क्या होगा लाडो तेरा भाग्य री
दुःख बिखरे पड़े हैं चारों ओर
न शान्ति का ठौर
सो जा मेरी लाड़ली

('अण्डमान की हिन्दी कविता', पृष्ठ 33)

वैसे तो लोरी के आश्रय-आलम्बन माँ और शिशु होते हैं, किन्तु जब कवि की कल्पना उफान मारती है तो वह प्रकृति को ही आलम्बन/आश्रय बना देती है। व्यास मणि त्रिपाठी द्वारा सम्पादित 'अण्डमान की हिन्दी कविता' संग्रह में शामिल कृष्ण कुमार 'विश्वेन्द्र' की 'लोरी' शीर्षक कविता में सुनाने और सुनने का कार्य नारियल-वृक्ष और लहरों के बीच होता है–*नारियल का वृक्ष/समुद्र किनारे/गुदगुदी रेत के लिहाफ में धँसा/गुनगुना रहा/पंखों का चँवर डुलाता/लोरी गाता/सागर लहरों को/सुला रहा/शोर मचाती/नटखट लहरें/किनारे की ओर भागती/चली आतीं/और लोरी सुनते-सुनते/रेतीले नर्म गड्ढे में/धीरे से लेट जाती/सो जातीं/सपनों में खो जाती।* ('अण्डमान की हिन्दी कविता', पृष्ठ 56) डॉ. सन्त प्रसाद राय, डॉ. रामकृपाल तिवारी, डी.एम. सावित्री, दुर्ग विजय सिंह 'दीप', मंगत राम, बासु कुमार, अशोक श्रीवास्तव, ईश्वरी प्रसाद गौड़, लेखराज कपूर, आनन्द वल्लभ शर्मा 'सरोज' डॉ. लीलामणी, डॉ. शशि कुमार सिंह, डॉ. एन. लक्ष्मी, श्रीमती शिबानी राजभूषण, डॉ. रत्ना कुशवाह आदि ने भी छिट-फुट रूप में बाल कविताओं की रचना की है।

यहाँ यह उल्लेखनीय है कि बच्चे को बाल साहित्य दो रूपों में उपलब्ध होता है–एक तो वह जिसकी सृष्टि उसने स्वयं की है और वह, जो दूसरों द्वारा उसके लिए सृजित हुआ। अभी तक दूसरों द्वारा सृजित हिन्दी बाल कविता का उल्लेख किया गया। आइए! अब बच्चों द्वारा स्वयं रचित कविताओं पर विचार करें। विद्यालय द्वारा स्वरचित काव्य-पाठ प्रतियोगिताओं का आयोजन होता है। इन आयोजनों में

बच्चों की भागीदारी से उनकी काव्याभिरुचि और प्रतिभा का पता चलता है लेकिन इनका प्रकाशित रूप उपलब्ध नहीं होने से यहाँ उन पर विचार करना उचित नहीं है। हाँ, यह जरूर है कि विद्यालयों की ओर से विभिन्न अवसरों पर स्मारिकाओं का प्रकाशन किया जाता है। उनमें बच्चों द्वारा लिखित बाल साहित्य पर ध्यान दिया जाना जरूरी है क्योंकि वे बच्चों की निजी अनुभूतियों का प्रकटीकरण हैं। उनमें उनका अपना अनुभव संसार, अपना शब्द और शिल्प कविता का रूप लेकर आया है। सरस्वती शिशु मन्दिर, पत्थर गड्डा, पोर्टब्लेयर की रजत जयन्ती के अवसर पर 'वीर द्वीप' नामक स्मारिका का प्रकाशन हुआ है। इसमें बच्चों द्वारा लिखित कुछ कविताएँ ध्यान आकृष्ट करती हैं–भले ही उनमें भाषा की अनगढ़ता और शिल्प की शिथिलता है–सातवीं कक्षा की पूजा लकड़ा की कविता है–

चन्दा मामा आता है, बच्चों को बुलाता है
आओ बच्चों मिलेंगे, आँख मिचौली खेलेंगे
बच्चे बोले मामू जी, ऊपर कैसे आवें जी
आकाश में तुम्हारा घर, हम रहते हैं धरती पर
मामा बोले बच्चो! तरकीब एक सुन लो
रोहिणी यान में बैठना, हमारे पास आ जाना
हम सब मिलेंगे, खूब खेल खेलेंगे,
नाचेंगे, गायेंगे, दूध मलाई खायेंगे।

('वीर द्वीप', स्मारिका, पृष्ठ 36)

इसी 'वीर द्वीप' में नौवीं कक्षा के छात्र रोशन कुमार सिंह की कविता 'धरती हमारी माता' छपी है। इसमें प्रदूषण की समस्या को मुख्य मुद्दा बनाया गया है। उससे होने वाली हानियों और उससे बचने के उपायों पर केन्द्रित इस कविता की कुछ पंक्तियाँ इस प्रकार हैं–

हम अपना घर खुद क्यों तोड़ रहे हैं
अपनी माता से अपना मुँह क्यों मोड़ रहे हैं
क्या हमारे नसीब में नहीं है माता का सुख
क्यों हम पहुँचाते हैं अपनी माता को दुःख
हम भाग्य नहीं बदल सकते हैं
पर कम तो जरूर कर सकते हैं
उस प्रदूषण को जो हमारे चारों ओर फैला है
धुआँ, कचरा, कारखाना और मैला है

हम पेड़ लगाकर रोक सकते हैं।
इसे आगे की पीढ़ियों के लिए खुशी देनी है जिसे
हम अपना जीवन तो अर्पित कर जायेंगे
पर आशा करता हूँ कि आप भी जरूर पेड़ लगायेंगे।

('वीर द्वीप', स्मारिका, पृष्ठ 34)

हिन्दी साहित्य कला परिषद, पोर्टब्लेयर द्वारा प्रकाशित एवं व्यास मणि त्रिपाठी द्वारा सम्पादित 'द्वीप लहरी' पत्रिका में 'नन्ही कलम' के अन्तर्गत कई नवोदित प्रतिभाओं की कविताएँ प्रकाशित हुई हैं। नवीन कुमार पाण्डेय की 'बचपन की यादें' कविता यहाँ प्रस्तुत है–

कितने सुहाने थे वो दिन, जब मौज करते थे हम
याद आते हैं वो दिन, जब झूला झूलते थे हम
माँ की गोद में सोना, प्यार से दुलराना
पिता जी का डर, दौड़ाता हमें घर-घर
कितने तरह के खेल, पुलिस, चोर तो कभी रेल
क्या गली, खेत, क्या मोहल्ले, चारों तरफ थे हमारे हल्ले
हर चीज का था पागलपन, घूमते रहते थे वन-वन
कोई लौटा दे हमारा, वह प्यारा बचपन॥

('द्वीप लहरी', अंक–45, पृष्ठ 20)

यहाँ यह स्मरणीय है कि बचपन को आधार बनाकर बहुत सारा साहित्य लिखा गया है लेकिन कोई बालक अगर अपने बचपन को याद करता है तो उसका नोटिस लिया जाना चाहिए।

अण्डमान-निकोबार का हिन्दी बाल साहित्य अपनी यात्रा पर गतिशील है। अभी उसको राजमार्ग नहीं मिला है लेकिन उसका पथ प्रशस्त है।

परिशिष्ट

सन्दर्भ-ग्रन्थ

1–'अण्डमान का हिन्दी साहित्य' (गद्य-पद्य रचना-संचयन)–चयन एवं सम्पादन–डॉ. व्यास मणि त्रिपाठी, प्रकाशक : साहित्य अकादेमी, रवीन्द्र भवन, 35 फीरोजशाह मार्ग, नयी दिल्ली, प्रथम संस्करण–2013

2–'अण्डमान की चुनिन्दा कहानियाँ'–चयन एवं सम्पादन : डॉ. व्यास मणि त्रिपाठी, प्रकाशक : राष्ट्रीय पुस्तक न्यास, नेहरू भवन, वसन्त कुंज, नयी दिल्ली, प्रथम संस्करण–2020

3–'अण्डमान की हिन्दी कविता' (कविता-संग्रह), सम्पादक–डॉ. व्यास मणि त्रिपाठी, प्रकाशक : हिन्दी साहित्य कला परिषद, पोर्टब्लेयर, प्रथम संस्करण–2004

4–'अण्डमान की हिन्दी कहानियाँ' (कहानी-संग्रह), सम्पादक : डॉ. व्यास मणि त्रिपाठी, प्रकाशक : हिन्दी साहित्य कला परिषद, पोर्टब्लेयर, प्रथम संस्करण–2007

5–'अण्डमान के द्वीप' (कविता-संग्रह)–कवयित्री : शकुन्तला शिवराम, प्रकाशक : कॉन्फ्लुएस इंटरनेशनल, ग्रेटर कैलाश-II, नयी दिल्ली, प्रथम संस्करण–2012

6–'अण्डमान के हिन्दी कवि' (कविता-संग्रह)–सम्पादक : सुरेश नन्दन प्रसाद सिंह, प्रकाशक : हिन्दी साहित्य कला परिषद, पोर्टब्लेयर, प्रथम संस्करण–1988

7–'अण्डमान के हिन्दी कहानीकार' (कहानी-संग्रह)–सम्पादक : डॉ. व्यास मणि त्रिपाठी, प्रकाशक : हिन्दी साहित्य कला परिषद, पोर्टब्लेयर, प्रथम संस्करण–1990

8–'अण्डमान तथा निकोबार की जनजातीय बोलियों का भाषा वैज्ञानिक अध्ययन'–डॉ. राम कृपाल तिवारी, प्रकाशक : साक्षी प्रकाशन, नवीन शाहदरा, दिल्ली

9–'अण्डमान तथा निकोबार की लोक कथाएँ'–डॉ. व्यास मणि त्रिपाठी, प्रकाशक : साहित्य अकादेमी, रवीन्द्र भवन, 35 फीरोजशाह मार्ग, नयी दिल्ली, प्रथम संस्करण–2007

10–'अण्डमान तथा निकोबार के आदिवासी और उनकी बोली'–डॉ. व्यास मणि त्रिपाठी, प्रकाशक : हिन्दी साहित्य कला परिषद, पोर्टब्लेयर, प्रथम संस्करण–1990

11–'अज्ञेय : चिन्तन एवं सृजन'–सम्पादक–डॉ. व्यास मणि त्रिपाठी, प्रकाशक : हिन्दी साहित्य कला परिषद, पोर्टब्लेयर, प्रथम संस्करण-2012

12–'आभास, मन्जू नायर, प्रकाशक : हिन्दी साहित्य कला परिषद, पोर्टब्लेयर

13–'आचार्य हजारी प्रसाद द्विवेदी : व्यक्तित्व एवं कृतित्व'–सम्पादक–डॉ. व्यास मणि त्रिपाठी, प्रकाशक : हिन्दी साहित्य कला परिषद, पोर्टब्लेयर, प्रथम संस्करण–2008

14–'एक आस्था ऐसी भी' (कहानी-संग्रह)–कहानीकार : डॉ. व्यास मणि त्रिपाठी, प्रकाशक : मनु प्रकाशन, गली नं. 3, पूर्वी रोहतास नगर, दिल्ली, प्रथम संस्करण–2008

15–'कथा सेतु' (कहानी-संग्रह)–सम्पादक–मदन मोहन सिन्हा 'मनुज' प्रकाशक : पारिजात प्रकाशन, डाक बंगला रोड, पटना, बिहार, प्रथम संस्करण–1980

16–'कबीर से निराला तक : एक मूल्यांकन'–डॉ. व्यास मणि त्रिपाठी, प्रकाशक : मनु प्रकाशन, गली नं. 3, पूर्वी रोहतास नगर, दिल्ली, प्रथम संस्करण–2007

17–'कविता की नयी संवेदना'–डॉ. व्यास मणि त्रिपाठी, प्रकाशक : वाणी प्रकाशन, दरियागंज, नयी दिल्ली, प्रथम संस्करण–2020

18–'कविता की समकालीन संवेदना'–डॉ. व्यास मणि त्रिपाठी, प्रकाशक : वाणी प्रकाशन, दरियागंज, नयी दिल्ली, प्रथम संस्करण–2023

19–'कालापानी' (कहानी-संग्रह)–कहानीकार : ईश्वरी प्रसाद गौड़, प्रकाशक : हिन्दी साहित्य कला परिषद, पोर्टब्लेयर, प्रथम संस्करण–1986

20–'कालापानी संज्ञा मुझको खलती है' (कविता-संग्रह)–रचयिता : डॉ. व्यास माणि त्रिपाठी, अनंग प्रकाशन, नियर रबड़ फैक्ट्री, उत्तरी घोण्डा, दिल्ली, प्रथम संस्करण–2012

21–'काव्य-कुंज' (कविता-संग्रह)–कवयित्री : सुमन सिंह, प्रकाशक : भगवान सिंह एंड संस, जंगली घाट, पोर्टब्लेयर

22–'काव्य-लहरियाँ : विजय अंडमानी'–सम्पादक : डॉ. व्यास मणि त्रिपाठी, प्रकाशक : सर्वभाषा ट्रस्ट, राजापुरी, मेन रोड, उत्तम नगर, नयी दिल्ली, प्रथम संस्करण–2022

23–'कृति' (काव्य-संग्रह)–सम्पादक : मदन मोहन सिन्हा 'मनुज', प्रकाशक : नव परिमल, पोर्टब्लेयर, प्रथम संस्करण–1979

24–'खामोशी' (कहानी-संग्रह)–कहानीकार–डी.एम. सावित्री, प्रकाशक : हिन्दी साहित्य कला परिषद, पोर्टब्लेयर, प्रथम संस्करण–2001

25–'गुलमोहर खिल गया' (कहानी-संग्रह)–कहानीकार : शमसुन्निसा खान, प्रकाशक : सौभाग्य प्रकाशन, नागपुर-आगरा, प्रथम संस्करण–1987

26–'घिरी शिशिर की रात' (कविता-संग्रह)–कवि : ईश्वरी प्रसाद गौड़, प्रकाशक : हिन्दी साहित्य कला परिषद, पोर्टब्लेयर, प्रथम संस्करण–1989

27–'चश्मदीद गवाह है यह' (कविता-संग्रह)–कवि : ईश्वरी प्रसाद गौड़, प्रकाशक : ज्ञान साहित्य घर, मढ़ाताल, जबलपुर, प्रथम संस्करण–1991

28–'द्वीपांजलि' (काव्य-संग्रह)–सम्पादक–मदन मोहन सिंह, प्रकाशक : युवा कार्य, खेल एवं संस्कृति निदेशालय, अण्डमान तथा निकोबार प्रशासन, पोर्टब्लेयर, प्रथम संस्करण–2004

29–'द्वीपायन' (कविता-संग्रह)–कवि : जगदीश नारायण राय, प्रकाशक : हिन्दी साहित्य कला परिषद, पोर्टब्लेयर, प्रथम संस्करण–2004

30–'दस डिग्री चैनल'–डॉ. श्रीकान्त उपाध्याय, प्रकाशक : नेशनल पब्लिशिंग हाउस, दरियागंज, नयी दिल्ली, प्रथम संस्करण–2017

31–'दुनिया न माने' (कहानी-संग्रह)–कहानीकार : राजेन्द्र प्रताप सिंह, प्रकाशक : जनौरा, फैजाबाद, उत्तर प्रदेश, प्रथम संस्करण–1997

32–'नागार्जुन : लोक संवेदना के यथार्थ सर्जक'–सम्पादक : डॉ. व्यास मणि त्रिपाठी, प्रकाशक : हिन्दी साहित्य कला परिषद, पोर्टब्लेयर, प्रथम संस्करण-2012

33–'निराला-काव्य : शैली वैज्ञानिक विश्लेषण'–डॉ. व्यास मणि त्रिपाठी, प्रकाशक : सार्थक प्रकाशन, नयी दिल्ली–2002

34–'प्रयास' (कविता-संग्रह)–कवि : दुर्ग विजय सिंह 'दीप', प्रकाशक : हिन्दी साहित्य कला परिषद, पोर्टब्लेयर, प्रथम संस्करण–2017

35–'फणीश्वरनाथ 'रेणु' : लोक-संवेदना के यथार्थ सर्जक'–सम्पादक : डॉ. व्यास मणि त्रिपाठी, प्रकाशक–शान्ति प्रकाशन, नवा वाडज, अहमदाबाद, गुजरात, प्रथम संस्करण–2023

36–'भवानी प्रसाद मिश्र : अनुभव–वैविध्य के अप्रतिम सर्जक'–सम्पादक : डॉ. व्यास मणि त्रिपाठी, प्रकाशक : वाणी प्रकाशन, दरियागंज, नयी दिल्ली, प्रथम संस्करण–2014

37–'भारतीय स्वाधीनता संग्राम और अण्डमान'–डॉ. व्यास मणि त्रिपाठी, प्रकाशक : प्रकाशन विभाग, सूचना एवं प्रसारण मन्त्रालय, भारत सरकार, नयी दिल्ली–प्रथम संस्करण–2023

38–'भारतीय साहित्य के निर्माता–जगन्नाथदास 'रत्नाकर' ' : डॉ. व्यास मणि त्रिपाठी, साहित्य अकादेमी, 35 फीरोजशाह मार्ग, नयी दिल्ली, प्रथम संस्करण–2017

39–'भारतीय साहित्य के निर्माता–नन्ददास' : डॉ. व्यास मणि त्रिपाठी, प्रकाशक : साहित्य अकादेमी, रवीन्द्र भवन, 35 फीरोजशाह मार्ग, नयी दिल्ली–प्रथम संस्करण–2018

40–'भारतीय साहित्य के निर्माता–परमानन्ददास' : डॉ. व्यास मणि त्रिपाठी, प्रकाशक : साहित्य अकादेमी, रवीन्द्र भवन, 35 फीरोजशाह मार्ग, नयी दिल्ली–प्रथम संस्करण–2024

41–'भारतीय बाल साहित्य कोश' : डॉ. सुरेश गौतम, डॉ. वीणा गौतम, दिव्यम् प्रकाशन, दिल्ली, खण्ड–आठ, प्रथम संस्करण–2014

42–'भारतीय लोक साहित्य कोश' : सम्पादक–डॉ. सुरेश गौतम, डॉ. वीणा गौतम, प्रकाशक : संजय प्रकाशन, अंसारी रोड, दरियागंज, नयी दिल्ली प्रथम संस्करण–2010

43–'भारतीय साहित्य कोश' : सम्पादक–डॉ. सुरेश गौतम, डॉ. वीणा गौतम, प्रकाशक : संजय प्रकाशन, अंसारी रोड, दरियागंज, नयी दिल्ली, प्रथम संस्करण–2008

44–'भूले बिसरे पल' (कविता-संग्रह) कवि : डॉ. रमेशचन्द्र श्रीवास्तव, प्रकाशक : कैपिटल बिजनेस सर्विस एंड कंसल्टेंसी, भुवनेश्वर, प्रथम संस्करण–2009

45–'महादेवी वर्मा : व्यक्तित्व एवं कृतित्व'–सम्पादक : डॉ. व्यास मणि त्रिपाठी, प्रकाशक : हिन्दी साहित्य कला परिषद, पोर्टब्लेयर, प्रथम संस्करण–2008

46–'माटी की महक' (कहानी-संग्रह)–कहानीकार : जयबहादुर शर्मा, प्रकाशक : हिन्दी साहित्य कला परिषद, पोर्टब्लेयर, प्रथम संस्करण–2005

47–'मीडिया और हिन्दी साहित्य'–डॉ. व्यास मणि त्रिपाठी, प्रकाशक : इंडिया नेट बुक्स, सी-122, सेक्टर-19, नोएडा, गौतमबुद्धनगर (उ. प्र.) प्रथम संस्करण–2020

48–'मुक्ति-मन्त्र' (कविता-संग्रह)–कवि : जंग बहादुर सिंह 'भ्रमर', प्रकाशक एवं विक्रेता : लोक भण्डार, 8 जनता मार्केट, पोर्टब्लेयर, प्रथम संस्करण–1985

49–'रामधारी सिंह 'दिनकर' : सृष्टि एवं दृष्टि'–सम्पादक : डॉ. व्यास मणि त्रिपाठी, प्रकाशक : हिन्दी साहित्य कला परिषद, पोर्टब्लेयर, प्रथम संस्करण–2010

50–'रामचन्द्रिका में नाट्य तत्त्व'–डॉ. व्यास मणि त्रिपाठी, प्रकाशक : हिन्दी साहित्य कला परिषद, पोर्टब्लेयर, प्रथम संस्करण–2003

51–'राष्ट्र-प्रहरी' (कविता-संग्रह)–कवि : जंगबहादुर सिंह 'भ्रमर', प्रकाशक : लोक भण्डार, 8 जनता मार्केट, पोर्टब्लेयर, प्रथम संस्करण–1993

52–'वन्दना के गीत' (गीत-संग्रह)–गीतकार : ईश्वरी प्रसाद गौड़, प्रकाशक : ज्ञान साहित्य घर, मिर्जा गालिब रोड, मढ़ाताल जबलपुर, प्रथम संस्करण–1995

53–शब्द साधक–डॉ. व्यास मणि त्रिपाठी : डॉ. कृष्ण गोपाल मिश्र, प्रकाशक : सर्वभाषा ट्रस्ट, राजापुरी, मेन रोड़, उत्तम नगर, नई दिल्ली, प्रथम संस्करण–2024

54–'शिवमंगल सिंह 'सुमन' की कविता के विविध आयाम', सम्पादक : डॉ. व्यास मणि त्रिपाठी, प्रकाशक : अनंग प्रकाशन, गली मन्दिर वाली, नियर रबड़ फैक्ट्री, उत्तरी घोंडा, दिल्ली, प्रथम संस्करण–2020

55–'शिशु' (काव्य)–कवि : देवता प्रसाद त्रिपाठी, प्रकाशक : श्याम काशी प्रेस, मथुरा, उत्तर प्रदेश, प्रथम संस्करण–1960

56–'सड़क पर रोटी' (कविता-संग्रह)–कवि : डॉ. व्यास मणि त्रिपाठी, प्रकाशक : सर्वभाषा ट्रस्ट, राजापुरी, मेन रोड, उत्तम नगर, नयी दिल्ली, प्रथम संस्करण–2021

57–'समकालीन संवेदना की परख'–डॉ. व्यास मणि त्रिपाठी, प्रकाशक : वाणी प्रकाशन, दरियागंज, नयी दिल्ली, प्रथम संस्करण–2016

58–संस्कृति और संवेदना–डॉ. व्यास मणि त्रिपाठी, प्रकाशक : वाणी प्रकाशन, दरियागंज, नई दिल्ली, प्रथम संस्करण–2024

59–स्मृतियों में अण्डमान–सम्पादक : डॉ. व्यास मणि त्रिपाठी, प्रकाशक : अनंग प्रकाशन, नियर रबड़ फैक्ट्री, उत्तरी घोण्डा, दिल्ली, प्रथम संस्करण–2024

60–'सागर वाला' (कविता-संग्रह)–कवयित्री : डी.एम. सावित्री, प्रकाशक : ग्वालियर साहित्य अकादमी, माधोगंज, ग्वालियर, प्रथम संस्करण–2013

61–'सुधियों की साँझ' (कविता-संग्रह)–कवि : मदन मोहन सिन्हा 'मनुज' प्रकाशक : नव परिमल प्रकाशन, लखनऊ, प्रथम संस्करण–2004

62–'सृजन और समीक्षा'–डॉ. व्यास मणि त्रिपाठी, प्रकाशक : हिन्दी साहित्य कला परिषद, पोर्टब्लेयर, प्रथम संस्करण–2009

63–'सन्त साहित्य का पुनर्पाठ'–सम्पादक : डॉ. व्यास मणि त्रिपाठी, प्रकाशक : शान्ति प्रकाशन, नवा वाडज, अहमदाबाद, गुजरात, प्रथम संस्करण–2023

64–'हरा समन्दर गोपिया चन्दर' (कहानी-संग्रह)–कहानीकार–सुरेन्द्र पाल शर्मा, न्यू एरा पब्लिकेशन, पोर्टब्लेयर, प्रथम संस्करण–1994

65–'हिन्दी कविता में अण्डमान'–सम्पादक : डॉ. व्यास मणि त्रिपाठी, प्रकाशक : साहित्य अकादेमी, रवीन्द्र भवन, 35 फीरोजशाह मार्ग, नई दिल्ली, प्रथम संस्करण–2023

65–'हिन्दी कहानी में अण्डमान'–सम्पादक : डॉ. व्यास मणि त्रिपाठी, प्रकाशक : अनंग प्रकाशन, नियर रबड़ फैक्ट्री, उत्तरी घोण्डा, दिल्ली, प्रथम संस्करण–2023

पत्रिका

1–'चेतना दर्पण'–प्रकाशक : चेतना सामाजिक एवं सांस्कृतिक संस्था, पोर्टब्लेयर, वर्ष–2005

2–'द्वीप लहरी'–सम्पादक : डॉ. व्यास मणि त्रिपाठी, प्रकाशक : हिन्दी साहित्य कला परिषद, पोर्टब्लेयर

3–'रजत जयन्ती स्मारिका', आकाशवाणी क्लब, पोर्टब्लेयर

4–'वीर द्वीप', स्मारिका, सरस्वती विद्या मन्दिर, पत्थर गड्ढा, पोर्टब्लेयर।

□□